로마사

공화국의 시민과 민생정치

All rights reserved.

All the contents in this book are protected by copyright law.

Unlawful use and copy of these are strictly prohibited.

Any of questions regarding above matter, need to contact 나녹那碌.

이 책에 수록된 모든 콘텐츠는 저작권법에 의해 보호받는 저작물이므로 무단전재와 무단복제를 금합니다.

나녹那碌 (nanoky@naver.com)으로 문의하기 바랍니다.

로마사 공화국의 시민과 민생정치

펴낸 곳 | 나녹那碌
펴낸이 | 형난옥
지은이 | 허승일
편집 | 김보미
디자인 | 김용아
초판 1쇄 인쇄 | 2019년 9월 9일
초판 1쇄 발행 | 2019년 9월 15일
등록일 | 제 300-2009-69호 2009. 06. 12
주소 | 서울시 종로구 평창 21길 60번지
전화 | 02- 395- 1598 팩스 | 02- 391- 1598

ISBN 978-89-94940-86-1 (93920)

로마사

공화국의 시민과 민생정치

허승일 지음

나녹
那碌

머리말

내가 로마 공화국의 역사를 공부하기 시작한 것은 1961년, 그러니까 거의 60년이 되어 온다. 초반에는 사료가 극도로 빈곤한 그라쿠스 형제의 개혁을 다루면서 하도 고생을 많이 하던 터라, 서울대 교수가 되어 박사논문을 쓰게 될 때에는 사료가 비교적 아주 풍부한 키케로의 정치 활동을 건드리게 되었다. 그러나 지금 와서 회상해보면, 나에게는 이보다 훨씬 더 잠재적인 요인이 도사리고 있었다.

로마 공화국은 그라쿠스 형제 이전 시대만 하더라도 뇌물도 사기치는 것도 모르던 그 야말로 이상국가였다. 그런데 왜 로마 공화국은 그후 한 세기 간의 혁명을 거쳐 제국으로 넘어가게 되었는가. 나의 주된 관심은 오직 이 문제 해결에 있었다. 그리하여 얻은 결론은 로마 공화국의 정치를 주도했던 로마 원로원이 로마 시민의 민생 문제를 등한시했다는 엄연한 역사적 사실이었다는 점이다. 마지막 키케로의 공화국 살리기의 과정도 정치 정도에서 벗어난 것이었다. 그러니 공화국은 평민이나 군대를 등에 업고 민생 문제의 해결을 들고 나온 장군이나 정치가들의 손에서 놀아나기 마련이었고, 종국에는 제국으로 넘어가지 않을 수 없었던 것이다.

이 책을 쓰면서 네 가지 느낀 점이 크다.

첫째, 역사의 용어 선택의 문제다. 엄연히 로마 공화국인데, 로마 공화정으로 써 왔다는 사실이다. 레스 푸불리카res pubulica는 영문으로는 commonwealth인데, 이를 시민공동체라 쓰기도 하는 풍조였다. 그리고 인민의 뜻인 populus를 국민이나 시민이란 역어로 쓰는 것이었다. 왜 그랬을까?

유진오 박사가 대한민국 헌법을 마련할 때, '공화국'이니 '인민'이니 하는 좋은 말들을 북한이 먼저 썼다고 하여 크게 한탄하였다는 말을 들은 적이 있다. 그래서 대한민국에서는 대안으로 공화정이나 국민으로 쓰게 되었다는 것이다. 그뿐인가? 북한의 최고 지도자는 수령, 원수로 불렸는데, 이는 로마 제국의 창건자 princeps의 역어이며, 존엄자는 Augustus의 역어다. 또 지도자란 말도 있는데, 이는 dux의 우리말 번역어다.

이 모든 것을 감안할 때, 북한이 그들의 헌법을 만들면서 로마 공화국과 제국의 역사 용어를 차용한 것이 틀림없다. 어쨌든 그간에 우리 대한민국에서 공화국이나 인민이라는 말을 쓰기엔 솔직히 국민정서상 문제가 있었다. 그러나 현재 이 시각, 세계무대에서 차지하는 우리나라의 정치, 경제, 문화 등 모든 면에서의 국제적 위상을 고려할 때, 우리도 로마 공화국이나 로마 인민이란 용어를 과감히 써도 괜찮다는 판단이 서게 되었다.

둘째, 요즈음 국내외에서 로마 공화국의 역사에 관한 사이비 작가들의 저서, 역서, 만화 등이 판을 치고 있음에 놀라게 된다. 조금 오래 된 얘기이긴 하지만, 시오노 나나미의 로마인 이야기가 화두에 오른 적이 있다. 그래서 나도 전집을 구입해 그라쿠스 형제의 개혁 쪽을 살펴보았다. 그랬더니 이건 분량도 아주 적고 그 내용이 치졸하기 그지없었다. 그런데도 우리나라의 독서 인구에게 큰 영향을 끼쳤었다. 이런 결과를 낳게 된 데는 정통 역사가들이 제 몫을 다 하지 못했던 데에 그 궁극적인 원인이 있다고 확신한다. 분발이 요청된다.

셋째, 이 책은 로마 공화국의 역사를 연대기적으로 세세하게 그 줄거리를 연결한 책이 아니다. 주제별로 쓴 것이다. 이것이 이 책의 단점이기도 하지만, 장점이랄 수도 있다. 저서로 집필 중인 그라쿠스 형제의 개혁 그리고 10.26과 12.12 사태를 겪으면서 쓴 나의 박사논문을 대충 정리한 마지막 장은 비교적 내용이 길게 되었다. 장차 누군가가 한니발 전쟁, 카이사르의 정책 일반 등등 역사의 주요 부분을 메꾸어 주었으면 한다.

마지막으로, 평소에 나는 개인적으로 그라쿠스 형제의 개혁이나 키케로의 공화국 살리기 운동을 소재로 드라마나 소설을 썼으면 하는 생각을 해본 적이 있다. 이것 또한 누군가가 나와 해 주었으면 하는 바람이 크다.

이 책의 출판에 즈음하여 학생 때 나에게 로마사 전공을 적극 권장했던 고 민석홍 선생님을 다시 한 번 회상하게 된다. 가족과 제자들의 성원이 컸다. 출판을 쾌히 허락해주신 형난옥 대표에게도 심심한 감사의 뜻을 표한다.

군포 서재에서
지은이 허 승 일

차례

머리말　4
일러두기　8

서설　우리가 로마사를 알아야 하는 이유　11

1　초기 로마: 역사인가, 전설인가　21

2　로마 공화국의 국법: 삼권 분립의 모태　39

3　로마 정부 재조직의 원동력: 신분 투쟁　67

4　12표법: 평민의 전승물인가, 귀족의 권력 수호책인가　97

5　트리부툼: 직접재산세　117

6　편입과 동맹 그리고 전쟁: 로마의 이탈리아 조직과 지중해 정복　137

7　로마의 시민 윤리: 키케로의 『의무론』에 나타난 스토아 윤리사상　151

8　그라쿠스 형제의 개혁: 농지분배와 곡물배급　193

9　카이사르의 암살: 얻은 것과 잃은 것　225

10　로마 공화국의 몰락: 키케로 최후의 정치 실패　237

주　339
참고문헌　351
찾아보기　356

일러두기

1. 그리스Greece, 그리스인Greeks은 헬라스, 헬레네스의 영어 명칭이다. 엄격히 따지면 헬라스 Hellas, Ἑλλάς가 오늘날의 올바른 국가 명칭이고, 헬레네스Hellenes, Ἕλληνες는 그 국가 구성원이라 해야 옳다. 고대에도 이 용어는 사용되었다.

그리스인이라는 영어 명칭은 그라이코이Graikoi라고 하는 라틴어에서 유래했는데, 이에는 두 갈래 설명이 있다. 한 설명은 아리스토텔레스가 물의 증발, 기후 현상, 지진, 해일 등을 논한 『지구과학론 Meteorologica, I xiv』에서 데우칼리온(프로메테우스의 아들로서 아내 퓌라와 함께 홍수에서 살아남아 인류의 조상이 됨)의 대 홍수가 도도나 지역과 아켈로스 강 유역인 고대 헬라스에서 발생했는데, 여기에 셀리족과 지금은 헬레네스라고 부르지만 전에는 그라이키라고 불렸던 사람들이 거주하고 있었다고 한 데서 그 이름이 처음 나오고 있다. 기원전 264/3년에 제작된 파로스 연대기Marmor Parium, Parian Marble에 "지금으로부터 1257[년] 전, 아테나이에서 암피티온이 왕이었을 때, 데우칼[리온]의 아들 헬렌Hellen이 [프티]오티스의 왕이 되었고, 그리하여 예전에 '그라이코스인들Graikoi'이라고 불렸던 자들이 '헬레네스'라고 불렸고, ……"라는 비문에 입각하여, 아리스토텔레스가 언급한 그라이코스인들의 존재 시기를 기원전 1521/0년이라고 추정해 볼 수 있다. 어쨌든 아리스토텔레스가 헬라스인으로서는 최초로 에페이로스의 도리아인의 한 소 부족을 그라이코이Γραικοί, Graikoi라고 부른 적이 있었다고 하여 여기서 후일 라틴어 명칭이 유래하게 되었다는 설명이다.

다른 설명은 독일의 고전 역사가인 게오르그 부솔트의 근대 학설로서, 보이오티아 해안가의 한 소도시인 그라이아Γραῖα, Graea나 Graia에서 기원전 9세기에 이탈리아 중부에 쿠마이 식민시를 건설한 후 현지의 라틴인들과 처음 마주치자 자기네들은 그라이에서 온 사람들, 즉 그라이코이라고 소개했고 이에 따라 라틴인들도 그 후 그들을 그렇게 부르게 되었다는 데에서 유래했다는 설명이다.

그래서 이 책에서는 그리스나 그리스인들이라는 말 대신에 헬라스, 헬라스인이라는 용어를 사용했다. 또 희랍希臘은 헬라스의 한자어 표기이며, 헬라인이나 헬라어라는 말은 헬라Hella라는 단어 자체가 서양 고대 세계에는 전혀 존재하지 않았기 때문에 배제했다. 다만, 로마인이 헬라스인을 그라이코이라고 불렀을 경우에는 예외로 했다.

2. 인명의 표기 문제다. 로마인의 경우, 티베리우스 셈프로니우스 그라쿠스Tiberius Sempronius Gracchus라는 이름이 나올 때, 개인명, 씨족명, 가문명을 순서로 일컫는다. 그러니까 셈프로니우스 씨족 출신의 그라쿠스 가문에 속하는 티베리우스라는 개인을 말한다. 또 대 카토나 라일리우스 현자와 같이 표기하여 동명이인을 나타내거나 별명을 첨가하기도 한다.

그러나 헬라스의 경우는 다르다. 대개 시노페 출신의 디오게네스처럼 어느 지역 출신임을 명기하거나 펠레우스의 아들 아킬레우스처럼 혈통을 명기함으로써 동명이인을 차별화하여 나타낸다. 한편 특성을 살려 개처럼 산 디오게네스, 외눈박이 안티고노스, 여동생을 사랑한 프톨레마이오스, 아탈루스 3세 등으로 쓰기도 한다.

3. 로마의 문·사·철과 사회, 자연과학 내용에 정통하지 못해 원의를 잘못 전달하는 경우가 허다하다. 따라서 이 책에서는 최소한 헬라스―로마의 정무관직이나마 제대로 된 번역어를 구사하였다.

아테나이의 아르콘archon처럼 로마의 콘술consul은 일역의 잔재인 집정관으로 번역되고 있다. 그런데 10명의 아르콘은 원래 지배자란 뜻이고, 로마의 콘술은 군민최고 통수권자의 뜻이므로, 집정관이란 보통명사 대신에 원래의 고유명사인 아르콘, 콘술로 표기해야 할 것이다. 스파르타의 에포로스ephoros는 감찰관으로 번역되고 있는데, 이것은 잘못되었다. 5인의 에포로스가 있었는데, 이들의 임무는 군대 지휘나 일부 재판을 담당했던 2명의 왕의 역할을 빼고 행정 전반을 총괄하는 것이었다. 로마에는 켄소르censor라는 대 정무관직이 있었는데, 이것은 기원전 443년에 창설된 것으로서 원래는 로마 시민들의 센서스 조사를 전담하는 것이었다. 이 역시 감찰관이나 검열관으로 잘못 번역되고 있다. 프라이토르praetor를 법무관으로, 아이딜리스aedilis를 안찰관이나 조영관으로 하는 것, 이 역시 일제의 잔재다. 프라이토르는 기원전 367년에 재판을 전담하기 위해 창설된 대 정무관직으로, 후에는 콘술의 로마 부재시 절반의 콘술 권한을 행사하기도 하고 속주 총독으로 임명되기도 하였다. 곡물의 신인 Ceres 신전 관리인에서 유래하는 아이딜리스aedilis는 로마 시내의 치안, 위생, 화재예방, 시장관리 등 로마시의 행정관이었다. 기원전 367년부터 뽑기 시작한 쿠룰리스 아이딜리스curulis aedilis는 '상아가 달린 의자에 앉는'이란 뜻의 쿠룰리스가 붙어 귀족 출신이란 의미를 지니게 되었는데, 이를 고등 안찰관으로 번역하는 것은 어불성설이다.

서설

_____

우리가 로마사를
알아야 하는 이유

포룸 로마눔 전경

로마 공화국은 현대의 자유 민주 국가의 기본 정체다

로마는 정부 형태가 왕국, 공화국, 제국으로 분류된다. 이 책에서는 기원전 509년부터 기원전 27년까지 존속했던 로마 공화국의 역사만을 다룬다. 이때의 로마는 헬라스, 이집트 등 전 지중해 연안 지역을 아우르는 명실상부한 지중해 세계 국가를 이루고 있었다. 공화국Res Publica은 콘술, 원로원, 민회(각각 1인의 왕정, 소수의 귀족정, 다수의 민주정을 대변함), 이 3가지의 단순 정체가 혼합되어 상호 견제를 통해 균형을 이루는 제4형의 정체였다. 이것은 세계 최상의 정체로 평가되는데, 당대에도 폴리비우스Polybius와 키케로Cicero가 극찬한 바가 있다. 현대에도 입법, 사법, 행정의 3권분립의 자유 민주 국가의 기본 정체가 되고 있다.

로마 공화국 경제의 기초는 토지였다. 주식인 밀 생산과 목축이 주를 이루었다. 그러나 특히 한니발 전쟁을 계기로 노예를 투입하여 가축사육과 과수재배를 통해 이익을 추구하는 '라티푼디아latifundia'라는 헬레니즘 형의 대토지 경영 방식이 로마에 도입됨으로써 로마는 번영과 혁명의 시대로 접어들게 된다.

로마는 이미 왕국 때부터 재산 많은 좋은 아버지를 두어 좋은 교육을 받아 통치자의 계열에 속하는 귀족신분과 그렇지 못한 대부분의 보통 사람들인 평민신분으로 나뉘어 있었다. 로마 공화국 초기부터 양 신분 간에 격렬한 정치적 사회투쟁이 벌어진 결과 기원전 3세기 중반에 신분간의 법적 평등이 이루어지기는 한다. 공화국 중기에 들어와서는 부유한 평민의 엘리트층이 콘술을 역임하여 관직 귀족의 반열에 오르는가 하면, 귀족 중에 정치와는 담을 쌓고 오직 무역만에 종사하겠다는 제3의 기사신분equites이 출현하게 된다. 그러나 기사신분 중에서도 콘술을 역임하는 경우, 정치 신인으로서 정계에서 활약할 수 있게 된다.

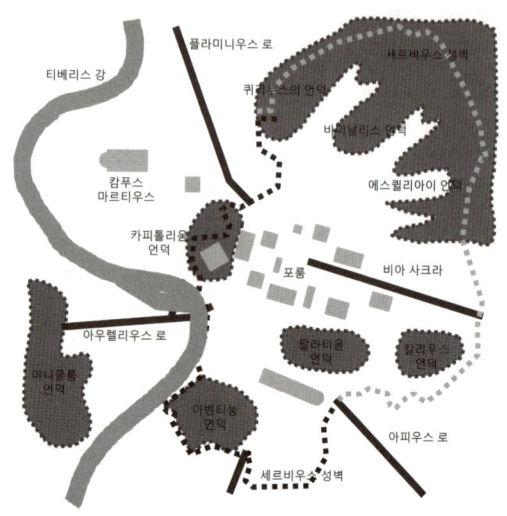

기원전 1세기의 로마

로마 시민은 서양 고대의 주요국가인 아테나이나 스파르타처럼 신을 숭배했다. 특히 전쟁터나 신의 제전에서 그러했고 콘술이 모든 것을 주재했다. 인간의 범죄 중 가장 무거운 죄질은 신전의 성물을 훔치는 것이었다. 이미 왕국때부터 국가반역죄와 친부살해죄를 가장 무겁게 처벌했다. 더 이상 발생하지 말라는 의미에서 국가반역죄는 죄인을 고목나무에 매달아 죽였다. 친부살해 역시 죄인을 푸대에 넣어 회초리로 때려 죽여 같은 성질의 못된 원숭이, 뱀 등과 함께 넣어 티베리스강에 던졌다. 혹시나 로마 시민 중 누군가가 이런 자의 시신을 먹어 악한 마음이 번지지 않을까 하는 우려에서였다. 로마 최초의 민사에 관한 성문법은 12표법이었다.

로마의 교육은 연설술rhetorike의 연마였다. 로마 청소년의 꿈은 훌륭한 정치가나 위대한 장군이 되는 것이었다. 그래서 그들은 민회나 원로원에서 청중을 설득시켜 표를 끌어모으려고 연설 기법을 열심히 공부하였다. 연설을 잘 하려면 인문, 사회, 자연에 관한 전인 교육을 받아야 했다. 이러한 덕과 지식의 교류의 과정에서 소년과 동성스승 간의 정신적 사랑은 자연스럽게 이루어졌다. 더욱이 로마 청소년들은 자신의 나신을 남에게 보이는 것을 가장 수치스럽게 생각했다. 그래서 로마시민은 절대로 아버지와 아들, 장인과 사위가 목욕을 함께 하지 않았다.

로마인은 본시 경건질박한 성품인데다가, 특히 헬레니즘형의 스토아 윤리사상을 받아들여 '법 없이도 살 수 있는 시민'으로 성장했다. 그라쿠스 형제 이전 시대가 그러했다.

로마 공화국이 국난의 시대가 없었던 것은 아니다. 그러나, 특히 한니발 전쟁 때는, 시민들이 너도나도 전쟁세tributum를 자진 납부하여 위기를 극복하는 현명함을 보여주었다.

로마 공화국기에 큰 공은 속주가 세웠다. 시킬리아, 사르디니아, 아프리카, 아시아, 이집트 등의 속주민의 힘이 컸다. 특히 기원전 211년부터 도시 로마의 시민은 거의 해외 속주산 곡물에 의존할 정도였다.

로마 혁명의 한 세기는 도시 로마의 곡물 위기로 인한 그라쿠스 형제의 개혁으로부터 시작된다. 지역구 평민회를 정치무대로 삼은 포풀라레스Populares는 원로원을 중심으로 정치를 펼치는 옵티마테스Optimetes와 대립한다. 마리우스와 술라, 제1~2차 삼두정치, 옥타비아누스와 안토니우스-클레오파트라의 최후 결전 끝에 드디어 로마 공화국은 종말을 고하고 '위장된 공화국'인 프린키파투스Principatus, 즉 황제정이 출현하게 되는 것이다. 그때까지 로마 원로원의 민생의 정책 부재 현상이 극명하게 노출된 적도 일찍이 없었지만, 로마 공화국의 최후 수개월간 키케로를 중심으로 한 원로원의 변환적인 고육지책도 그만 허사로 돌아가 로마 원로원의 공화정치는 종말을 고하게 된다.

역사에서 미래의 유익함을 얻기 위하여

지금은 헤로도투스Herodotus를 역사의 아버지로 알고 있지만, 19세기까지만 하더라도 그보다 한 세대 젊은 투키디데스Thucydides가 그 영광된 자리를 차지하고 있었다. 모던 역사의 아버지인 랑케Ranke가 그렇게 인식했고, 1980/90년대에 등장한 소위 포스트모던 역사의 원조격으로 알려지고 있는 니체Nietzsche 역시 그렇게 생각하였다. 그 투키디데스가 말하길, 역사는 인간의 과거를 통해 '미래의 유익함'을 얻기 위해 공부하는 것이라고 했다.

'미래의 유익함'이란 구체적으로 무엇을 뜻할까. 로마 공화국에서는 청소년들의 미래의 꿈은 훌륭한 정치가와 장군이 되는 것이었다. 그 꿈을 이루려면, 대중 연설을 잘 해야 했다. 청중인 시민들의 마음을 감동시키거나 논리로써 설득을 하여 그들의 표심을 얻어야만 했기 때문이다. 그래서 로마의 고등 교육은 레토리케Rhetorike(통상 수사학으로 번역되고 있으나, 원래의 어의는 연설술/학이다)가 전부였다. 중등 교육은 고등 교육에서 행할 레토리케 학습의 예비 단계에 불과했다. 그런데 연설을 잘 하려면 무엇보다도 역사에 정통해야 한다는 인식이 팽배하고 있었다. 이것은 동양에서 역사를 '치자治者의 학문'으로 일컫는 것과 상통한다 할 것이다. 여기서 잠시 우리는 푸에르Puer(boy)를 면키 위해 국사와 세계사를 반드시 공부해야 하며, 연설의 권위와 신뢰를 높이는 데 역사의 효용 가치가 아주 높다고 한 키케로의 말에 귀를 기울일 필요가 있다.

> 또한 그는 역사와 옛 기록의 [일어난] 순서도 알도록 해야 할 것인데, 특히 말하자면 우리나라의 것뿐만 아니라, 제국을 이룬 민족들과 유명한 왕들에 대한 것도 그러해야 할 것이네……더욱이 [자네가] 태어나기 전에 무엇이 일어났는지를 모른다는 건, 말하자면 항상 아이라는 것이네. 실인즉, 오래된 일에 대한 기록으로써 앞선 사람의 세대와 얽혀 엮이지 않는다면

인간의 삶이란 무엇이겠나? 게다가 옛 일에 대한 언급과 사례의 인용은 지고한 즐거움과 더불어 연설에 권위와 신뢰를 가져다주네.¹

그러면 도대체 키케로에게 역사란 무엇인가.

> 역사란 시대의 증인이고, 진리의 빛이며, 기억의 생생이고, 삶의 스승이며, 옛 세계의 소식 전달자이고, ……²

역사란 무엇인가에 대해 여지껏 가장 올바른 정의를 내린 사람은 바로 이 키케로가 아닌가 한다. 그래서 누구든 역사를 말하고 쓸 때에 반드시 지켜야 할 법칙이 있다는 다음과 같은 언급에 저절로 동감하게 된다.

> 제1 법칙: 거짓됨falsi을 말하지 말라
>
> 제2 법칙: 참된 것들veri만 말하라
>
> 제3 법칙: 역사 쓰기에서 봐주기gratia가 있다는 의혹을 받지 말라
>
> 제4 법칙: 초록이 동색simultas이라는 의혹도 받지 말라³

이 또한 동양의 역사 인식론과 역사 서술의 원칙과도 그 궤를 같이 한다. 특히 사마천의 『사기』 이래로, 중국과 우리나라의 역사 서술의 원칙은 바로 '사실에 입각해서 쓰라, 쓰되 짓지 말라以實直敍/述而不作'와 같은 내용이기 때문이다.

그런데 본래 인간이 행복을 추구하려면 맨 먼저 과거 인간의 행동과 하늘과 땅의 모든 관계를 알고, 그것을 거울로 삼아 자신의 길흉을 점쳐야 한다. 그래서 역사의 내용은 감계주의에 입각해 대개 권선징악으로 이루어져 있다. 이러한 점 역시 최초의 로마 통사를 저술한 리비

우스가 그 역사 서문에서 강조했음을 알 수 있다.

안드레아 리치오, Andrea Riccio(1470-1532)의 티투스 리비우스 흉상. 와르소국립박물관 소장

아래의 질문이 내가 모든 독자가 직접 관심을 집중하길 바라는 것이다. 사람의 생활방식, 그들의 도덕규범, 국내외에서 어떤 인물이 어떤 노련함을 통해 로마의 지배권을 탄생, 성장시켰는가이다. 그런 후에 다음의 두 면을 주시하길 바란다. 첫째, 훈련 기강이 점차 쇠약해지더니, 소위 도덕의 타락이 있었다는 것, 둘째, 어떻게 점점 더 도덕이 해이해지다가 급기야 곤두박이로 추락하게 되기 시작하고 오늘날 우리 자신의 악덕도 참을 수 없음은 물론 그 치유책도 찾아볼 수 없을 정도의 나락으로 떨어지게 되었는가를 말이다. 이것이 바로 각별히 건강하고 생산적인 역사의 요소이다. 즉, 매순간 달리 보여주었던 각종의 모델에서 객관적 교훈을 얻는 것이다. 이로부터, 너는 너 자신과 너의 국가를 위해 무엇을 모방할 것인가, 원인이나 결과에서 무엇이 혐오스러운지를 알아 피할 것인가 선택해야 할 것이다.

윤리 도덕이 건전할 때 나라가 흥하고, 윤리 도덕이 타락할 때 나라가 망한다는 것은 아주 상식적인 진부한 말인지도 모른다. 그러나 충효는 지/의/용/인의 사추덕의 기본이었다. 그래서 국가반역과 친부살해는 엄히 처벌되었다. 권선징악의 정신은 특히 12표법에서도 생생하게 전해지고 있는 입법의 기초였다. 얼마나 로마 시민이 악인을 증오했는지는 타키투스가 헤로도투스의 생각에 입각하여 쓴 역사 서술의 목적을 보면 피부로 느낄 수가 있다.

> 나의 목적은 장황하게 모든 활동에 연관시키는 데에 있는 것이 아니라 오로지 덕에서 탁월하거나 파렴치 행위로 악명이 높은 것과 관련시키는 것에 둔다. 나는 이것, 즉 무가치한 행동은 규탄하고, 악한 언행에 대해 공포에 떨게 하여 후세에게 경각심을 품게 하는 것이 역사의 최고의 기능이라고 생각한다.[4]

1980/90년대 이후 우리는 소위 포스트모던 시대에 살고 있다. 역사가인 라 카프라, 뤼젠은 물론, 생물 철학자인 모노까지도 역사의 윤리성을 강조하고 있음에 주목해야 한다. 나도 이 책에서 로마 공화국의 흥기의 원동력을 스토아 윤리사상에 기반한 로마 시민의 도덕성이라고 보고, 이를 높이 평가한 부분이 있다.

그러나 각별히 내가 이 책에서 강조하고자 한 대목은 로마 공화국이 부국강병으로 지중해 세계의 패권을 쥐었다가 어떻게 급전직하 내란의 한 세기를 거쳐 결국 로마 제국으로 변혁의 길을 가지 않으면 안 되었는가를 정치/경제/사회/문화 등 하나의 전체사적 입체의 프리즘을 통해 고찰한 내용이다. 특히 그라쿠스 형제의 개혁에서 공화국의 몰락과 쇠퇴의 인과 관계를 설정하여 하나의 역사적 교훈을 제시하고자 한다. 한 마디로, 카이사르의 암살에서 극명하게 드러나듯이, 로마 공화국을 주도했던 원로원이 로마 시민의 민생을 도모하는 정치력을 상실했다는 엄연한 역사적 사실을 각인시키려는 것이다.

①

초기 로마:
역사인가 전설인가

테오도르 몸젠Theodor Mommsen: 로마사 4권은 율리우스 카이사르 대목인데, 당대의 독일에 그러한 인물이 나타나기만을 기다리다가 결실을 보지 못해 출간되지 못했다. 책상 위의 카이사르의 흉상이 이채롭다.

기원전 1184/3년[5]에 트로이는 망한다. 왕자 중 한 명인 아이네아스 Aeneas는 일단의 무리를 이끌고 우여곡절 끝에 드디어 이탈리아에 정착하게 된다. 그리하여 수백 년이 지난 기원전 753년에 그의 18대 손인 로물루스 형제가 티베리스 강변에 로마라는 작은 나라를 건국하게 된다. 그런데 이러한 아이네아스의 이탈리아 정착에 관한 이야기가 로마 역사책에 아주 안 나오는 것은 아니다. 할리카르나수스 출신의 디오니시우스 Dionysius of Halicarnassus는 그 이야기를 소개하고 있는데, 이것을 처음 기록한 역사가는 헤로도투스와 투키디데스의 동시대인인 헬라니쿠스 Hellanicus of Lesbos였다고 한다.[6]

> 그는 트로이카 Troica에서 아이네아스의 여정을 트로이에서 테르마이투스 만의 아이네이아와 에피루스를 걸쳐 라티움까지 수많은 신화적이며 역사적인 논설로 기록하였다. 특히 라티움에서는 여행에 지친 로메라는 한 여인의 이름을 딴 한 도시를 건설하였다. 아직은 불분명한 이유들로 인해 로마에 관한 헬라스 작가들에 의해 이야기되고 있는 수많은 신화적 건설이야기에서 로마인은 트로이인과 연계시키고 아이네아스의 이야기를 도시 건설의 시작에 편입시켰다. 더욱이 경쟁적인 헬라스와 로마의 설명의 결합은 로물루스와 레무스 쌍둥이와 관련된 도시 건설의 창조에 기여할 수가 있었다.

이를 토대로 베르길리우스는 아우구스투스 시대에 『아이네아스』라는 서사시를 읊었는데, 통상 이를 두고 그가 호메로스의 『오디세이아』를 모방하여 창작했다고도 언급된다.

그런데 호메로스의 『일리아스』와 『오디세이아』가 문학 작품이라고 하면서도, 슐리만이 미케네에서 아가멤논의 황금 얼굴과 트로이 유적을 발굴하여 그 내용의 일부 역사성이 인정되고 있듯이, 마찬가지로 오늘날 베르길리우스의 아이네아스의 역사성 자체를 전적으로 부정하고 있는 역사가는 없을 것이다. 왜냐하면 로마의 최초의 정통사가인 리비우스가 700년 전의 로마 역사를 쓰기 시작하면서 '로마가 건국하기 이전의 역사와 로마가 건국하기까지의 역사에 대해서 실제로 일어났던 사건들에 대한 사실 중심의 기록보다는 시인들의 입으로 지어진 이야기를 통해서 전해진 것에 대해서는 찬성할 생각도 없고 반박할 생각도 전혀 없다'[7]고 그 모범을 보여주었기 때문이다. 따라서 로마의 건국 이야기에서 아이네아스와 그의 후손에 관한 내용이 나오긴 하지만, 로마 역사의 서설 정도에 그치고 있는 실정이다.

참된 로마의 건국 신화는 기원전 753년에 로물루스 형제가 티베리스 강변의 7개 언덕 위에 작은 폴리스를 건설했는데, 이를 그의 이름을 따 로마라고 호칭되었다는 데에서 시작된다. 동서양의 고대 국가의 건국 신화처럼, 군신인 마르스Mars가 어떤 처녀를 범하여 쌍둥이 형제를 낳았는데, 이들이 늑대의 젖을 먹고 살아나가 결투를 벌여 결국 형이 이겨 로마의 초대 왕이 되었다고 하는 것이 설화의 내용이다. 이후 로마는 7대 244년이 지난 기원전 509년에 왕국이 무너지고 공화국이 수립된다.

로마에 관한 최초의 역사책은 헬라스 출신인 폴리비우스의 『역사』다. 카르타고와 로마의 전쟁(264~146BC)을 다루었다고 하여 『포에니 전쟁사』라는 역어를 붙이기도 한다. 그렇지만 최초의 유일한 전체 『로마사 Ab Urbe Condita』 개설서는 아우구스투스 시대에 리비우스가 142권으로 써서 내놓은 것이다. 그런데 그 중 로마 건국 초부터 포에니 전쟁 발발까지, 다시 말해 기원전 753~264년까지의 이른바 '초기 로마Early Rome'를 과연 역사로 볼 수 있는가 하는 문제가 수백 년간에 걸쳐 많은 논란의 대상이 되고 있다.

리비우스의 '초기 로마'에는 많은 역사적 사건이 기술되어 있는데, 그 중에서 우선 흥미진진한 세 이야기를 살펴보기로 하자.

사비누스 처녀들의 약탈 *Ab urbe condita*, 1.9-13

로물루스 왕 때의 일이다. 축제를 열어 이웃 나라 사람을 초청해놓고 건장한 청년들은 아름다운 처녀를 마구 약탈해 갔다. 이에 분격한 사비누스 처녀의 아버지와 오빠들은 그들을 되찾기 위해 로마와 격렬한 전쟁을 벌이게 된다. 그러나 그간에 부부의 연을 맺어 아이까지 낳은 부인들은 그 사이에서 다음과 같이 절규한다.

> 헝크러진 머리칼과 찢겨진 옷을 걸친 채 그들은 측면에서 돌진해 들어가 전선을 분리시키면서 전투의 분노를 폭발했다. 한쪽에선 아버지에게 호

피에트로 다 코르토나(Pietro da Cortona, 1596-1669)의 사비누스 부인들의 약탈(1627/1629). 카피톨리움박물관 소장

자크 루이스 다비드(Jacques-Louis David, 1748–1825)의 사비누스 부인들의 개입(1799). 루브르박물관 소장

소하고 다른 쪽에서는 남편에게 호소하면서 장인과 사위가 불경건한 피로 물들이면서 싸우지 말 것과 더군다나 할아버지와 손자, 아버지와 아들 간에 친부살해죄를 범하지 말 것을 간청하였다. 그들은 외쳤다. '만약 인척관계나 우리의 혼사를 참을 수 없다면, 그 분노를 저희에게 퍼부어주소서. 우리가 전쟁의 원인이며, 우리가 남편과 아버지의 부상과 죽음의 원인이기 때문입니다. 남편과 아버지 없이 과부나 고아로 살기보다는 차라리 죽는 편이 낫습니다.'

참혹한 전쟁 뒤, 돌연한 환희의 평화 끝에 사비누스 부인들은 남편과 부모, 특히 로물루스에게서 더욱 사랑을 받게 된다는 이야기다.

자크-루이 다비드 Jacques-Louis David, 호라티우스 형제의 맹세 Oath of the Horatii, 1784, 루브르박물관 소장

호라티우스 3형제의 결전 *Ab urbe condita*, 1. 24-26

툴루스 호스틸리우스(672~642BC 재위) 치하 로마와 알바 롱가 간에 벌어진 전쟁에서 로마의 호라티우스 세쌍둥이 형제와 알바 롱가의 쿠리아티우스 세쌍둥이 형제가 결투하여 그 결과에 승복하기로 했다. 치열한 접전 끝에 로마의 호라티우스 형제 중 막내만 홀로 살아남는다. 그에게는 적 쿠리아티우스와 약혼한 누이동생이 있었다.

로마군의 선두에 전리품을 갖고 호라티우스가 오고 있었다. 쿠리아티우스 가문과 약혼한 동생은 카페나 문에서 그를 만났다. 오빠의 어깨에 걸쳐 있는 약혼자의 군복을 보자마자, 그녀는 머리칼을 풀어 제치고 울면서 약혼자의 이름을 불렀다. 여동생의 언행을 본 오빠는 이 기쁜 승전에 취해 격분하여 칼을 빼어 이렇게 외치면서 그녀를 찔렀다. '이루지 못한 사랑을 위해 너도 가거라. 죽거나 산 오빠들을 망각하고 조국마저 망각하다니! 적의 죽음을 슬퍼하는 로마 여인은 모두 이같이 되리라.'

그 일로 호라티우스는 유죄 판결을 받지만, 부친의 간청으로 풀려나게 된다는 이야기다.

루크레티아 자결, 로마 공화국 수립의 전기가 되다 *Ab urbe condita*, 1. 57-60

타르퀴니우스 수페르부스 왕 때의 일이다.

> 이삼 일 지난 후에 섹스투스 타르퀴니우스는 일인만 대동하고 콜라티아에게 갔다. 융숭한 대접을 받았다. 저녁 만찬 후에 손님방으로 인도되었다. 정욕에 불탄 그는 모두 잠든 것을 알고 검을 빼어들고 잠든 루크레티아 Lucretia에게 갔다. 왼손으로 그녀의 가슴을 누르며 '조용하시오, 루크레티아! 나는 섹스투스 타르퀴니우스요. 내 손에 검이 들려 있소. 소릴 지르면 죽을 것이요.' 잠에서 깨어나 공포에 휩싸인 그녀는 반항하면 죽음밖에 없다는 것을 알았다.

루크레티아는 온갖 협박을 받은 끝에 능욕을 당하자 즉각 모두에게 이 사실을 고백하고 자결한다. 그러자 귀족이 들고 일어나 로마 공화국이 수립된다는 이야기다.

이 밖에도, 앞으로 살펴보게 되겠지만, 리비우스의 초기 로마 부분은 칸슐러 트리뷴직 철폐, 리키니우스-섹스티우스 농지법 등등에 관한 흥미진진한 많은 이야기가 나온다. 이를 과연 역사로 받아들일 수 있을까

티티안(1490-1576), 티치아노, 타르퀴니우스와 루크레티아, 1571년경, 피츠윌리엄박물관(캠브릿지) 소장
산드로 보티첼리(Sandro Botticelli,1445-1510), 루크레티아의 죽음(1500년경), 이사벨라 스튜와트 가드너박물관 (보스톤) 소장

하는 의문이 제기된다.

17세기 전까지만 하더라도 초기 로마사의 전승에 대해 의혹을 품은 학자는 전혀 없었다. 일부 학자가 비판적인 안목으로 전승을 보기 시작한 것은 17세기에 들어서서였다. 그리하여 오늘날까지 초기 로마 시대를 역사로 볼 수 있다는 소위 '낙관론자'와 그것은 역사가 아니라 한낱 전설 내지 시에 불과하다는 '회의론자', 이렇게 두 편으로 나뉘어 서로 만만치 않은 세력을 이루기에 이르렀다. 1685년, 페리초니우스가 초기 로마의 전승이 지니는 역사적 진실은 그대로 인정되어야 하며 그것은 원칙상 넓은 의미에서의 역사라고 주장한 이래, 비코, 니부르, 상크티스 Gaetano de Sanctis의 맥을 이어 현대의 낙관론의 챔피언 격인 루이지 파레티Luigi Pareti가 있다. 반면에 초기 로마 사서의 기본적 사실들조차도 다

소의 가능성을 인정해야지 거기에 절대적 확실성을 부여할 수 없다는 회의론자들은, 파이스Ettore Pais를 필두로 몸젠을 거쳐 회의론의 대변자 격인 플리니오 프라카로Plinio Fraccaro에 이르고 있다. 회의론의 극단을 달리고 있는 몸젠은 『로마사』 제1권 47페이지에서 로마 왕정시대의 이야기는 순전히 전설로서, 그것은 '사이비 역사'라고까지 주장하고 있다. 그래도 프라카로는 회의론자 중에서도 비교적 신중한 태도를 견지하고 있는 편이다.

그러면 왜 이토록 초기 로마 사료의 신빙성 문제가 중대한가? '초기 로마'라고 할 때에, 그것은 로물루스가 로마를 건국한 기원전 753년부터 포에니 전쟁이 발발하는 기원전 264년까지의 로마를 말한다. 따라서 초기 로마의 사료가 믿을 만한가 아닌가 하는 문제는, 곧 로마 건국에서 포에니 전쟁까지의 적어도 거의 500년 간의 로마 시대가 역사로서의 존재 가치가 있느냐 없느냐 하는 중대 문제가 되는 셈이기 때문이다.

이 시기에 관한 정통 로마사는 리비우스(Titus Livius, 59 B.C.~A.D. 17)의 『로마사』뿐이다. 물론 할리카르나수스 출신의 디오니시우스의 『로마고대사』가 있기는 하지만, 이것은 어디까지나 고대 헬라스인이 쓴 것으로서, 리비우스의 사서를 읽을 때 참고하는 것으로 충분하다. 리비우스는 기원전 29년이나 그 직후에 로마사 서술에 대한 구상을 했다가, 흔히 아우구스투스의 프린키파투스가 성립되는 것으로 알려진 기원전 27년부터 본격적으로 썼을 것으로 추정되고 있다. 그렇다면 리비우스는 로마가 공화국에서 제국으로 넘어가는 시대의 인물로서, 거의 700년에서 200년 이전의 초기 로마의 역사를 쓴 셈이다. 그러므로 여기서 초기 로마의 사료에 대한 신빙성 문제는 곧 로마사의 초기에 해당되는 리비우스의 초기 로마의 사료가 믿을 만한 것이냐 아니냐 하는 문제가 대두된다.

로마에 최초의 로마 문학 작품이 출현한 것은 기원전 240년 이후다. 제2차 포에니 전쟁기의 인물인 나이비우스와 엔니우스의 서사시인데, 오늘날 우리에게는 단편만 전해져 올 뿐이다. 또 로마에서의 최초의 역사 기록은 최초의 라틴 서사시인인 나이비우스와 동시대인인 파비우스Quintus Fabius Pictor와 킨키우스Cincius Alimentus의 『연대기』들로, 이것들 역시 단편적으로 여기저기에 인용되어 있을 뿐이다. 기원전 130년 경에야 겔리우스가 97권의 『연대기』를 썼다고 하는데, 아마도 그는 상기한 모든 서사시와 연대기들을 토대로 했을 것이다. 이것은 또 기원전 73년의 호민관으로서 『연대기』를 썼다고 알려진 마케르Licinius Macer에게는 이상적인 사료였기 때문에 집중적으로 이용되었을 것인데, 특히 마케르의 『연대기』는 직접적으로든 간접적으로든 간에, 초기 로마에 대한 리비우스의 주요 원사료 가운데의 하나였다. 이러한 사실들을 고려해 본다면, 로마사를 서술할 때 분명 리비우스는 최초의 문학 작품인 서사시들과 최초의 역사 기록인 『연대기』들은 물론 겔리우스와 마케르 등의 『연대기』들까지도 기본 사료로 활용했을 것이다. 따라서 초기 로마 사료의 신빙성 문제는 다시 서사시들과 연대기의 신빙성 문제로 구체화된다 하겠다. 그렇다면 서사시인들과 연대기 작가들은 도대체 무엇을 토대로 작품을 쓰고 기록했는가, 또 그것들은 믿을만한 것인가라는 의문이 제기된다.

시인과 연대기 작가가 작품 활동을 할 때 토대로 삼은 것은 바로 고대 인민 영웅시와 대신관이 편찬한 『대연대기Annales Maximi』였다. 이것들을 역사로 보는 낙관론자와 시나 전설에 불과하다고 보는 회의론자의 논쟁이 치열하다. 이 논쟁의 전형으로서 과거 1950년대에 전개되었던 낙관론자인 파레티와 회의론자인 프라카로의 상충점을 살펴보기로 한다.

고대 인민 영웅시에 역사적 진실이 담겨져 있다고 굳게 믿는 파레티는, 우선 바로의 다음 한 구절을 인용함으로써 논의를 시작한다.

> 고대인들은 저녁만찬 때 식탁 동료로서 서로를 초대하곤 하였다. 그때 연회석상에는 반드시 소년들이 참석하여 플루트 반주에 맞추어 크게 노래를 불렀는데, 주로 그들의 조상을 찬양하는 내용을 담은 옛날 노래였다.

바로 이러한 노래의 테마가 구두로 세대에서 세대로 전승되었다가 언젠가 기록이 되었는데, 그것이 곧 고대 인민 영웅시라는 것이다. 그러니 파레티는 그것을 역사로 믿을 수 있다고 강조하면서 다음과 같이 언급한다.

> 심지어 오늘날에도 우리가 리비우스의 로마사를 첫 권부터 읽어내려 가노라면, 그 속에 로물루스 왕의 조국애와 위대한 정신으로 충일된, 시적으로 묘사되어 감동을 주는 이야기를 접하게 되는 우리 자신을 새삼 발견하게 된다. 이 부정할 수 없는 사실에 대한 명백한 설명은 나이비우스와 엔니우스 같은 최초의 중요한 서사시인과 그들의 동료였던 연대기 작가가 고대 인민 영웅 서사시에서 끌어낸 자료들을 이용했기 때문이다.

그러나 회의론자인 프라카로는 이 주장을 간단히 일축하고 있다.

> 나는 이 문제가 더 이상 토의할 문제점이 있다고는 생각하지 않는다. 왜냐하면 절대 다수의 학자들은 니부르, 샹크티스 그리고 파레티의 이론이 아무런 확고한 기반도 갖고 있지 않다는 점에는 의견을 같이 하고 있기 때문이다.

『대연대기』에도 역사로 믿을 만한 것들이 있다고 주장하는 파레티의 논지는 다음과 같다.

(1) 로마의 연대기 작성의 전통은 '백판들'까지 소급된다. 즉 공화국 초기부터 신관들은, 백판들에 그 성격이야 어떻든 간에 연중 발생했던 중요한 모든 사항을 기록했다. 중요시된 사항이란 보통 곡물의 가격, 일식이나 월식, 콘술 의 이름 등등이다.

(2) 기원전 390년경에 갈리아인이 카피톨리움 언덕을 제외하고 로마를 약 7개월간 점령한 일이 있었는데, 이때 백판 중 처음 몇 개의 세트가 못쓰게 되었다.

(3) 갈리아인들이 물러가자 신관들은 즉각 연대기 형식으로 『대연대기』를 발간하였다.

(4) 이때 왕국 시대에 관한 서문까지도 삽입하게 되었는데, 당시 헬라스와 에트루리아의 역사 서술에 영향을 받아 기록하였기 때문에 그것은 역사적 성격을 띠게 되었다. 그 후에도 『대연대기』는 여러 차례에 걸쳐 발간되었다.

이러한 여러 점으로 미루어 보아, 『대연대기』는 역사로 보아야 한다는 것이다.

그러면 이에 대한 회의론자 프라카로의 반론의 요지는 어떤가?

(1) 백판들에다가 신관들이 중요하다고 생각했던 모든 사항을 기록하기 시작한 것은 공화국 초기부터가 아니라 대략 기원전 300년부터이다. 그래서 기원전 300년 이후의 것은 신빙성이 있어도 그 이전의 것은 믿을 만한 것이 못 된다. 일례를 들어, 서사시인 엔니우스는 '로마건국 350년 후에 일식이 있었다'고 언급하고 있는데, 350년 후가 되는 해란 구체적으로 기원전 404년이다. 그러나 이 해에는 일식이 없었음이 벨로흐Karl Julius Beloch에 의해 확인되었다. 즉, 벨로흐는 『로마사』 92페이지에서 그것은 로마 건국 350

년 후가 아니라 약 450년 후라고 하는 것의 오기였을 가능성이 높다고 하면서, 실제로 일식이 있었던 것은 기원전 288년 6월 13일이었다고 강조하고 있다.

(2) 파레티는 갈리아인의 약탈시 백판 중 처음 몇 개의 세트가 파괴되었다고 주장하고 있지만, 실제로 백판을 보관했을 것으로 추정되는 '레기아Regia'가 현존하고 있는데, 그것은 소 건물로 파괴되었다는 증거도 없고, 또 그렇게 많은 백판이 보관될 만한 여지도 없었다.

(3) 계속해서 프라카로는, 『대연대기』가 발간되는 것은 기원전 390년이 아니라 실제로는 기원전 130년으로, 이 해에 대신관pontifex maximus인 스카이볼라P. Mucius Scaevola가 그때까지의 백판을 정리하여 80권의 『대연대기』를 발간했다고 주장한다.

(4) 그리고 왕국 시대에 관한 서문을 삽입했는데, 그것이 역사적 성격을 띤 것이었다는 파레티의 주장에 대해, 프라카로는 그것은 단순한 환상에 불과하다고 반박하고 있다. 헬라스에서 발달했던 역사의식 같은 것은 로마에는 아직 없었다는 것이다.

지금까지 낙관론자와 회의론자의 주장을 살펴보았다. 그들은 각자 자신들의 논지를 강조하면서도 의견의 폭을 좁히려고 애쓴 흔적이 엿보인다. 파레티는 고대 인민 영웅시와 『대연대기』에 대해 그것을 역사로 보아야 한다고 강조하면서도 고고학적·언어학적 자료들에 입각하여 보완되어야 할 것이라고 언급한다. 프라카로도 그것들의 기본적 사실에 관해서 다소의 가능성을 인정해야 할 뿐이지, 결코 절대적 확실성을 부여해서는 안 될 것이라고 지적한다. 그리하여 여기서 자연스레 제르스탓Einar Gjerstad의 제3 그룹의 '절충론'이 나오게 된다.

제3 그룹의 대변자들은, 현 저자를 포함하여, 순수 전승의 부분이 기록된 사료로서 우리에게 전달되기는 했지만, 초기 로마사에 관한 전승은 가끔 잘못 기록되었고, 전승의 신뢰성을 회복하기 위해서는 연대기적 조정이 필요하다고 확신한다는 의미에서의 전승주의자들이다. 기원전 6세기 초의 로마의 도시화는 도시의 건설과 동일시되고 있는데, 즉 왕정 시대의 시작을 뜻하는 것이다. 그러나 왕정 시대의 종말 연대에 관해서는 다른 의견이 있다. 종래의 인습적인 날짜가 수용되는가 하면, 공화국은 기원전 470년경이나 450년경에 수립되었다는 것이다.[8]

이 인용문은 블로크R. Bloch의 『로마의 기원들The Origins of Rome, New York, 1960』이란 책을 연상케 한다. 그 책에서 그는 고고학적 개관을 통해 리비우스의 사서에 나오는 내용을 재음미하고 있는데, 예컨대 리비우스는 왕국의 몰락과 때를 같이하여 에트루리아인이 로마를 모두 떠나는 것으로 기록하고 있지만, 블로크는 그것을 실제로 약 30년 후에 일어난 일이었다고 언급하고 있는 것이다.

나는 전적으로 낙관론자도 아니고, 전적으로 회의론자도 아니며, 더군다나 전적으로 절충론자도 아니다. 그때그때 경우에 따라 적정 입장을 취하는 것이 최선이라고 생각한다. 그러나 유념해야 할 두 가지 면이 있다.

첫째, 라프라으프의 연구방법론이다.

초기 로마사 연구에는 적어도 두 접근 방법이 있다. 그 하나가 '포괄적 접근'이고, 다른 하나가 '비교적 접근'이다. 전자는 모든 신뢰할 만한 자료가 적절하게, 그리고 완전하게 사용되어야 한다는 것을 의미한다. '모든'은 역사 서술적·금석문적·고고학적 연구의 자료뿐만 아니라, 골동품 수집가와 사전 편찬자의 저작 속에 나오는 산재된 정보와 그리고 언어학적 분석과 사회적·정치적·군사적·종교적 및 법적 제도에 의해 제시된 증거를 의미한다. 후자는 초기 로마에 유용한 비교 분석을 할 수 있음을 의미한다. 이에는 당시 지중해 전역에 걸친 폴리스들, 에트루리아, 페니키아 도시국가들과 이스라엘, 중세 이탈리아의 도시국가들, 심지어 현대의 '원시 사회'들에 대한 인류학적 연구도 포함된다.[9]

특히 고고학적 발굴의 새로운 성과물, 즉, 역사 연구의 새 장을 여는 데 획기적인 순간을 제공하는 비문들이야말로 얼마나 인간의 지적 욕구를 충족시키고 있는가!

둘째, 몸젠과 같은 연구 자세이다. 왜 테오도르 몸젠의 『로마사』는 위대한가?

몸젠의 스승은 니부르B.G. Niebuhr였다. 낙관론자로서 초중기 로마에서 연회때마다 노래로 불렸던 설화적 시들의 내용이 리비우스의 초기 로마의 역사로 구성되었다고 가정하고, 강의 시 리비우스의 역사를 더 드라마틱하게 설명하였다. 스승의 이러한, 드라마 가설의 소위 '발라드 이론ballad theory'에 입각한 로마사 강의를 듣고 크게 반발한 제자가 바로 몸젠이었다. 몸젠은 『로마사』에서 극단적 회의론을 펼쳐 7명의 로마왕 각각에 대해 전승되는 이야기를 전혀 거론하지 않았다. 로마 왕들의 설명은 모두 신화, 전설, 민담, 꾸며낸 이야기, 거짓말, 즉 사이비 역사[10]로 생각되었기 때문이다. 물론, 왕정 시대를 하나의 제도로서 충분히 다루며, 세르비우스 국법을 왕정 시대에 귀속시키고, 우리의 사료 속에 나오는 '하나의 전설로 각본된' 왕들의 축출 사실을 수락하고는 있다. 그렇지만 『로마사』 제1권에서 초기 로마와 로마와 접촉하고 있던 족속의 발달과 문명은 역사서술적 전승에서 나온 것과 차별되는, 다른 사료의 힘을 빌려 재구성하였다. 즉, 언어, 인종과 같은 것으로서였다. 일찍이 니체는 역사를 기념비적 역사, 골동품적 역사, 비판적 역사,

이렇게 세 범주로 나누고서, 역사의 유익함을 설파한 적이 있었다. 여기서 한 걸음 더 나아간 것이 웨른 뤼젠Jörn Rüsen이다. 그는 현재의 체험을 통해 미래에 대한 기대를 과거의 기억에서 불러내어 과거, 현재, 미래를 관통하는 이야기를 할 때에야 비로소 그 이야기는 '역사적 이야기'가 되어 설득력을 확보할 수가 있다고 하면서, 4개의 역사적 이야기의 유형을 제시한다.[11] 니체의 전통적 이야기체, 모범적 이야기체, 비판적 이야기체에다가 새로이 생성적 이야기체genetisches Erzählen를 첨가하였다. 생성적 이야기는 기원과 미래를('골동품적 역사'가 하듯이) 변하지 않는 전통들이나('기념비적 역사'가 하듯이) 행동 원칙이라는 하나의 통합단위로 묶지 않는다. 그렇다고 이 생성적 이야기가('비판적 역사' 이야기처럼) 과거와 미래를 추상적으로 분리시키지도 않는다. 오히려 그것은 과거와 미래 사이에 있는 질적인 차이를 부각시킴으로써, 새로운 질적인 전환을 이룩해 나가는 과정을 그려낸다. 이에 해당하는 역사서로는 몸젠Christian Matthias Theodor Mommsen, 1817~1903의 『로마사Römische Geschichte, vols 1~3, 1854~56, vol. 5, 1885가 있다고 거론한다.

나는 이 책의 일부에서 몸젠의 몇몇 학설을 과감하게 거부하기도 했다. 예컨대 그라쿠스 형제의 개혁에서 농지분배 대상에 이탈리아 동맹국 시민까지도 포함되어 있었다는 그의 주장은 오늘날 신기루임이 밝혀졌기 때문이다. 그러나 연구 열정과 태도 그리고 특히 로마사 연구 방법은 로마사가라면 필히 본받아야 한다. 1902년에 『로마사』로서 노벨문학상을 받은 것은 결코 우연이 아니기 때문이다.

❷

로마 공화국의 국법:
삼권 분립의 모태

SPQR은 라틴어 문장 Senatus Populusque Romanus의 약자로, '로마의 원로원과 인민'을 뜻한다. 이 말은 고대 로마 공화국의 정부를 이르는 말로 로마 정부의 공식 표어였다. 주로 주화 그리고 돌이나 금속으로 된 국가 비문의 끝부분, 공공 사업이나 기념물의 헌정문, 로마 군단의 군단기에 나온다. 이 문구는 키케로의 연설문이나 리비우스의 역사서 등 로마의 정치, 법, 역사 문헌에서도 수없이 등장한다.

혼합정체—견제와 균형

기원전 753년에 로물루스가 동생을 죽이고 단독으로 로마를 다스리는 왕이 된다. 왕의 자문역할을 수행할 통치 기구로서 유력 가문 중 100명의 가부장들이 원로원으로 구성된다. 244년간 7대 왕을 거치며 로마 왕국은 검소하고 용감한 로마 인민의 힘을 기반으로 놀랄만한 발전을 이룬다. 특히 6대왕 세르비우스 툴리우스 치하에서 민회를 중심으로 각종의 정치/군사/조세 등 문물과 제도가 정비되는 등 국가 기반이 공고하게 된다.

그러나 기원전 509년, 로마는 귀족들이 오만왕 타르퀴니우스를 몰아내고 소위 공화국을 수립한다. 처음 수개월간은 브루투스 1인이 통치를 하지만, 왕정과 다른 것이 없지 않느냐는 여론 때문에 똑같은 권력을 지닌 2인의 콘술이 공동으로 로마를 통치하는 체제가 확립하게 된다. 아울러 콘술을 역임하고 나면 자동으로 종신 원로원 의원이 되게 함으로써 훗날 로마 원로원은 300명의 정치/군사 등 심오한 정치 경륜과 경험을 지닌 현자들의 정치 집단으로 부상하게 된다.

로마가 이탈리아 반도를 거의 통일하고 나자 한니발이 코끼리 부대를 앞세우고 침입하는 바람에 로마는 때 아닌 거센 악몽에 시달리게 된다. 칸나이 전투에서 수 만 명의 병력이 상실되는가 하면, 특히 이탈리아 반도 중남부 일대의 이탈리아 동맹국들의 이반으로 오랫동안 고전을 면치 못하게 된다. 그러나 파비우스 장군의 지연작전 성공, 대 스키피오의 자마 전투에서의 최종 승리, 그리고 마케도니아와의 제2차 전쟁의 종결로 로마는 명실상부 동서 지중해를 아우르는 지중해 패권 국가로 우뚝 서게 된다.

그러면 무엇이 로마를 이렇게 기원전 220~167년의 53년이라는 아주 짧은 기간에 부국강병의 지중해 국가로 만들어 냈을까? 이를 기가 막히게 잘 설명한 역사가가 바로 폴리비우스다. 그는 『포에니 전쟁사』 제6권에서 로마 공화국을 왕정(콘술), 귀족정(원로원), 민주정(민회)의 혼합 정체로서 상호 '견제와 균형'을 이루는 지상 최고의 국가 형태로 서술한다. 이에 맞장구를 친 것이 키케로다. 그는 아예 로마 공화국을 '제4의 정부 형태'로서 최고최상의 국가로 단정하였다.

폴리비우스

로마의 최고 정무관인 콘술과 원래는 콘술의 자문 기관이었으나 포에니 전쟁을 계기로 일부 행정 업무도 수행하게 되는 원로원, 특히 4가지 유형의 민회와의 상호 관계를 상론하는 가운데 로마인들은 '정치의 천재' 소리를 듣게 된다.

로마공화국은 최고 정무관인 콘술이 국가대소사를 사안별로 분류하여 귀족으로 구성된 원로원의 자문을 구한다. 그러면 콘술을 역임하여 지식과 경험이 풍부한 원로원은 사안별로 지침을 마련하여 콘술의 자문에 응답한다. 콘술은 사안별로 해당 민회를 소집한다. 민회에서는 시민이 투표를 통해 각 사안에 대해 최종 결정을 내린다. 그러면 이를 콘술이 집행한다. 여기서 국가대소사란 정무관 선출, 입법, 재판, 국가안보, 납세 등을 말한다. 콘술의 주재 하에 군신의 들판인 캄푸스 마르티우스에서 열린 켄투리아회에서 국가의 대사를 정하고 난 후, 곧 지역구 인민회를 속개하여 국가의 작은 일들을 결정한다. 이렇듯 로마 공화국은 1인의 왕정, 소수의 귀족정, 다수의 민주정이라는 단순 정체가 섞인 혼합정체the *mikte*: the mixed constitution가 견제와 균형의 원리를 최대한 살려 국가를 운영하였다. 이 체제는 헬라스 출신의 역사가 폴리비우스로부터 최대의 찬사를 받았을 뿐만 아니라 마키아벨리, 몽테스큐, 미국헌법제정자들을 거쳐 오늘날 입법, 사법, 행정의 3권분립의 프로토타입으로 존중받고 있다.

콘술—왕정적 요소

로마 공화국의 왕정적 요소는 기원전 509년에 왕을 축출하고 그 자리에 들어선 2인의 콘술에게서 드러난다. 콘술직은 임기 1년제, 2인이 동등한 권한을 돌아가며 행사하는 순번제가 특징이다. 그러나 디오Cassius Dio의 사서에 의하면, 공화국 수립 초기의 수개월간은 1인의 대장군 *praetor maximus*이 국가를 통치하였는데, 이는 왕정과 별반 다를 것이 없지 않느냐는 반론에 밀려 유일한 통치자의 동료 통치자를 더 뽑게 되었다는 것이다. 이것은 후일 12세기의 조나라스Zonaras의 헬라스어 발췌본(7.12.1)에도 나온다. 여기엔 왕을 축출한 후에 로마인들은 브루투스를 아르콘archon, 즉 콘술로, 콜라티누스Collatinus를 쉰아르콘synarchon, 동료 콘술로 뽑았다고 되어 있다. 2명의 콘술은 자색 토가를 입었고, 상아가 달린 의자에 앉았으며, 손에는 나무 다발 속에 도끼가 끼어 있는 파스케스*fasces*를 든 12명의 릭토르lictor, 즉 수행원들을 각자 거느리고 있었다. 전쟁터에서 명령 불복종자는 그 도끼로 목을 쳤다.

2명의 콘술은 전쟁터에서 로마 군대를 명령하는 총사령관과 평화시에 로마 행정의 최고 수반으로서 행할 수 있는 임페리움*imperiun*, 즉 대권을 보유하고 있었다. 동등한 권한을 지니면서 서로 비토권을 행사할 수 있

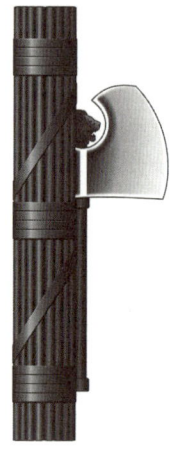

파스케스   콘술의 예복

상아가 달린 의자   콘술의 명령 집행관

는 2인의 콘술이 전쟁이 나면 번갈아 격일제로 로마군을 지휘하고, 평화 시에는 격월제로 로마시를 관장하였다. 로마군의 최고 명령자이므로 콘술은 군대의 모임인 켄투리아회comitia centuriata에서 선출되었고, 그들의 임페리움은 매년 초 쿠리아회comitia curiata에서 통과된 임페리움에 관한 법에 의거하여 행사할 수 있었다. 콘술은 전쟁 수행 시 1인의 전담 재무관quaestor에게 명령하여 전비를 원로원이 관장하는 국고에서 쓸 수가 있었다.

또 평화 시는 콘술이 로마 최고 행정 수반으로서 거의 모든 분야를 관장하였다. 원로원의 소집권, 켄투리아회와 지역구 인민회comitia tributa populi의 소집권, 로마 시민의 센서스 조사권, 입법권, 재판권, 식민시 건설권, 공유지 관할권, 건축/토목/도로 관장권, 외국 사절 접견권, 종교 의식 주최권 등이 포함된다. 특히 신들의 평화pax deorum를 유지해야 할 책무가 있어서 모든 종교 의식을 주재하였다.

첫째, 콘술은 취임식 때 카피톨리움 언덕에 있는 유피테르 신전에서 재임기간에 국가의 복지와 안전을 기할 것을 서약해야 했다. 속주 총독으로 나갈 때도 마찬가지였다.

둘째, 콘술은 가뭄이나 홍수와 같은 초자연적인 천재지변이나 한니발 전쟁 같은 큰 전쟁이 터지면, 이는 신이 격노하여 보내는 경고라고 생각하여 신에게 속죄의 제식을 거행해야 했다. 천재지변은 신들의 평화를 깨는 것을 의미했기 때문이다.

셋째, 콘술은 매년 날짜를 지정해 알바산상의 유피테르 신전에서 거행되는 라틴 축제를 주관해야 했다. 라틴 연맹의 맹주로서였다.

넷째, 콘술은 아이네아스가 라비니움의 신전에 모셨다는 페나테스신과 베스타신에게 바치는 희생제sacra를 주관해야 했다.

다섯째, 콘술은 로마인들의 경기를 주관해야 했다. 경기는 신들과 직결되었기 때문이다.

여섯째, 콘술은 가축 희생제를 주관해야 했다. 봄에 태어난 돼지, 양, 염소와 같은 가축을 희생물로 바치는 의식이었다.

마지막으로, 콘술은 민회를 주관할 때, 미리 전날 자정에 민회가 열릴 장소에 앉아 천상에서 유피테르 신의 분노로 표출되는 천둥과 번개 현상이 일어나는지 주시해야 했다. 그런 현상이 나타나면 그들은 민회소집을 중단해야 했다.

그 밖에도 콘술은 국가에 전쟁과 같은 비상위기가 닥쳤을 때, 원로원의 결정에 따라 로마의 농지 ager Romanus 내의 한 장소에서 야간에 침묵 속에 1인의 독재관 dictator을 지명하여 그에게 비상대권을 부여하였는데, 대권기간은 6개월이었다. 그간에 독재관은 24인의 릭토르를 거느리고, 1명의 기병대장을 두어 병권을 행사하도록 하였다. 포에니 전쟁 때와 그 후에 시킬리아, 사르디니아, 마케도니아, 아프리카 그리고 아시아 등의 속주가 생기자, 총독으로 현직 콘술과 프라이토르가 나가야 했다. 만약 현지에서 그들의 1년 임기가 만료되면, 프로콘술 proconsul, 프로프라이토르 propraetor로서 그들의 권한을 그대로 대행할 수가 있었다. 이것이 바로 정무관대행체제이다. 본래 콘술은 무급이나 재산을 쌓기 위해 가장 좋은 속주의 총독으로 가려고 원로원에서 로비활동을 벌였기 때문에, 가이우스 그라쿠스는 콘술 선거 직전에 미리 배당될 속주를 지정하는 법을 제정하기도 하였다.

그라쿠스 형제의 개혁 이래로 콘술직도 크고작은 변혁을 겪는다. 로마 원로원 내의 옵티마테스가 포풀라레스의 민생 법안들에 대해 반대 일변도의 길을 걷게 되자, 콘술의 정치 폭은 그만큼 좁아지게 되었다. 그 대신 평민을 뒤에 둔 호민관이나 군대를 등에 업은 장군들이 정치 무대에서 대 활약을 하게 된다. 고대 로마의 장군이자 정치가였던 마리우스 Gaius Marius는 수년간 콘술직을 연임한다. 마리우스와 술라간의 권력 투쟁기에 많은 세습귀족의 희생으로 제3 신분인 기사 신분에서 키케로와 같은 정치 신인이 나와 로마 공화국을 주도하는가 하면, 제1차와 제2차 3두 정치, 로마 황제정의 수립으로 콘술직은 그 본래의 모습이 사라지게 된다.

원로원—귀족적정 요소

로마 공화국의 귀족정적 요소는 300인의 의원으로 구성된 원로원에서 드러난다. 왕정기에는 로물루스에 의해 임명된 100명의 귀족가문 가부장의 원로원이 되었다가, 로마 공화정기에는 콘술을 역임한 자가 종신 원로원 의원이 되는 구조가 된다. 기원전 300년경부터는 오비니우스법에 따라 귀족 출신으로서 상아가 부착된 의자에 앉아 프라이토르직과 쿠룰리스 아이딜리스직을 역임했던 모든 사람이 원로원 의원 명부에 등재되었다. 그리고 꽤 오래 지나서야 원로원의 문호는 처음에 평민출신 호민관들에게, 마침내 술라 때에는 콰이스토르들에게도 개방되었다. 그러나 속주 현지에서 총독으로서의 콘술이나 프라이토르의 임기가 만료되면, 로마 원로원은 프로콘술, 프로프라이토르로서 그들의 권한을 그대로 대행하게 했다고 이미 언급한 바 있는데, 이는 콘술이나 프라이토르 역임자는 자동으로 종신원로원의원이 되기 때문에, 원

키케로가 원로원에서 연설하는 장면

로원의원의 무제한적인 수적 증가를 차단하기 위한 현명한 조처였다.

공화국 초기부터 국가의 결정권의 일부는 원로원에게 있었다. 원로원이 독재관 임명의 불가피성과 누구를 임명할 것인지 권고하면 콘술은 이를 따랐다. 다음 장에서 상술하겠지만, 원로원은 기원전 444년부터 기원전 367년까지 콘술을 선출할 상황인지 칸슐러 트리뷴을 선출할 상황인지를 매년 정하고, 칸슐러 트리뷴을 뽑기로 했을 때는 몇 명을 선출할 것인지도 정하였다. 원로원은 군대 징집 규모와 군단의 배치 결정, 국고에서 국가 기금을 푸는 것에 대한 통제, 새로운 해외 식민시를 통치하는 특허장 제정, 외국 대사의 제안 접수 그리고 로마에서 출발하는 사절단 구성과 위임 사항의 결정 등등의 책임을 맡았다.

무엇보다도 원로원이 국고 관장을 하였다는 점은 훗날 로마 공화국 몰락의 원인이 되기도 한다. 왜냐하면 그들은 국고 고갈이라는 명분을 내세워 시민의 민생 문제 해결에 반대만을 일삼는 정치의 부재 상태에 빠져들었기 때문이었다.

원로원은 내정 문제에서 로마 시민과 이탈리아인의 이해관계에 영향을 미치는 장기지속적인 문제들을 취급하는 데 많은 책임을 지게 되었다. 또 정무관권한대행제도를 마련함으로써 속주 총독인 콘술이나 프라이토르가 1년 임기제라는 원칙에 구애받지 않으면서도 동일 관직에 있는 정무관들과 동일한 권한인 임페리움을 행사할 수 있도록 허용하여 행정의 원활한 운영을 기하였다.

포에니 전쟁 때 임페리움 보유자들이 전장터에서 로마군을 지휘하고 있는 바람에, 본래 콘술의 자문기관인 원로원이 자연스레 전임콘술들로서 오늘날의 행정부 역할을 담당하게 된다. 한니발 전쟁과 같은 국가 비상 위기 시대에 원로원은 속주들의 총독을 임명하고, 전쟁 지역에 군대를 파견하고 군수물자를 보급하는 등 중대 임무를 수행하는 바람에 원로원이 마치 로마의 행정부인 양 커다란 권위를 지니게 되었다. 그래서 원로원은 군사적 성공을 거둔 후 승리를 축하하는 개선식을 로마에서 거행하려는 정무관이 원로원의 의사를 거역한다면 개선식을 거행할 권한을 빼앗거나, 대부분의 콘술들이 군사적 명성이나 재정적 이익의 원천으로서 열망해마지 않았던 정무관 권한 대행의 명령권을 보유할 수 있는 기회를 박탈함으로써 그를 벌하기도 하였다. 그러나 가장 중요한 원로원의 권한은 원로원이 정무관의 정치경력 승진에 영향을 미칠 수 있었기 때문에 그들의 소망을 들어달라고 정무관에게 은근히 요구할 수 있었다는 점에 있지 않았나 생각한다.

민회—민주정적 요소

로마 시민은 천부적인 정치적 재능을 타고난 천재였다. 어떤 사가는 공화정기 로마인의 정치적 아이디어가 어떻게 정치제도로 구현되고 있는가를 서술하기도 했지만,[12] 사실 로마 시민이 총회를 열어 그들의 모든 현안 문제를 결정했던 민회에 대해 정통하지 않고서는 로마사를 이해한다는 것은 불가능하다.

로마 민회인 코미티아Comitia의 유형으로서는 원래 세 가지가 있었다. 혈연관계로 똘똘 뭉친 세 부족의 30개의 쿠리아curia로 구성된 '쿠리아회Comitia Curiata', 최소의 군대 단위인 백인대centuria가 193개로 이루어진 '켄투리아회Comitia Centuriata', 지역구tribus가 35개로 구성되어 있는 '트리부스 인민회Comitia Tributa Populi'다. 그러나 신분 투쟁의 결과 기원전 471년에 평민들만 참가할 수 있는 '트리부스 평민회Concilium Plebis Tributum'가 생겨 한 가지가 더 늘어났다. 그러니까 로마 시민은 쿠리아회, 켄투리아회, 트리부스 인민회, 트리부스 평민회 중 어떤 것이 소집되느냐에 따라, 각자 자신이 소속한 쿠리아, 켄투리아, 트리부스 별로 참여할 수가 있었다. 그래서 로마 민회를 표기하는 라틴어는 항상 Comitia라는 복수를 취한다. 이것이 고대 아테나이나 스파르타의 민회와 다른 점이다.

그러면 시민의 집회는 왜 소집되는가? 그것은 민회의 주기능인 투표를 하기 위해서였다. 시민은 정무관의 선출, 법률 제정, 재판 그리고 전쟁, 평화, 동맹 등 주요국가정책을 직접투표로서 결정하기 위해 모였다. 트리부스회와 켄투리아회에서는 현대처럼 1인1표제나 대의제가 아니라 '단위투표제the unit voting system'나 '집단투표제the group voting system'가 채택되었다. 각인이 투표를 하기는 하되, 과반수를 넘는 것이 그 소속 집단의 결정표가 된다는 뜻이다. 그래서 1표로 계산되는 투표단위는 트리부스회에서는 트리부스, 켄투리아회에서는 켄투리아였으며, '과반수 원칙'이 채택되었기 때문에 트리부스회의 총 35표 중 18표, 켄투리아회의 총투표수 193표 중 과반수인 97표를 먼저 획득하는 쪽으로 결정되었다.

투표 방법은 트리부스회에서나 켄투리아회에서나 핵심은 같았다.

첫째, 트리부스회나 켄투리아회에서는 투표를 할 때 제일 먼저 추첨을 통해 최우선투표권을 행사할 트리부스와 켄투리아를 선정한다. 추첨은 하늘의 의사가 반영되고 있다고 굳게 믿고 있었던 시민들은 개표 결과가 공표되면 그대로 따랐던 것이다. 트리부스회의 최우선투표권을 프린키피움principium, 켄투리아회의 그것을 프라이로가티바praerogativa라고 불렀다.

둘째, 투표 시 일단의 '질문자rogatores'가 투표 진행을 돕는다. 투표용

목판에, 선거의 경우는 입후보자의 이름 첫 글자를, 입법이나 재판의 경우는 찬반이나 죄의 유무를 나타내는 라틴어의 첫 자를 대문자로 쓰고, 질문자들은 투표자의 답변을 계산하기 쉽게 점으로 표시했다. 예를 들어, 입법의 경우, 법률안에 찬성하면 '당신이 묻는 대로 Uti rogas'의 U, 반대하면 '법률안 그대로 놔두라antiquo'의 A에 점을 찍

민회에서 비밀투표하는 광경. 한 투표자가 참관인에게서 투표판을 받고, 다른 투표자는 다리를 건너 투표함 항아리에 투표판을 넣는다.

어 나가는 것이다. 이로 보아 질문자는 투표자에게 '이 법률안이 통과되기를 원하십니까' 물어보았음에 틀림없다. 재판의 경우도 마찬가지다. 무죄라고 생각하면 '나는 자유를 준다libero'의 L, 유죄라고 판단되면 '나는 처벌하고자 한다damno'의 D자에 점을 찍어 나갔던 것이다. 그러나 이러한 구두투표는 네 차례에 걸쳐 점차 '비밀무기명투표'로 바뀌게 되는데, 기원전 139년에 선거, 기원전 137년에 재판, 기원전 131년에 입법, 기원전 107년에는 심지어 '대역죄perduellio'까지도 비밀투표로 처리하게 되었다.

셋째, 트리부스회에서는 35개의 트리부스가 선거는 동시에 했으나, 입법과 재판의 경우 '한 트리부스씩' 투표를 해나갔던 것에 비해, 켄투리아회에서는 어느 경우에나 항상 '정해진 투표 순서에 따라' 투표를 진행했다. 전자의 경우, 한 트리부스당 2,000명으로 잡아 70,000여 명의 시민이 모여 투표를 했던 것 같다.

그런데 여기서 일단 '예비공청회'의 성격을 띤 콘티오Contio에 대해 설명을 하는 것이 좋을 것 같다. 선거는 예외이지만, 입법, 재판 그리고 전

쟁이냐 평화냐와 같은 주요국가정책을 투표로서 결정하기 전에, 먼저 이에 대한 찬반의 열띤 연설이나 상세한 해설이 있기 마련이다. 이를 로마에서는 콘티오라고 했는데, 여기엔 투표 자격이 없는 시민, 부녀자, 어린 아이, 노예, 외국인 등 잡다한 무리가 참석할 수 있었다. 투표가 행해지기 전에 각종 연설을 듣는 것이다. 정무관들을 선출할 경우, 선거 유세는 행해지지 않았다. 선거 운동은 대개 입후보했음을 알리는 하얀 토가를 입고 새벽에 일어나 포룸같은 공공 장소에 나가 깍듯이 인사하면서 1표를 부탁하거나 가가호호를 개별 방문하여 지지를 호소하는 방식을 취했기 때문에 새삼 민회에서의 선거 연설은 필요가 없었다. 그러나 입법과 재판의 경우는 달랐다. 전자의 경우, 법률의 제안 설명과 오늘날처럼 난해한 용어 해설이 있기 마련이었다. 더욱이 후자의 경우, 항상 기소자에 대한 고발과 이에 맞선 변호인의 열띤 변명이 있었다. 키케로의 유명한 고발과 변호의 연설은 바로 이 공청회에서 행해진 것이었다. 하지만 카이사르 암살 이후 키케로가 안토니우스를 탄핵하는 연설의 내용과 원로원의 결의사항을 민회를 소집하여 보고하는 경우도 몇 차례 있었다. 그러나 대개 연설이 주기능인 콘티오와 투표가 주기능인 코미티아는 뚜렷하게 구별해야 할 필요가 있다.

쿠리아회는 로물루스왕 때 티티에스Tities, 람네스Ramnes, 루케레스Luceres 3부족에서 각각 10개씩 총 30개의 쿠리아로 구성되었다. 왕국 시대에는 세습제가 채택되어 있지 않았기 때문에 덕 있는 사람을 왕으로 모셔다가 쿠리아회에서 왕에게 군대 명령권과 민간인 통치권인 임페리움, 즉 대권을 부여하였다. 투표는 행해지지 않고 완전 무장한 쿠리아원이 대개 창과 방패를 높이 들고 함성을 지르면서 만장일치로 가결하였다고 한다. 공화국 시대에 들어오면 콘술, 프라이토르, 독재관의 주재 하에 매년 연초 해당 정무관에게 임페리움을 부여하는 '임페리움에 관한 쿠리아법'을 통과시켰다. 기원전 218년 한니발 전쟁이 발발하는 해에 각 쿠리아는 각 릭토르가 대표로 나와 30명의 릭토르가 모여 결정했다고 한다. 대신관이 소집하는 경우, 여기서 신관 취임식을 거행하거나 유언에 의한 양자 결연, 귀족과 평민의 신분상의 변동 상황을 승인하였다. 예를 들어, 기원전 59년 카이사르가 대신관이었을 때 귀족 클로디우스의 평민 신분으로의 변동을 인정했으며, 기원전 43년 카이사르의 유언에 의한 옥타비아누스의 양자 결연을 승인해준 것도 바로 쿠리아회에서였다. 이렇듯 한니발 전 발발 이후 쿠리아회는 형식적인 것으로 되지만, 공화국 말까지 엄연히 존속했다.

트리부스 인민회는 제6 대 왕인 세르비우스 툴리우스 때 군대소집, 세금징수 등 행정적 목적을 위해 설치되었지만, 얼마 안 가 투표로서 정무관의 선출, 입법, 재판을 행하게 되었다. 켄투리아회가 끝나면 곧 이어 콘술의 주재 하에 소집되었던 이 민회는 35개의 트리부스의 성원 명부에 이름이 올라 있는 시민, 즉 귀족과 평민의 전 로마인민이 지역구별로 참가하여 투표하는 기구이다. 원래 도시 로마의 트리부스 수는 4개였지만, 농촌 트리부스의 수는 15개로 시작하여, 로마의 이탈리아 정복과 더불어 그 수가 기원전 471년부터 기원전 387년까지 2개, 기원전 387년에 베이이 영토의 흡수 결과 4개, 기원전 358년부터 기원전 241년까지 2개씩 5차례에 걸쳐 10개가 증가했고 총 35개로 최종 확정되었다. 로마가 트리부스의 수를 2개씩 늘린 목적은 투표의 과반수 원칙을 고수하려는 것이었고, 기원전 241년에 트리부스의 수를 35개로 최종 확정하고 그 이후 새로 영토를 획득하게 되면 그것을 기존의 농촌 트리부스에 편입시킨 것은 전쟁세 징수와 켄투리아회의 개편 등과 직접적인 관계가 있었기 때문이 아닐까 한다. 어쨌든, 기원전 241년부터 트리부스 35Tribus XXXV는 '전 로마 인민'을 뜻하게 되었다. 이후의 정복 영토는

기원전 241년 때의 로마의 완전 시민권 보유시민의 등재 지역

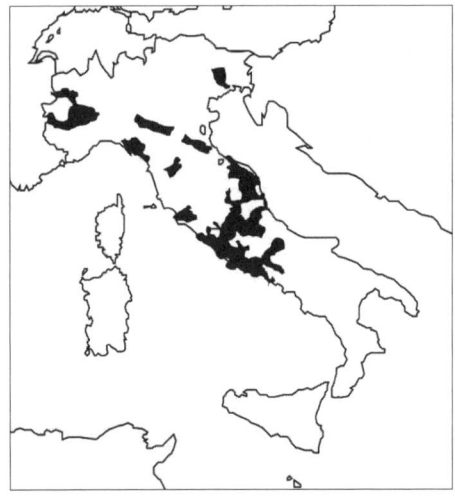

기원전 91년 때의 로마의 완전 시민권 보유시민의 등재 지역

기존의 31개의 농촌 지역구에 적정하게 귀속되었다.

이 민회의 주기능은 투표로서 재판과 재무를 담당하는 콰이스토르, 로마의 경기를 개최하고 치안, 위생, 건물, 시장, 곡가를 감독하는 아이딜리스 등 소 정무관을 선출하는 것이었다. 입법과 벌금형의 부과 같은 재판도 여기서 했다.

그러나 공화국 중기에 가장 중요한 정치적 의미를 띠게 되는 것은 지역구인 트리부스 평민회였다. 원래 귀족들의 관직 독점과 자의적 재판에 반대하여 일찍부터 신분 투쟁을 벌였던 평민 신분은 자신들의 요구가 관철되지 않으면 로마를 떠나 평민만의 국가를 따로 건설하겠다는 위협을 가해 드디어 기원전 494년에 호민관직을 창설하게 되었다. 평민들이 끝까지 보호하겠다는 선서를 배경으로 하여 신성불가침으로 권위가 높아진 호민관들의 활약으로 20여 년 후에 설치된 것이 바로 귀족없이 평민만 참가하여 투표할 수 있는 트리부스 평민회였다. 호민관의 주재 하에 여기서 10인의 호민관, 재무관, 평민 출신의 아이딜리스 등 소 정무관과 식민시 건설위원, 농지분배위원의 선출 그리고 입법, 벌금형과 같은 재판을 투표로 했다. 다만 켄투리아회나 트리부스 인민회에서 법률안이 통과되면 그것은 '법leges'으로서 법적 효력이 발생했던 것에 반해, 여기서는 단지 '평민회의 결의 plebiscita'에 지나지 않아 법적 구속력이 없었다는 한계점이 있었다.

그러나 드디어 기원전 287년에는 장차 평민회의 결의도 법적 효력을 갖게 되어 평민끼리 제정한 법을 만약 귀족이 위반하면 종전과는 달리 법적 효력을 갖게 된다는 호르텐시우스법이 제정되기에 이르른다. 한 걸음 더 나아가, 한니발 전쟁이 시작되는 기원전 218년부터, 로마의 주요 국법이 켄투리아회에서 제정되었던 전과는 달리, 원로원이 호민관들에게 요구하여 트리부스 평민회에서 주요 법률을 통과시킨다는 합의에 이르게 됨으로써 장차 정치 무대는 자연히 트리부스 평민회가 될 여건이 마련되었다.

여기서 일단 트리부스 인민회와 트리부스 평민회의 차이점을 짚고 넘어가는 것이 좋을 것 같다.

첫째, 전자는 귀족, 평민 즉, 전 시민이 참석할 수 있었으나, 후자는 귀족은 참석할 수 없었다.

둘째, 전자는 민회 소집 전날 자정 이후부터 콘술이 민회가 열릴 장소에 돗자리를 깔아 놓고 민회를 주관하는 유피테르신이 민회 소집을 기쁘게 생각하시는 지의 여부를 알아보기 위해 전조를 보아야 했다. 대개 천둥이 울고 번개가 치면, 신께서 민회 소집에 대해 분노하고 있다고 생각하여 민회 소집을 연기하였다. 그러나 후자는 호민관이 그럴 필요가 없었다.

셋째, 전자는 로마 성벽 밖의 군신의 광장인 캄푸스 마르티우스에서 켄투리아회가 먼저 열려 그것이 끝나면 곧 이어 소집되었으나, 후자는 7월에 평민들의 선거를 포함하여 이와는 완전히 다른, 독자적인 스케줄에 따라 진행되었다.

마지막으로, 양자의 분위기가 달랐다는 점을 들 수 있다. 콘술은 자색 줄무늬가 있는 토가를 입고, 콘술의 권한을 상징하는 도끼를 끼운 파스케스를 든 12명의 릭토르가 앞에서 보좌하며, 동료들과 호민관, 복점관들이 수행하는데, 귀족 출신만 앉을 수 있는 상아가 달린 의자에 앉았다. 그러나 호민관은 아주 다르다. 그는 보통 시민과 같은 무늬가 없는 토가를 입고, 아무런 권한의 상징도 없는 전달인들을 대동하며, 필요시 복점관을 부를 수는 있지만, 평소에는 긴 벤치에 앉았다.

다음, 로마의 제6대 왕인 세르비우스 툴리우스에 의해 재편된 켄투리아회는 기병equites, 보병pedites, 비무장병 셋으로 구성되었다.

귀족 출신으로서 장교였던 기병은 로물루스왕 때 3부족에서 각각 2켄투리아씩 모두 6개의 켄투리아가 있었는데, 여기에 12켄투리아가 새로 첨가되어 도합 18켄투리아가 되었다. 위의 6개 켄투리아는 귀족적인 성격을 가장 많이 띠고 있었기 때문에 이를 '6표'라 하였다. 18켄투리아는 정확하게 1,800명으로서 국가가 제공하는 말을 타고 복무하였기 때문에 '공마를 타는 기병'이라 불리기도 하였다. 이들이 바로 최우선투표권을 행사하곤 하였다.

로마군의 주력인 보병 170켄투리아는 평민 출신으로 구성되어 있었는데, 평민은 주로 농민이기 때문에 로마군은 토지 소유 시민군, 농민군이라 불리기도 하였다. 그런데 보병은 재산에 따라 5개 등급으로, 연령에 따라서는 청년조와 노년조로 나뉘어졌다. 원래 보병은 60개의 전투부대인 켄투리아로 이루어져 있었으나, 여기에 동수의 노년조가 첨가되어 도합 120개의 켄투리아는 재산에 비례하여 제1등급에서 제3등급까지 분류되었다. 새로 재산 소유 상태에 따라 제4등급과 제5등급으로 50개의 켄투리아가 늘어나게 되어, 보병은 전부 170켄투리아가 되었다. 재산은 처음 토지로 계산되다가 언젠가 후에는 돈으로 계산되었던 것 같다. 사료를 보면, 보병 제1등급은 토지 20유게라iugera, 돈 100,000아세스asses 이상, 제2등급은 15유게라, 75,000~100,000아세스, 제3등급은 10유게라, 50,000~75,000아세스, 제4등급은 5유게라, 25,000~50.000아세스, 제5등급은 2.5유게라, 11,000~25,000아세스의 재산을 소유했던 것으로 나타난다. 보병 전체 5개 등급에 속한 시민을 '아씨두이assidui'라 하며, 여기에 속하지 못한, 즉 재산이 없거나 이에 못 미친 시민은 국가에 기여할 수 없는 한낱 '자식 생산자'에 불과하다고 하여 '프로레타리이proletarii'로 불리거나, 센서스 조사시 이름이 등재되지 않고 머릿수만 기재된다 하여 '카피테 켄시 엣 프로레타리이capite censi et proletarii'로 불리기도 하였다. 그런데 제5등급이 되는 재산평가액이 기원전 214~212년에 4,000아세스로, 기원전 125년경에 1,500아세스로 두 차례에 걸쳐 인하되어 프로레타리이의 수가 감소되고 아씨두이 숫자가 늘어난 적이 있다. 기원전 107년에는 중소자영농민층이 가공할 정도로 몰락하여 프로레타리이 중에서도 군대에 자원하면 지원병으로 받아들이는 마리우스의 병제개혁도 있었다는 점을 일단 기억해 두는 것이 좋을 것 같다. 이렇듯 재산의 소유 상태에 따라 보병은 제1등급 80켄투리아, 제2, 3, 4등급 각기 20켄투리아, 제5등급 30켄투리아로 구성되어 자비로 마련하는 무장의 종류를 달리하였다. 보병 제1등급은 방어용 무기로는 갑옷, 얼굴을 보호하기 위한 투구, 팔을 고정시키고 손잡이가 있는 장방형(초기에는 원형) 방패를, 공격용 무기로는 던지는 창이 아니라 찌르는 장창을 갖추고 완전중무장을 하였다. 제2등급은 여기서 갑옷이 없고, 제3등급은 또 정강이 보호 띠가 없고, 제4등급은 더 경무장으로 되다가, 제5등급은 단지 돌과 투석기만 지니고 있었을 뿐이다. 이것은 로마군이 완전중무장 밀집방진부대전술을 채택하고 있었다는 증거이다. 그리고 공화국 초기에 시민들 간에 부채 문제가 발생했다면, 그것은 완전 중무장 1 세트의 가격이 중규모의 양떼의 값에 상당했다는 것을 참작하면 이해가 빨리 되리라고 생각한다. 연령상으로 17~45세의 '청년조'와 46~60세의 '노년조'는 보병 5개 각 등급이 반분되어 있었다. 재산에 따라 보병을 5개 등급으로 분류한 것은 소위 '기하학적 (비례적) 평등사상'에 입각한 것으로, 적과 맞부닥쳐 싸울 때 시민이 재산을 많이 가지면 가질수록 그만큼 더 재산과 생명을 지키기 위해 용감하게 싸우고, 국가 방위를 위해 전쟁세도 더 내며, 그에 따라 정치적 권리도 더 크게 행사하는 데 반해, 재산을 조금밖에 지니지 못하거나 거의 없는 경우는 병역이 면제되고 전쟁세가 면세되며 참정권도 유명무실한데, 이것이 형평의 원리에 합당하고 평등하다는 것이다. 청년조와 노년조로 반분한 것은 전자는 실전에 투입하기 위해서였고, 후자는 로마 방어를 위해서였다.

5켄투리아로 구성된 비무장병은 공인 1, 나팔수 2(호른과 트럼펫 각 1), 보충병 1, 프로레타리이 1켄투리아가 있었다. 이미 설명했듯이, 프로레타리이는 원칙적으로 군대 복무가 불가하였고, 전쟁세도 면제되었으며, 참정권이란 것도 꿈에서나 행사할 수 있는 맨마지막 193번째의 1표였을 뿐이다.

처음 군사적 조직으로 출발했다가 후에 정치적 성격을 띠게 되는 켄투리아회의 주기능은 소위 대정무관의 선출이라고 할 수 있다. 기원전

509년 공화국의 수립 이래 로마군의 최고 사령관이자 최고 행정 수반이었던 2인의 콘술, 기원전 443년 센서스 조사를 위해 뽑기 시작한 2인의 켄소르, 기원전 367년 재판 전담을 위해 뽑기 시작해서 후에 속주 총독들로 임명하기 위해 8인까지도 뽑았던 프라이토르가 해당된다. 여기서 로마의 주요 법률을 제정했는데, 이미 설명했듯이 기원전 218년 이후부터는 이러한 주요 입법기능이 트리부스 평민회로 넘어가게 된다. 또 주요한 재판을 하였는데, 여기서 국가 반역과 같은 '대역죄'를 재판하여 사형이나 외국 추방을 결의하였다. 그 외에 선전포고, 강화조약, 군사동맹과 같은 주요한 국가정책을 투표로 결정하였으며, 징병과 납세의 기본이 되는 센서스 조사를 하기도 하였다. 투표는 기하학적 평등사상에 따라 제일 먼저 기병이 투표하여 그 18표의 개표 결과가 공표되고 난 후, 보병 제1등급 80켄투리아가 투표하게 된다. 대개 기병 18표와 보병 제1등급 80표의 개표 결과가 일치하여 과반수를 넘었으므로, 여기서 투표는 끝나기 마련이었다.[13] 만약 여기서 과반수에 달하지 못할 경우, 과반수에 달할 때까지 제2, 3, 4등급 순으로 내려가면서 투표가 행해졌다.

항상 군신의 광장인 캄푸스 마르티우스에서 콘술의 주재로 모였던 이 정치적 결의 기구는 기원전 241년이나 직후 '한층 더 민주적 형태'로 개편되었다. 보통 제1차 포에니전쟁이 끝나는 기원전 241년과 한니발 전쟁이 발발하는 기원전 218년이나 그 이전 220년 사이로 개편의 시기를 잡고 있지만, 나는 기원전 241년의 트리부스의 35개 최종 확정, 전쟁세인 트리부툼의 산정과 징수, 켄투리아회의 개편, 이 3자는 상호 밀접 불가분의 관계를 맺고 있었다는 확신을 갖고 있기에 제1차 포에니전쟁의 종결 직후로 그 시기를 잡고자 한다. 어쨌든 도시 로마의 트리부스 4, 농촌 트리부스 31, 그 수가 도합 35개로 최종 확정됨에 따라 보병 켄투리아의 수도 35개의 트리부스에서 총 350개가 나오게 되었다. 즉, 개편되기 이전의 소위 세르비우스회는 지역구와는 전혀 관계없이 순전히 재산과 연령에 따라 보병이 구성되었던 것에 비하여, 개편된 켄투리아회는 35개의 각 트리부스에서 보병 제1등급에서 제5등급까지의 청년조와 노년조 각 1켄투리아씩 10개의 켄투리아가 나와, 도합 350개가 되었다. 키케로의 말대로, 보병 켄투리아는 '트리부스의 일부'가 되었던 것이다. 그리하여 개편된 켄투리아회는 기병 18, 보병 350, 비무장병 5, 총 373켄투리아로 이루어지게 되었다.

그런데 16세기에 판타가토Ottavio Pantagato of Brescia, 1494~1561라는 수도원 성직자는 개편된 켄투리아회가 총 373켄투리아로 재조직되기는 했으되, 그것의 과반수인 187표는 보병 제3등급에 이르러서야 비로소 달하게 되었다고 설명했다. 즉, 기병 18표, 보병 제1등급 70표, 보병 제2등급 70표의 합계는 불과 157표로서 전체 373표의 과반수인 187표에는 미달이다. 따라서 보병 제3등급의 투표수가 더해져야만 과반수가 달하게 되기 때문이다. 그러나 이것은 기원전 44년 3월에 암살된 카이사르의 콘술 보궐선거가 보병 제2등급의 개표 결과가 발표되는 즉시 끝났다는 키케로의 진술(*Philippicae*, 2, 33, 82~3)과 더욱이 그의 1822년 최초로 발견된 『국가론』의 내용과도 일치하지 않는다.

> 자네는 이 제도에 대해 잘 알고 있네. 그렇지 않다면 설명을 할텐데. 그러나 자네는 그 제도 전부를 훤히 알고 있고, 또 6표를 포함한 기병의 켄투리아들과 70켄투리아를 포함한 제1등급, 게다가 국가에 유용하기 때문에 공인들로 이루어진 다른 1켄투리아가 어떻게 89켄투리아를 구성하고 있는가 알고 있네. 만약 나머지 104켄투리아 중에서 단지 8켄투리아만 첨가된다면 과반수에 달하게 되네.[14]

이에 대한 상세한 설명은 뒤에서 하겠지만, 일단 여기서는 기병 18(6+12)켄투리아, 보병 제1등급 70켄투리아, 공인 1켄투리아 하여 전부 89(18+70+1)켄투리아에다 나머지 104(193~89)켄투리아 중 단지 8켄투리아만 첨가된다면 97(89+8)켄투리아, 즉 과반수에 달하게 된다는 진술은 분명히 켄투리아회는 '개편 전후를 막론하고' 전부 193켄투리아로 이루어져 있었으며, 그 과반수인 97표에 달하게 되는 것은 저 기원전 44년의 보궐선거처럼 보병 제2등급에서였다는 사실을 보여주고 있다.

그리하여 장기간 혼선이 빚어졌으나, 몸젠이 젊었을 때 추종했던 판타가토설을 버리고 『로마 국법』(3,p.278)에서 추첨으로 2개나 3개의 켄투리아가 하나의 투표 조를 짜 1표를 던지게 되었다고 설명함으로써 학계를 발칵 뒤집었다. 그러나 1947년에 발견된 '헤바의 서판Tabula Hebana'은 몸젠의 추리가 맞아떨어졌음을 명쾌하게 입증하고 있다.

그 속에는 기원후 15년에 콘술과 프라이토르들의 지명을 놓고 투표하는 원로원 의원과 기사 신분의 15켄투리아로 구성된 민회가 묘사되는 가운데, 어떻게 도시 트리부스인 수부라나와 에스퀼리나가 제외된 총 33개의 트리부스가 추첨을 통해 15개의 투표하는 켄투리아로 축소되는가가 나타나고 있다.

> 프라이토르들과 호민관들 그리고 곧 투표할 사람들인 원로원 의원과 기사 신분이 출석한 자리에서 사회 보는 정무관은
>
> 23   수부라나와 에스퀼리나를 제외한 33개 트리부스의, 가능한 한 거의 같게 만들어진 공들을 회전하고 있는 한 단지 속으로 던지도록 명령을 발해야 한다.
>
> 24   추첨 결과를 발표하고 어느 원로원 의원들과 기사 신분이 각 투표함에 투표할 것인가 결정해야 한다.

25 추첨 배당은 다음과 같은 방식으로 정해져야 한다. 즉 가이우스와 루키우스 카이사르의 이름을 따서 명명된 켄투리아(10개가 있었다)에 대해서는 2개 트리부스가 각각 제1, 2, 3, 4투표함에 할당되어야 하며,

26 3개 트리부스는 제5투표함에, 2개 트리부스는 각각 제6, 7, 8, 9투표함에, 3개 트리부스는 제10투표함에 배정되어야 하며, 게르마니쿠스 카이사르의 이름을 딴 켄투리아(5개였다)에 대해서 추첨은 다음과 같은 방식으로 진행되어야 한다.

27 2개 트리부스는 각각 제11, 12, 13, 14투표함에, 3개 트리부스는 제15투표함에 배정되도록 해야 한다. (정무관이) 추첨에 뽑힌 어떤 한 트리부스를 불러 모았을 때는,

28 그는 그 트리부스로부터 원로원 의원과 원로원에서 자신의 의견을 피력할 권리를 지닌 사람들을 호명하여,

29 제1투표함으로 가서 그들의 표(투표용의 작은 공)를 던지도록 명령해야 하며, 그들이 투표를 하고

30 자기들의 벤치로 돌아왔을 때는, 바로 그 트리부스의 기사 신분을 호명하여 동일 투표함에 투표하도록 명령해야 한다.[15]

여기서 분명하게 나타나고 있는 것은, 첫째 추첨으로 조편성이 된 2나 3 트리부스의 성원 표 중 과반수를 차지하는 것이 바로 그 켄투리아의 표를 결정했고, 둘째 짝이 맺어져 결합되는 것은 어디까지나 추첨을 통해서이므로 그 구성은 선거 때마다 매번 바뀌었으리라는 사실이다.

이렇듯 2, 3의 켄투리아가 추첨으로 조편성하여 하나의 투표 켄투리아를 이루게 된다는 몸젠의 주장은 그 정당성이 확인된 셈이다. 그러나 보병 제2, 3, 4, 5등급에서 모두 100개의 투표하는 켄투리아가 나오게 된다는 견해 그 자체는 여전히 단순한 하나의 가설로 남는다.

이런 의미에서 우리는 자연히 역시 하나의 가설로서이긴 하지만, 오늘날 거의 정통 학설로 굳혀지고 있는 테일러Taylor, L.R.의 설명에 귀를 기울이게 된다. 보병 제2등급에서 제4등급까지는 3켄투리아 내지 4켄투리아가 하나의 투표 단위로 묶여졌던 것 같다고 생각한 테일러는 개편 전의 켄투리아회에서 보병 제2, 3, 4등급이 각각 20켄투리아씩 편성되어 있었다는 사실에 착안하였다. 테일러는 개편된 켄투리아회에서 보병 제2, 3, 4등급의 각 센서스상의 편성 단위는 70켄투리아씩이지만, 투표하는 켄투리아 수는 개편 전과 동일하게 20개씩이었으리라고 가정한다. 그는 보병 제2, 3, 4등급의 210개의 센서스상의 켄투리아가 어떻게 60개의 투표 집단으로 구성되는가를 설명하였다. 제2, 3, 4등급은 각각 추첨을 통해 3켄투리아가 결합, 1조가 되어 투표하는 것이 10, 역시 추첨을 통해 4켄투리아가 하나의 투표 단위를 이루는 경우가 10, 이렇게 하여 모두 20(30/3 + 40/4)개의 투표 단위 켄투리아로 묶인다. 즉 20표씩 하여 전체 60(20 × 3)표가 된다. 그리고 개편 전의 켄투리아회에서는 보병 제5등급은 30켄투리아였으나, 개편 후의 켄투리아회에서는 편성 단위는 70켄투리아이지만, 투표 집단은 10개가 늘어난 40개인데, 이것은 개편 전의 보병 제1등급 80켄투리아가 개편 후에는 70켄투리아로 10개가 감소되는데, 바로 그 10개가 보병 제5등급에 가산되었기 때문이라는 것이다. 그리하여 보병 제5등급은 추첨을 통해 2켄투리아가 하나의 투표 단위를 이루는 경우가 30, 1켄투리아가 1표를 던지는 경우가 10, 이렇게 모두 40표가 된다. 그러니까 개편된 켄투리아회에서의 투표 단위는 기병 18, 보병 제1등급 70, 보병 제2, 3, 4등급 각각 20씩하여 60, 보병 제5등급 40, 그리고 비무장보조병 5를 하여 193개가 된다는 것이다. 개편된 켄투리아회는 몸젠의 견해처럼, 편성 단위는 373켄투리아이지만, 투표 단위는 개편 전과 마찬가지로 193켄투리아였고, 그 과반수는 보병 제2등급에서 달했었다는 것이 테일러설의 근간을 이루고 있지만, 요컨대 추첨을 통해 결합되는 투표 단위의 수를 서로 다르게 계산하고 있다는 데 양자의 차이점이 있을 뿐이다. 그러나 분명하게 지적할 수 있는 것은 개편된 켄투리아회는 편성 단위가 373개의 켄투리아지만, 투표 단위는 193켄투리아이며, 그 과반수는 보병 제2등급에서 이루어진다는 점이다.

그러나 무엇보다도 켄투리아회의 개편에서 실질적으로 가장 중요한 변화는 다름 아닌 투표 순위의 변경이다.

투표 순위의 변경에서 가장 중요한 것은, 종래 소위 최우선투표권을 행사했던 것은 바로 기병 18켄투리아였지만, 개편 후에는 이제 보병 제1등급 가운데에서 추첨으로 뽑힌 1켄투리아가 행사하게 되었다는 점이다. 로마인들은 추첨이란 하늘의 뜻이 무엇인지 나타내는 것이라고 믿었다. 그래서 보병 제1등급 35유니오레스, 그 중에서도 특히 4개의 도시 유니오레스가 제외된 31개의 농촌 유니오레스 가운데에서 추첨으로 뽑힌 최우선투표 켄투리아의 투표 결과는 그 후 전체의 투표 진로를 결정해주다시피 했다는 점에서 대단히 중요했다. 그런데 추첨 대상을 유니오레스로 한정시킨 것은 이들이 실전에 투입되느니만큼 우대했음을 의미하고 4개의 도시 유니오레스를 제외시킨 것은 도시보다는 농촌을 우대했다는 뜻을 지닌다. 결국 원로원 집단은 개편 전보다는 선거 결과에 영향을 덜 끼치게 되었던 반면, 보병 제1등급은 개편 전에 비해 10켄투리아를 상실했지만, 이보다 훨씬 더 무게가 있는 최우선투표권을 행사하게 되었던 것이다.

이 최우선투표 켄투리아, 즉 1표의 개표 결과가 공표되면, 제2차로 보병 제1등급 나머지 유니오레스 34켄투리아, 보병 제1등급 세니오레스

35켄투리아, 공인 1켄투리아 그리고 기병 12켄투리아가 투표를 하게 된다. 이 82(34+35+1+12)표의 개표 결과가 투표소 밖에서 발표되면, 제3차로 귀족적 성격을 가장 많이 띠고 있는 이른바 '6표', 즉 35의 도시나 농촌 트리부스에 소속되지 않은 원래의 기병 6켄투리아가 투표를 하게 된다. 이 6표의 개표 결과가 알려지면, 이번에는 제4차로 보병 제2등급 70켄투리아가 20개의 투표 집단으로 결합되어 투표를 하게 되는 것이다. 귀족 청년들로 구성된 '6표'가 보병 제1등급과 제2등급 중간에 위치하게 된 것은 제2등급에 대해 프라이로가티바이로서의 역할을 하도록 고려되었던 것이 아닌가 생각된다. 보병 제2등급에서 과반수에 달하게 돼도 보통 이 단계에서 결정표가 나왔기 때문이다. 제4차까지의 개표 결과가 일치하게 되면, (1)+(34+35+1+12)+(6)+(20)=109표로 과반수인 97표를 상회하게 되므로, 투표는 여기서 종료되고 켄투리아회는 즉각 자동적으로 해산되기 마련이다. 만일 보병 제2등급에서 과반수에 달하지 못했을 때는, 달할 때까지 보병 제3, 4등급 순으로 투표를 하게 되는 것은 개편 전과 마찬가지였다.

이상과 같은 것이 로마 시민이 민회에 모여 행한 정치활동의 내용이다. 한마디로, 그들은 자신들의 손으로 직접 정무관을 뽑고, 법률을 제정하고, 재판을 하며, 주요 국가 정책을 결정했던 것이니, 여기에 민주정적 요소가 여실히 드러나고 있다 할 것이다.

현대의 3권분립의 프로토타입

로마 공화국의 정부 형태는 현대의 3권분립의 모체다. 군주제, 의원내각제, 이원집정제 등은 모두 로마 공화국의 국법의 변형이다.

특히 미국의 헌법은 이상적인 로마 공화국의 것을 그대로 이식한 것이라고 생각하면 이해가 편하다. 상원과 하원이 그렇고, 배심원 제도 역시 가이우스 그라쿠스의 반환법에 근거하고 있는 것이다. 무엇보다도 미국의 대통령 선거 방식은 음미할만하다. 선거인단을 뽑아 대통령을 선출하는데, 이는 로마의 켄투리아회에서의 선거 방식을 따른 것이다.

3

로마 정부 재조직의 원동력: 신분 투쟁

로마 몬스 사케르mons Sacer(성산의 의미)에서 로마 평민들이 귀족에 대항해 분리 운동을 일으켰다.

신분투쟁의 단계

서양고대 로마에서의 신분투쟁[16]은 공화국의 수립 직후부터 한니발전쟁 발발 때까지 귀족과 평민 두 신분 간의 치열한 정치투쟁을 일컫는 것으로서, 몇 단계를 거쳐 진행된다.

로마는 왕정 때부터 귀족과 평민이라는 두 신분으로 구성되어 있었다. 유식하고 토지 재산이 많은 가족의 아버지pater, 즉 가부장은 로마의 종신 원로원 의원이 될 수 있었고, 그 후손들은 세습적으로 로마의 귀족신분patricii이 되었다. 나머지 로마 시민은 보통 사람으로서 대중을 의미하는 평민신분plebs을 이루었다. 로마 국가의 영토 팽창과 더불어 새로 정복된 지역의 유력 가문 역시 로마의 귀족신분으로 받아들여졌다.

두 신분간의 치열한 정치적 투쟁의 씨앗은 기원전 509년에 귀족들이 왕을 몰아내고 공화국을 수립하는 때와 더불어 자라기 시작한다. 당시, 완전중무장 밀집방진 전술을 쓰고 있던 로마 군대 내에서 중요 역할을 담당하고 있던 평민들은 귀족들이 정치, 종교, 법 등 모든 분야의 전권을 장악하자 크게 불만을 품었다. 그리하여 평민신분은 만약 귀족신분이 자신들의 불만을 해소해주지 않는다면 근처로 떨어져 나가 따로 그들만의 새 국가를 건설하겠다는 분리운동secessio을 일으킬 태세를 갖추었다.

로마의 신분 투쟁은 다단계를 거쳐 진행된다. 12표법 제정에 관한 것은 별도의 장에서 논하며, 여기서는 칸슐러 트리뷴직 치폐가 상술될 것이다.

제1 단계 최초의 신분투쟁의 열매는 기원전 494년의 호민관직의 창설이다. 군대와 행정의 최고 통치권을 행사하는 콘술이 자의적으로 평민들을 압제하자 이에 울분을 참을 수 없었던 평민들은 로마 외부에서 집단으로 궐기하였다. 그들은 자신들의 신분을 보호할 정무관인 호민관직의 창설과 아울러 호민관의 신체에 위해를 가하는 자는 누구든 전 평민이 린치를 가해 보복하겠다고 하면서 호민관의 '신성불가침성'의 보장도 강력히 요구하였다. 귀족은 평민을 일일이 상대하기보다는 그들의 대표를 상대하는 편이 훨씬 유리하다는 판단 끝에 그들의 요구를 들어주었다. 단 한 가지 단서를 달았는데, 호민관의 권한은 로마시내에서만 유효하다는 것이었다. 이렇게 하여 매년 호민관이 뽑히게 되었고, 초창기에는 4명이었으나 얼마 안 가 10명으로 증원된 호민관은 주로 콘술의 자의적인 권리 행사에 대하여 평민을 도와줄 수 있는 권리와 콘술의 권리 행사에 비토할 수 있는 권리를 보유하게 되었다. 호민관은 서로 거부권을 행사할 수도 있었는데, 귀족 신분이 이를 이용하는 사례도 나타나게 된다.

제2 단계 그러나 평민신분은 여기서 만족할 수 없었다. 그들은 지역구 인민회의 성원으로서 투표를 통해 각자의 참정권을 행사할 수 있었지만, 이제 그들 자신만의 민회를 열어 참정의 길을 트기를 원했다. 그리하여 기원전 471년에 귀족들로부터 지역구 평민회를 인정받아 귀족은 제외된 채 그들만의 정무관을 선출하고 법을 제정하거나 재판까지 하게 되었다. 그러나 여기도 한 가지 단서 조항이 붙어 있었다. 지역구 평민회에서 통과된 법률안은 단지 평민회 결의사항에 지나지 않으며, 만일 그것이 법적 효력을 발생하려면 귀족들의 추인을 받아야 한다는 것이었다. 그 대신 평민들은 모든 평민회 결의사항을 보관하게 될 신전을 관리하는 아이딜리스 정무관직을 설치하여 매년 2명을 뽑기로 하였다.

제3 단계 다음 단계로 신분투쟁에서 중요한 것은 12표법의 제정이다. 귀족들의 자의적인 통치 행위를 막고자 평민들은 성문법의 제정을 강력히 요구하였다. 그 결과 기원전 451~449년에 제정된 '모든 공법과 사법의 원천'인 12표법 제정은 귀족과의 싸움에서 평민이 대승한 결과물이라는 것이 전통적으로 지배적인 견해이다.[17] 그러나 12표법에는 토지분배, 부채말소 등 어떤 빈민구제조항도 들어 있지 않다. 평민이 최고정무관직이나 성직에 취임할 수 있다는 조항도 없다. 오히려 평민에게 불리한 채무노예나 채무불이행자 대한 강력한 법적 조치가 들어 있을 뿐이다. 여기서 끝나지 않는다. 12표법에는 종래에는 허용되었던 귀족신분과 평민신분 간의 결혼을 금지하는 법조항이 삽입되어 있는 것이다. 그래서 12표법은 평민들에 대한 귀족신분의 권력수호책으로서 제정되었다는 에데르W. Eder의 주장이 제기되어 있는 상태이다.[18] 특기할 만한 것은 12표법이 공표되기 전에 평민들의 제2차 분리운동 끝에 호민관의 권한들을 복원하는 법들도 제정하게 된다. 12표법에 대해서는 다음 장에서 상술한다.

제4 단계 신분투쟁의 제4 단계는 12표법이 제정된 지 불과 4년 후에 전개된다. 기원전 445년에 호민관인 카눌레이우스가 귀족신분은 피정복민 중에서 로마 시민으로 받아들인 사람과도 결혼을 허용하면서 처음부터 로마시민이었던 평민은 왜 여전히 귀족들과의 혼인을 할 수 없는지 그 이유를 따지는 바람에 귀족들은 두 신분 간에 통혼할 수 있다는 그의 법안을 추인하지 않을 수 없었다.

제5 단계 곧 이어 본격적인 신분투쟁의 5단계가 기원전 444년에서 367

년까지 87년간에 걸쳐 복잡하게 전개된다. 카눌레이우스의 통혼법이 제정되자, 나머지 9명의 호민관은 최고정무관인 콘술직을 평민에게도 개방해 줄 것을 귀족에게 강력히 요청하게 된다. 때마침 로마는 외적의 침입과 반란으로 동서남북 4 군데에 군대를 파견해야 할 중대 국면에 처해 있었다. 귀족이 자신들의 요청을 들어주지 않자, 평민은 일치단결하여 콘술의 군대 징집에 일체 응하지 않았다. 귀족은 구수회의를 열어 강온책을 논하다가 결국 중도방안을 채택해 해결의 실마리를 풀게 된다. 콘술직은 고귀하고 신성한 최고정무관직이기 때문에 신분상 열악한 지위에 있는 평민에게 개방할 수는 없으나, 그들의 요구를 일부 들어 주어 평상시에는 콘술을 뽑되, 국가 위기 시에 콘술을 뽑지 않고 8명의 군대 지휘관에게 콘술의 권한을 지니게 하고 그 중 절반은 평민 신분에게 개방하도록 하자는 절충안이었다. 이리하여 기원전 444년에 비정규적인 칸슐러 트리뷴직이 창설되고, 그 정원도 처음에는 3명으로 정했다가 점차 4, 6명으로 늘이면서 절반의 자리는 평민이 차지하도록 하였는데, 세월이 흐를수록 2인의 콘술보다는 다수의 칸슐러 트리뷴을 뽑는 경우가 많아졌다. 이에 대해서는 곧 별도로 상론한다. 이와 동시에 귀족 출신만이 나갈 수 있는 2인의 켄소르직이 창설되는데, 이 직책은 임기가 18개월로, 로마 시민의 센서스 조사를 전담했다.

제6 단계 신분투쟁의 가장 중요한 그 다음 단계는 기원전 367년의 소위 리키니우스–섹스티우스법Leges Liciniae Sextiae의 제정으로, 이것은 로마 공화국의 정치행정사에서 일대 중요 전환점을 이룬다. 마침내 콘술직이 부활될 뿐만 아니라, 종래 귀족만이 독점할 수 있었던 두 콘술직 가운데 한 자리는 반드시 평민이 차지해야 한다는 조항이 들어감으로써, 이제 평민도 떳떳이 귀족과 어깨를 나란히 하여 그 관직에 나아갈 수 있게 되었기 때문이다. 그러나 귀족은 그 대신에 귀족만이 취임할 수 있는 재판관인 1인의 프라이토르직과 역시 귀족 청년만 나아갈 수 있는 로마시 행정관인 2인의 쿠룰리스 아이딜리스직을 설치하였다. 칸슐러 트리뷴직의 설치와 뒤이은 켄소르직의 창설, 칸슐러 트리뷴직의 폐지와 귀족과 평민이 동수의 자리를 차지하는 콘술직의 부활과 함께 프라이토르직과 쿠룰리스 아이딜리스 직의 창설에 대해서는 신분투쟁설과 행정개혁설 두 설명이 있다. 그러나 두 설명의 모태가 되는 리비우스의 사서를 엄밀히 살펴보면, 그 관직들은 귀족과 평민 두 신분간의 치열한 정치적 투쟁의 산물이긴 하지만, 오히려 원천적으로는 국가의 행정적 필요에 따른 정무관직을 놓고 두 신분이 투쟁을 벌인 결과물로서 나타난 현상이라는 것을 알 수 있다.

제7 단계 신분 투쟁의 맨 마지막 단계는 기원전 287년 호민관 호르텐시우스법Lex Hortensia을 통해 장식된다. 종전에는 지역구 평민회에서 통과된 법률안은 평민회결의사항에 불과한 것으로서 법적 효력이 발생하는 것이 아니었다. 그런데 이 법의 제정을 통해 장차 평민회에서 통과된 법도 법적 구속력을 갖게 되어 귀족 누구라도 이를 위반하면 법의 제재를 받게 되었던 것이다.

사실 여기서 귀족과 평민 양 신분 간에 존재하던 모든 정치적, 법적 차별은 철폐되었다. 뿐만 아니라 더 나아가 귀족의 대표 기관인 원로원과 평민을 대변하는 호민관 사이에는 밀월 관계를 맺게 된다. 그 결과 중 한 가지가 바로 종전에는 로마에서 가장 중요한 입법 기관이 켄투리아민회였지만, 기원전 218년 한니발 전쟁을 계기로 하여 지역구 평민회로 그 기관이 바뀐다는 사실이다. 다시 말해, 종전에는 원로원이 콘술로 하여금 로마의 중요 법률을 제정케 했지만, 이후부터는 호민관들을 불러 법을 제정하곤 했다는 얘기가 된다. 그러나 기원전 133년 호민관 티베리우스 그라쿠스의 농지법 제정 파동을 둘러싸고 로마 공화국이 혁명의 소용돌이 속으로 빠져 들어가게 되는 것은 두 신분의 정치 경제적 이해관계를 놓고 충돌하는 국면으로의 전환이라 할 수 있겠다.

그러면 이제부터 뒤로 미루었던 제5 단계를 상술하기로 한다.

로마 공화국 시대의 최고 정무관은 콘술이었다. 그러나 우리는 칸슐러 트리뷴들이 공화국의 최고 정무관으로서 장기간 존재했었다는 사실을 잊지 말아야 한다. 원래 사료에는 공식 명칭 없이 '콘술의 권한을 지닌 consulari potestate', '콘술의 임페리움을 지닌 consulari imperio'이거나 '콘술의 자리에 앉은 pro consulibus', '군지휘관들 tribuni militum'로 나오고 있지만, 편의상 흔히 '칸슐러 트리뷴들 consular tribunes'로 불리고 있는 이 최고 정무관은 기원전 444년부터 367년까지 무려 77년 간에 걸쳐 존재했다.

그렇다고 콘술직이 완전히 폐지되었다는 의미는 결코 아니다. 77년 간 칸슐러 트리뷴직이 존재했던 것은 사실이지만, 콘술직도 최고 정무관으로서 엄연히 존재했다. 그러니까 두 관직은 공존하면서 대체되었던 셈이다. 즉 칸슐러 트리뷴이 선출될 경우에는 콘술이 뽑히지 않았고, 콘술이 뽑힐 경우 칸슐러 트리뷴은 선출되지 않았다. 구체적으로 본다면, 칸슐러 트리뷴 50회, 콘술은 22회 뽑혔고, 나머지 5년간(375~371 B.C.)은 칸슐러 트리뷴도 콘술도 뽑히지 않은, 그야말로 최고 정무관 부재의 아나키 시대였다. 즉 기원전 444년부터 427년까지는 칸슐러 트리뷴보다 콘술이 뽑힌 때가 훨씬 많으나, 426년부터 406년 간에는 역전되어 칸슐러 트리뷴이 훨씬 많이 뽑히다가, 405년부터 367년까지는 아나키 시대를 제외하고 거의 전부 칸슐러 트리뷴이 최고 정무관으로 선출되었다.

콘술의 정원은 시종 2인으로 고정되어 있었던 데 반하여, 칸슐러 트리뷴의 경우 처음 뽑히는 기원전 444년부터 427년까지는 3인이었으나, 점차 그 수가 늘어나 426년부터 406년까지는 4인, 405년부터 367년까지는 6인이었다. 상론하면 기원전 444년부터 427년까지의 기간 중 444년, 438년, 434~432년 5회에 걸쳐 3인의 칸슐러 트리뷴이 뽑혔지만, 426년부터 406년까지의 기간 중에는 콘술이 뽑히는 423년, 421년, 413~409년 단 7회를 제외하고는 전부 칸슐러 트리뷴 4인이 최고 정무관으로 선출되었다. 기원전 405년부터 367년까지의 기간 중 아나키 시대를 제외하고는 오직 기원전 393년, 392년 연 2회에 걸쳐 콘술이 선출되었을 뿐 그 나머지는 전부 6인의 칸슐러 트리뷴이 뽑혔다.

칸슐러 트리뷴직과 콘술직의 가장 중요한 차이점으로서 지적할 수 있는 것은 콘술직에는 오직 귀족만 나갈 수 있었던 데 반하여, 칸슐러 트리뷴직에는 평민도 귀족과 어깨를 나란히 하여 나갈 수 있었다는 사실이다. 즉 평민은 법률상 콘술은 될 수 없었으나, 칸슐러 트리뷴이 되는 데는 아무런 법적 규제가 없었다.

이상의 일반적인 고찰을 통하여 우리가 도출해 낼 수 있는 결론은 우리나라에서는 거의 언급조차 되지 않고 있는 칸슐러 트리뷴직이 로마 공화국 국제사에서 차지하는 비중이 얼마나 컸는지이다. 더불어 카눌레이우스의 통혼법이 제정된 그 다음해부터 평민도 콘술직에 나갈 수 있다는 리키니우스 - 섹스티우스법이 채택된 기원전 367년까지 이 관직이 존재했다는 점으로 미루어보아, 일단 귀족과 평민 간의 신분투쟁과 깊은 관련이 있다는 사실이다.

그러면 기원전 444년에 칸슐러 트리뷴이라는 관직이 창설된 이유는 무엇이며, 그것이 367년에 완전히 폐지된 이유는 무엇일까?

칸슐러 트리뷴직 설치

칸슐러 트리뷴직이 창설된 이유에 대해서는 리비우스의 『로마사』에 완전히 다른 두 설명이 있다. 그 첫째는 관직 설치가 귀족과 평민 간의 투쟁 결과 생긴 정치적 타협의 산물이었다고 보는 소위 정치적 설명이고,[19] 다른 하나는 그 대체 설명으로서 그것은 신분투쟁의 소산과는 아무런 관련도 없이 순전히 군사적 상황 속에서 마련되었다는 것이다.[20]

사실 대부분의 역사가는 이 관직이 군사적인 이유로 설치되었다는 점을 인정하는 데에 인색지 않았다 하더라도, 주요 강조점을 정치적인 동기에 두어 왔다.[21] 그렇지만 최근에 이르러 관직 설치가 신분투쟁과는 아무 관련 없이 증가하는 군사적 필요성에 의해 필요불가결했다는 것으로 설명하는 경향이 두드러지고 있다.[22] 여기서 한 걸음 더 나아가 그것은 순전히 로마의 행정적 요구에 부응하여 나타났다고 하는 설명으로까지 발전하기에 이르렀다.[23]

칸슐러 트리뷴직의 설치 이유에 대한 정치적 설명, 다시 말하자면 관직 설치가 귀족과 평민 간의 정치적 투쟁의 소산이었다고 하는 전통적 견해는 전적으로 리비우스의 사서에 입각한다.

기원전 445년 초에 호민관 가이우스 카눌레이우스Gaius Canuleius는 귀족과 평민 간에 서로 결혼할 수 있다는 통혼법안을 지역구 평민회에 제출한다. 이에 자극받은 나머지 9인의 호민관도 최고 정무관인 2인의 콘술은 앞으로 귀족이건 평민이건 시민이 원하는 사람을 자유롭게 선출할 수 있도록 한다는 법안을 제출하게 된다.[24] 이 법안은 원래 최고 정무관 2인의 콘술 중 1인은 반드시 평민 출신이어야 한다는 종래 호민관들이 지니고 있었던 의사가 변경되어 표시된 것이었다. 그런데 너무나도 잘 알려져 있듯이 카눌레이우스의 활발한 움직임의 결과 통혼법 Lex Canuleia이 제정되어 그의 명성이 자자하게 되자, 다른 호민관도 용기를 얻어 매일매일 들려오는 늘어난 전쟁의 소식에도 불구하고 그들의 안을 통과시키기 위해 폭력을 행사하며 투쟁하다가 마침내 콘술에 의한 평민의 군대징집을 보이콧하기에 이르렀다.[25] 원래 호민관에게는 콘술이 평민에게 군대징집을 명하는 것을 거부할 수 있는 권한이 있었으므로, 만일 그들의 극단적인 조처가 철회되지 않는다면 이것은 로마에서 매우 중대한 일이 아닐 수 없었다. 그리하여 귀족 지도자들은 이에 대한 타개책을 마련하려 한 콘술의 사저에 모이게 된다.

이 자리에서는 강경론과 온건론이 팽팽하게 맞섰다. 두 콘술은 우리 귀족이 외부의 적을 무찌르기 전에 먼저 전 평민과 전쟁을 해서라도 그들을 굴복시켜야 한다고 강력히 주장했다. 그러나 킨키나투스 등은 호민관직의 신성불가침성을 무시하고 유혈사태를 일으키는 데에 반대했다. 이러한 강·온 양론에 대해 절충안을 내놓은 사람은 처음에는 강경론에 동조했던 가이우스 클라우디우스였다. 그의 안은 콘술직은 종전대로 귀족만 독점하는 것으로 하여 일체 손대지 말고, 그 대신 콘술의 권한을 가진 군지휘관을 선출토록 하며, 그 수는 가장 적당하다고 생각되는 대로 결정하는 것이 좋겠지만 본인의 의견으로는 8인이나 6인으로 충분할 것 같은데, 이 경우 귀족은 결코 평민 수보다 적어서는 안 된다는 것이었다.[26]

이상과 같은 클라우디우스의 절충안이 평민측 동의를 얻어 귀족 3인, 평민 3인 도합 6인으로 그 정원을 확정하여 통과시킴으로써 칸슐러 트리뷴직은 창설된다. 그러니까 귀족과 평민은 동수의 원칙 아래 각기 3

인씩 그 직에 진출할 수 있게 된 셈이다.²⁷ 결국 귀족측은 칸슐러 트리뷴이라는 관직을 변칙으로 설치함으로써 콘술직을 계속 독점할 수 있게 되었을 뿐만 아니라, 이 관직의 신성성을 계속 보존할 수가 있게 되었다. 반면 평민측은 비록 콘술직으로 진출하는 데에는 실패했지만, 어쨌든 결과적으로는 최고 정무관직인 칸슐러 트리뷴직에 귀족과 함께, 그것도 동수로 나갈 수 있게 되었다. 요컨대 귀족과 평민 간에 양측이 만족할 만한 정치적 타협이 이루어졌고, 그 소산이 바로 칸슐러 트리뷴직이었다는 것이 리비우스의 정치적 설명의 요지이다.

그런데 그 다음에 나오는 그의 설명에서 납득하기 어려운 점이 있다.

첫째, 기원전 444년에 최초로 칸슐러 트리뷴 선거가 있었는데, 그 결과에 대해 리비우스는 지금까지와는 달리 설명하고 있다. 즉 평민들은 평민 출신이 칸슐러 트리뷴에 많이 입후보했는데도 그들을 외면한 채 오직 귀족만 3인을 뽑았다는 것이다. 최고 정무관직에 나가기 위해 콘술에 의한 평민의 군대징집에 보이콧하는 극단적인 행동을 취할만큼 격렬한 대귀족 투쟁을 벌였던 바로 그 평민이 대체 왜 평민 출신 입후보자는 전연 고려하지도 않고 귀족만 뽑았을까? 그의 답변은 이러하다. 평민들은 칸슐러 트리뷴직에 나갈 수 있게 되었다는 사실에 너무 만족한 나머지 구태여 평민 출신을 뽑을 필요가 있겠느냐고 생각했기 때문이라는 것이다.²⁸

둘째, 기원전 444년에 칸슐러 트리뷴직이 창설된 이래 평민으로서 처음 그 직에 나간 사람은 푸블리우스 리키니우스 칼부스였고, 그때가 바로 기원전 400년이었다고 리비우스는 설명하고 있다.²⁹ 그러나 만약 칸슐러 트리뷴직이 신분투쟁 결과 평민의 입김이 귀족에게 크게 작용하여 설치되었다면, 왜 44년이나 지난 후인 기원전 400년에야 비로소 처음으로, 그것도 단 1인의 평민이 콘슐러 트리뷴으로 뽑히게 되었을까? 최고 정무관직에 나가기 위해 그렇게도 격렬한 투쟁을 벌였던 평민들은 그 동안에 도대체 무엇을 했단 말인가?

이상의 리비우스의 정치적 설명을 다시 한번 정리해 보면 다음과 같다. 기원전 445년에 호민관들은 앞으로 콘술은 귀족·평민 구별 없이 선출토록 한다는 법안을 제출했다. 귀족들은 이에 반대했다. 호민관들은 거부권을 행사하여 콘술의 군대징집을 보이콧했다. 그러자 귀족들은 그 타개책으로서 콘슐러 트리뷴직을 창설하고 평민도 귀족과 동수로 3인이 진출할 수 있도록 했다. 그러나 기원전 444년에 최초로 실시된 콘슐러 트리뷴 선거에서 평민들은 그 직에 나갈 수 있게 되었다는 사실에 극도로 만족한 나머지 평민 출신을 단 한 사람도 뽑지 않았다. 최초로 평민 출신, 그것도 1인이 선출된 것은 44년이나 지난 후인 기원전 400년에 이르러서였다. 이렇듯, 그의 설명은 논리가 선다고 할 수 있을지는 모르지만 설득력은 아주 약하다고 지적할 수 있다. 그 이유는 그가 관직 장설을 오직 귀족과 평민 간의 신분투쟁의 산물로 보고 서 정치적 투쟁을 극화하려 했던 데에 있는 것이 아닌가 한다.

관직 설치에 대한 리비우스의 정치적 설명은 그 속에 이런 두 가지 납득하기 어려운 점을 안고 있는 이상, 그 대체 설명이 나올 여지가 있다. 게다가 리비우스는 정치적 설명을 끝내고 난 후, 그 대체 설명에 대해 매우 중대한 시사를 던져 주는 한 구절을 그 자신이 인용한다.

> 여러 저술가는 말하기를 아이쿠이인과 볼스키인들의 전쟁 그리고 아르데아인들의 반란, 그것에 덧붙여 일어난 베이이인과의 전쟁 때문에 두 콘술은 한꺼번에 그 여러 전쟁에 대처할 수 없어서 3인의 군지휘관들이 새로 뽑혔다는 것이다. 이 저술가들은 콘술을 평민신분에서 뽑는다는 한 법령의 공포에 관해서는 아무것도 이야기하지 않고, 오직 3인의 군지휘관이 콘

술의 권한과 권표를 지녔다고 기록하고 있다.³⁰

리비우스가 인용하고 있는 이 글의 요지는 이러하다. 로마는 3개 전선에서 각기 다른 적을 무찔러야 했을 뿐만 아니라, 1개 처에서 일어난 반란도 진압해야 했다. 로마군을 지휘할 수 있는 것은 군지휘권을 지닌 콘술로서 그 수는 단지 2인에 불과했다. 그러므로 2인의 콘술은 4개 처에서 일시에 군을 지휘할 수 없었다. 그래서 칸슐러 트리뷴직이 설치되었고, 최소한도 칸슐러 트리뷴 3인이 선출되었다. 이와 같이 그들은 순전히 군사적 필요성에 따라 선출되었다. 그들은 결코 신분투쟁과는 아무런 관련도 없었다.

그런데 윗 구절에 입각하여 관직 설치에 대한 전통적인 견해, 이른바 신분투쟁이라는 정치적 설명에 대해 정면으로 도전한 최초의 사가는 코르넬리우스였다. 그는 관직 설치의 이유를 군사령관의 증가를 절대적으로 필요하게 했던 군사적 요청에서 모색하지 않으면 안 된다고 하는 사실을 애써 보여 주고, 시대에 따라 불규칙적으로 변하는 칸슐러 트리뷴의 수는 로마인들이 그때그때마다 수행해야 했던 전쟁 횟수와 관련되어 있는 듯하다고 했다. 동시에 칸슐러 트리뷴의 수적 증가를 로마 군대와 시민 수의 증가와 관련시키려고 노력했다. 이러한 것들에 기초하여 칸슐러 트리뷴이라는 관직 설치는 귀족과 평민 간의 정치적 투쟁과는 아무런 관련이 없었다는 결론에 도달했던 것이다.³¹

여기서 한 걸음 더 나아가 프리츠는 새로이 로마 행정이라는 면에 조명을 비추어 코르넬리우스의 이론을 보완하는 한층 더 설득력 있는 학설을 제시하기에 이르렀다. 그는 오늘날의 정부는 각기 기능을 달리하는 각료로 구성되어 있지만, 로마 정부는 그렇지가 못했다는 사실을 로마

의 정치 내지 행정기구의 가장 뚜렷한 양상 중의 하나로 지적했다.[32]

그에 따르면 공화국 초기에는 최고 정무관인 2인의 콘술이 군 최고 사령관, 최고 재판관, 국가 행정과 도시 로마 행정 담당관, 센서스 조사 책임관으로서 모든 소임을 충분히 해낼 수 있었다. 그러나 로마가 점차적으로 확대의 길에 오르자 사정은 달라져 콘술이 해야 할 업무는 점점 더 늘어나고 어렵게 되었다. 따라서 점증하는 행정적 요구는 좀더 많은 수의 최고 정무관을 필요로 했을 것이다. 게다가 기원전 5세기 중엽에는 또 다른 요인이 더욱더 중요성을 띠고 나타나게 되는데, 로마는 여러 곳에서 동시에 전쟁을 수행해야만 했다. 그런데 시민군을 지휘할 수 있는 임페리움을 보유한 최고 정무관은 콘술로, 그 수는 단 2인에 불과했다. 그러므로 만약 같은 시각에 2개 처 이상에서 전쟁을 수행해야 한다면 로마는 그야말로 중대위기에 직면치 않을 수 없었던 것이다. 이렇듯 로마에는 국가 규모의 확대와 더불어 재판과 시민행정 등 늘어난 업무를 처리해야 할 최고 정무관의 증원이 요청되고 있었는데다가, 당장 여러 전선에서 군을 지휘해야 할 2인 이상의 군사령관에 대한 국가적 요청이 나타났고, 이에 따라 칸슐러 트리뷴직이 새로 설치되었다는 것이다.[33] 그는 또 언급하기를 칸슐러 트리뷴의 3, 4, 6인으로의 점차적인 증원도 변화하는 행정적 요구들―대체적으로 보아 확실히 군사적 성격을 띤―과 관련을 맺고 있었다는 것이다.[34]

그러나 행정적이며 군사적인 요청에 따라 최고 정무관의 증원이 긴박했다면, 왜 로마인들은 당시 최고 정무관인 콘술 수를 필요한 만큼 늘리지 않고 칸슐러 트리뷴직을 새로 설치했을까? 프리츠는 이에 대해 상론하고 있지 않지만,[35] 나의 견해를 덧붙여 설명하면 다음과 같다. 점증하는 행정적 요구에 플러스된 긴박한 군사적 필요성이 결정적인 계기가 되어 최고 정무관, 즉 콘술의 증원이 필수적이었을 것이다. 이때에 군사적 조직체 내에서 세력을 증대시켜 왔던 부유하고 독자적인 평민들은 평민 출신도 콘술에 나가야 한다고 주장했을 것이다. 물론 이러한 평민의 주장에 귀족은 반대했을 것이다. 그리하여 최고 정무관 자리를 놓고 귀족과 평민 간에 격렬한 정치적 투쟁이 전개되었을 것이다. 그 타협의 소산으로서 등장한 것이 바로 칸슐러 트리뷴직이었을 것이다. 그러므로 신분투쟁이 원인이 되어 관직이 창설된 것이 아니라, 점증하는 행정적 요구에 플러스된 긴박한 군사적 필요성에 따라 늘어날 관직을 놓고 신분투쟁이 벌어진 결과, 그 타협의 산물로서 칸슐러 트리뷴직이 설치되었다고 보아야 한다. 결국 리비우스는 관직 설치의 좀더 근본적인 이유를 도외시한 채 그것을 시종일관 신분투쟁의 산물로서만 설명하려고 했기 때문에, 그의 설명이 이미 지적한 바와 같은 납득하기 어려운 점을 안고 있었다고 할 것이다.

그러면 이번에는 시각을 달리하여 칸슐러 트리뷴직의 설치를 중요한 켄소르직의 창설과 관련시켜 검토해 보기로 하자. 기원전 443년, 그러니까 칸슐러 트리뷴직이 창설된 지 1년 후에 새로 설치된 이 켄소르직이 전자에 못지않게 설치 이유를 둘러싸고 의견이 대립되고 있기 때문이다.

2인의 콘술은 여러 차례에 걸쳐 지적했듯이 최고 정무관으로서 로마 시민의 재산을 평가하고 연령을 조사하는, 소위 센서스 조사까지도 해야 했던 것이나, 기원전 443년 당시 17년 동안이나 센서스 조사를 하지 못했다. 이것은 로마 국가사에서 매우 중대한 일이 아닐 수 없었다. 원래 센서스 조사의 목적은 전 평민의 재산을 평가하여 이에 따라 보병 1등급에서 5등급 그리고 비무장병에 소속시키고, 그들의 연령을 조사하여 17세에서 45세까지는 청년조로, 46세에서 60세까지는 노년조로 편성시키는 것이었다. 재산 소유에 따라 무장의 종류를 달리하는 보병

각 등급에 소속시키는 것은 재산을 많이 소유하면 할수록 그 재산을 지키기 위해 그만큼 더 용감해진다는 원칙에 입각한 것이었다. 청년조와 노년조로 분류하는 것은 전자는 실전에 투입하고 후자는 도시 로마의 방어를 위한 것이었다. 센서스 조사는 이처럼 군사적 중요성을 띤 것이었기에, 마땅히 정기적으로 5년마다 행해져야 했다. 그런데도 17년간이나 센서스 조사가 행해지지 못했다는 것은 참으로 중대한 국가사가 아닐 수 없었다. 그리하여 기원전 443년에 센서스 조사를 전담할 고급 정무관직인 켄소르직을 설치하게 되었다.

바로 이 켄소르직의 창설 이유에 대해서도 칸슐러 트리뷴직의 그것과 마찬가지로 두 설명이 있다. 정치적 타협의 산물로 보는 정치적 설명과 행정적 필요성의 소산이라고 하는 행정적 설명이다.

리비우스에 따르면 원로원의원들은 켄소르라는 관직 설치가 비록 조그마한 일에 불과하지만, 관직 설치를 크게 기뻐했다고 한다. 그들은 국가 행정에서 한층 많은 귀족 출신만 나갈 수 있는 정무관직이 늘어날 것이라고 보았기 때문이라는 것이다.[36] 5년마다 한 번씩 임기 1년 6개월의 켄소르가 2인씩 뽑힐 것인데, 이 정무관은 평민은 될 수 없고 오직 귀족만 될 수 있었던 데 연유한다.

그리하여 슈베클러는 새로운 관직 설치와 최초의 칸슐러 트리뷴의 선거 사이에는 어떤 실질적인 관계가 있었다고 이미 논의한 바 있었다. 즉 기원전 443년에 창설된 켄소르직은 전년의 평민도 진출할 수 있는 칸슐러 트리뷴직의 창설로 말미암아 야기될 위험성에 대한 하나의 방어 수단으로서 귀족들이 간주했다는 것이다. 다시 말하자면, 칸슐러 트리뷴은 새로 된 시민들을 로마 군대의 최소 단위인 켄투리아와 지역구인 트리부스에 소속시킬 수 있는 매우 중대한 권한을 보유하고 있었다.

만약 평민이 칸슐러 트리뷴직에 진출하여 이 권한을 행사한다면, 이
것은 귀족들에 대해 커다란 위험이 아닐 수 없었다. 그래서 바로 이 위
험에 대한 방어수단으로 귀족은 귀족 출신만 나갈 수 있는 켄소르직을
설치하였다는 것이다. 요컨대 그는 켄소르직의 창설을 전년인 기원전
444년 칸슐러 트리뷴직의 평민 허용에 대한 하나의 보상으로 보았던
것이다.[37]

그러나 우리는 리비우스의 사서에서 다음과 같은 구절도 찾아볼 수 있다.

> ……센서스 조사는 이제는 더 이상 연기될 수 없었다. 그렇지만 콘술은 그
> 처럼 많은 국가가 전쟁으로 (로마를) 위협했을 때 이 일을 할 시간이 없었
> 다.[38]

이 구절은 2인의 콘술이 마땅히 센서스 조사를 해야 할 상황에 처해 있
었음에도 계속적인 전쟁위협 때문에 이 소임을 이행할 여유가 없었다
는 사실을 명백히 보여준다. 그렇기에 콘술의 과중한 업무를 덜어 준다
는 이른바 행정적 필요성 때문에 켄소르직이 설치되었다고 생각할 수
도 있다.

사실 켄소르직 설치는 칸슐러 트리뷴직 설치에 대한 하나의 보상으로
서 볼 수 있는가 하면, 이와 마찬가지로 행정적 필요성에 따른 것으로
볼 수도 있다. 그것은 리비우스의 사서 가운데 다 함께 나타나고 있기
때문이다. 사료의 한계성 때문에 정치적 설명과 행정적 설명이 현재로
서는 평행선상을 달릴 수밖에 없다. 그렇지만 나의 견해로는 행정상 기
능분화의 요청에 따라 센서스 조사를 전담할 고급 정무관직의 설치가
긴급히 요구되었고, 이에 따라 켄소르직이 설치되지 않았는가 한다. 즉
켄소르직 설치는 당시 콘술들에게서 센서스 조사의 의무를 덜어 주는

좀더 훌륭한 방법이었다.[39] 따라서 켄소르직 설치를 전년의 칸슐러 트리뷴직의 평민 허용에 대한 하나의 보상으로서 귀족들이 보았다는 것은 역시 칸슐러 트리뷴직의 창설이 신분투쟁의 산물이었다는 것을 강조하려는 저의에서 나온 것이 아닌가 한다.

이제 나의 최종적 결론을 제시할 때가 된 것 같다. 한마디로 정치적 설명과 그 대체 설명의 근본적인 차이점은 칸슐러 트리뷴직이 신분투쟁의 산물이냐, 아니면 행정적이며 군사적 필요성에 따라 증설될 관직을 놓고 귀족과 평민이 정치적 투쟁을 벌인 결과 그 소산으로서 나온 것이냐로 요약할 수 있다. 그러나 두 설명의 차이점을 지적하는 것으로 그친다면 아무런 의미가 없다. 왜냐하면 정치적 설명과 그 대체 설명은 상호 배타적인 것이 아니라 보완적인, 불가분의 관계에 있기 때문이다. 정치적 설명을 담고 있는 리비우스의 사서가 앞서 분석·검토한 바와 같이 두 가지 납득하기 어려운 점을 안고 있는 이상, 나는 이렇게 결론을 내리고 싶다. 칸슐러 트리뷴직은 근본적으로는 행정적이며 군사적 필요성에 따라 증원될 최고 정무관 자리를 놓고 성장해 왔고 또 성장하고 있었던 평민과 귀족 간에 격렬한 정치적 투쟁이 벌어진 결과 그 타협의 산물로서 설치되었다. 즉 관직 설치에 대한 그 대체 설명은 정치적 설명을 결코 부정하는 것이 아니라 그 속에 포용하고 있는 것이다.

칸슐러 트리뷴직 폐지

기원전 367년에 소위 리키니우스–섹스티우스법들의 제정은 로마 국제사에서 일대 전환점을 이룬다. 그 다음해부터 최고 정무관직인 콘술직이 부활되었을 뿐만 아니라, 종래 귀족만이 독점할 수 있었던 두 콘술직 가운데 하나는 반드시 평민이 차지해야 한다는 조항대로 평민도 귀족과 어깨를 나란히 하여 그 관직에 나갔기 때문이다. 여기서 그친 것이 아니다. 귀족만 취임할 수 있는 최고 재판관직인 프라이토르직과 역시 귀족만 나갈 수 있는 도시(로마) 행정관직인 쿠룰리스 아이딜리스라는 관직이 창설되었다. 그러면 이러한 일련의 행정상의 변혁은 왜 일어났을까? 무엇보다도 먼저 우리의 관심의 초점이 이르는 곳은 최고 정무관직인 칸슐러 트리뷴직이 폐지된 궁극적 이유가 무엇일까 하는 점이다.

칸슐러 트리뷴직 폐지와 콘술직 부활 그리고 평민의 콘술직으로의 진출에 관해서는 이미 오래 전에 노이만과 벨로흐라는 두 학자가 상반된 의견을 제시한 바 있었다.

1910년에 출판한 저서에서 노이만은 기원전 366년에 부활된 콘술직에 평민이 취임하는 데에는 아무런 난점도 있을 수가 없었다고 주장했다. 기원전 366년 콘술직의 부활은 단순히 최고 관직의 형태상의 한 변화를 의미했다. 평민들은 이미 여러 차례에 걸쳐 칸슐러 트리뷴직에 나갔다. 그러므로 그 형태상의 경미한 변화 때문에 그들이 콘술직 취임의 권한을 박탈당해야 한다는 것은 도저히 생각할 수 없다. 특히 모든 사료는 평민의 세력이 오랫동안 성장해 왔고 여전히 성장하고 있었다는 사실을 보여 주고 있으므로 더욱 그렇다.⁴⁰ 이러한 설명은 기원전 366년에 일어났던 일은 순전히 행정적 이유로 말미암은 로마 행정의 단순한 재조직이었고, 귀족과 평민 간의 투쟁과는 그야말로 아무런 관련도 없었다는 것이 된다.

이와는 달리 1926년에 벨로흐는 리비우스가 보여주고 있는 칸슐러 트리뷴의 리스트가 정확지가 않으며, 기원전 366년 이전에는 평민출신으로서 칸슐러 트리뷴이 된 사람은 하나도 없었다는 사실을 애써 보여

주었다. 그러고 나서 기원전 366년에 일어났던 콘술직 부활과 평민의 진출이야말로 귀족과 평민 간의 정치적 투쟁에서 가장 중요한 국면 중의 하나였다고 주장했다.[41]

이상에서 우리가 찾아 낼 수 있는 결론은, 기원전 366년 로마 정부의 재조직을 노이만은 행정개혁이라는 측면에서 보아서 자연히 신분투쟁과는 아무런 관련도 없다는 색채를 띠었고, 그것을 벨로흐는 신분투쟁이라는 앵글에 맞추어 보아서 의당 행정개혁과는 무관한, 순전히 정치적 설명의 성격을 띨 수밖에 없었다는 사실이다. 이뿐만 아니다. 만약 우리가 노이만의 설명을 수락한다면 그것은 리비우스의 이야기 가운데 10분의 9 이상을 철저히 거부하는 것을 의미하고, 반면에 벨로흐의 이론을 받아들인다면 그것은 9개월간의 갈리아인의 로마 점령을 전후한 기원전 4세기 초 최고 정무관의 리스트를 전연 믿을 수가 없다는 가정을 의미한다. 그러므로 우리가 가장 먼저 다뤄야 할 과업은 리비우스의 사서를 분석하는 일일 수밖에 없는데, 바로 이것이 귀족과 평민 간의 극적인 신분투쟁으로 점철되었다는 데에 문제가 있다.

리비우스는 이러한 일화로 시작한다.

> 귀족 마르쿠스 파비우스 암부스투스Marcus Fabius Ambustus에게는 두 딸이 있었다. 기원전 377년 당시 큰딸은 귀족 출신으로서 칸슐러 트리뷴이었던 세르비우스 술피키우스Servius Sulpicius의 아내였고, 작은딸은 유능하고 부유하기는 하나 일개 평민에 지나지 않았던 가이우스 리키니우스 스톨로 Gaius Licinius Stolo의 아내였다. 어느 날 동생이 언니 집을 방문하여 이야기하던 중 형부이며 칸슐러 트리뷴인 술피키우스의 한 릭토르가 갑자기 파스케스로 문을 두드렸다. 동생이 놀라 저것이 무엇이냐고 묻자 언니는 웃으면서 그것도 모르느냐는 듯 자랑스럽게 설명하였다. 이에 충격을 받은 동생은 집에 돌아와 왜 자기 남편은 형부처럼 칸슐러 트리뷴이 될 수 없는

가 하고 상심하다가, 기원전 381년에 칸슐러 트리뷴을 역임한 바 있었던 아버지를 찾아가 그 대책을 강구하게 되었다.[42]

그러나 이 이야기는 성립될 수 없다. 왜냐하면 리비우스는 문제가 된 기원전 377년 그 이전에도 1인이나 그 이상의 평민을 포함했던 여러 조의 칸슐러 트리뷴에 대하여 언급하고 있기 때문이다. 되풀이하여 말한다면, 리비우스 자신의 설명은 이렇다. 칸슐러 트리뷴직은 처음부터 평민에게 개방되었다. 기원전 377년 이전 여러 해 동안 오직 칸슐러 트리뷴만 선출되었다. 귀족 술피키우스는 물론 기원전 377년의 칸슐러 트리뷴이었다. 리키니우스는 평민이라는 이유 때문에 칸슐러 트리뷴이 될 수 없었다. 그러나 그의 논리대로 한다면 평민인 리키니우스도 귀족 술피키우스처럼 얼마든지 칸슐러 트리뷴이 될 수가 있었다. 즉 그가 칸슐러 트리뷴이 되는 데에는 어떤 국제상의 규제가 있을 수 없었던 것이다. 그런데도 리비우스, 그는 자기 논리에 맞지 않게 느닷없이 리키니우스가 평민이라는 오직 한 가지 이유 때문에 결코 칸슐러 트리뷴이 될 수 없었다는 식으로 저 일화를 들고 있다. 이 얼마나 모순되는 설명인가!

계속해서 리비우스의 이야기에 귀를 기울여 보기로 하자.

작은딸의 탄원을 받아들인 파비우스는 사위 리키니우스와 또 다른 유능하고 야심적인 청년인 평민 루키우스 섹스티우스와 더불어 어떻게 하면 그들의 야망을 성취할 수 있을까 그 수단과 방법을 협의했다. 마침 당시 부채와 고율의 이자로 신음하고 있던 다수의 가난한 평민은 우선 평민 출신이 국가의 최고 관직에 선출되지 않는 한, 그들의 경제적 곤란은 결코 구제될 수 없다고 생각하고 있었다. 그래서 협의자들은 이러한 평민의 염원을 이용하기로 결정했다. 그리하여 리키니우스와 섹스티우스는 기원전 376

년에 호민관에 입후보했고, 당선되자 다음과 같은 세 법률안을 지역구 평민회에 제출했다.

- 부채에 관한 것으로, 이미 지불한 이자는 원금에서 공제해야 하며 잔금은 3년 부로 상환한다.

- 토지분배에 관한 것으로, 누구도 500유게라 이상을 점유할 수 없다.

- 콘술직에 관한 것으로, 앞으로 칸슐러 트리뷴 선거는 실시하지 않고 2인의 콘술을 선출해야 하는데, 1인은 반드시 평민이어야 한다.[43]

그러나 리비우스의 이 이야기 속에도 역시 믿기 어려운 점이 있다. 가령 당시 부채와 고율의 이자로 신음하고 있던 다수의 가난한 평민이 우선 평민 출신이 국가의 최고 관직에 선출되지 않는 한 그들의 경제적 곤란은 결코 구제될 수 없다고 생각했다고 하는데, 여기서 국가의 최고 관직이란 무엇을 의미하는가? 이것은 분명 콘술직을 지칭하는 것이다. 그러니까 결국 가난한 평민은 무엇보다도 먼저 콘술직을 부활시키고, 그 직에 평민이 취임해야만 그들의 경제적 문제가 해결될 수 있다고 생각했다는 것이 리비우스의 이야기의 핵심이다. 그러나 이것은 다음과 같은 반론에 부딪혀 설득력을 잃게 된다. 당시 국가의 최고 정무 관직은 칸슐러 트리뷴직이었다. 그리고 이것은 평민에게도 개방되었다. 그러므로 평민 출신이라도 칸슐러 트리뷴직에 나갈 수 있었고, 또 얼마든지 부채와 고율의 이자로 신음하고 있던 다수의 가난한 평민의 경제적 곤란을 구제할 수 있었다. 그러면 리비우스는 왜 콘술직 부활과 평민의 진출이 문제해결의 열쇠라고 평민이 생각했고, 또 이것을 리키니우스와 섹스티우스가 이용하기로 하여 호민관에 나가 세 법률안을 제출하게 된다고 도저히 납득할 수 없는 이야기를 하는 것일까? 그 이유는 명백하다. 오직 평민과 귀족 간의 정치적 투쟁을 극화하기 위해서였다.

평민회에 제출된 세 법률안에 대해 보여 준 귀족의 반응은 그러면 어떠했는가? 그것은 곧 8인의 호민관으로 하여금 거부권을 행사하게 하는 것으로 나타났다. 주지하듯이 당시 호민관은 10인으로 어느 한 사람이라도 동료 호민관이 제출한 법률안에 대해 거부권을 행사할 수 있었고, 그 경우 그것은 결코 법률로 제정될 수가 없었다. 그렇기 때문에 귀족은 8인의 호민관을 자기 편으로 끌어들여 이 약점을 이용했다. 그러자 리키니우스와 섹스티우스도 즉각 칸슐러 트리뷴 선거에 거부권을 행사했다. 원래 호민관에게는 이렇듯 최고 정무관의 선거를 거부할 수 있는 권한이 부여되어 있었다. 그리하여 기원전 375년부터 371년까지 5년 동안 리키니우스와 섹스티우스가 세 법률안을 제안하면 나머지 8인의 호민관이 거부하고, 그러면 리키니우스와 섹스티우스가 칸슐러 트리뷴 선거를 거부하는 일이 일어나, 최고 정무관의 부재라는 이른바 아나키 시대가 출현하게 되는 것이다.[44]

여기서도 리비우스의 논지의 불합리성이 또다시 명백하게 나타난다고 지적하지 않을 수 없다. 기원전 375년부터 371년까지 5년 동안 계속해서 리키니우스와 섹스티우스는 세 법률안을 제출했다. 5년 동안 8인의 호민관은 계속해서 세 법률안에 거부권을 행사했다. 리키니우스와 섹스티우스도 5년 동안 계속해서 최고 정무관인 칸슐러 트리뷴 선거에 거부권을 행사했다. 그런데 5년 동안 계속해서 10인의 호민관ㅡ세 법률안의 제안자이자 칸슐러 트리뷴 선거의 계속적인 거부자인 리키니우스, 섹스티우스와 동시에 세 법률안에 계속해서 거부권을 행사했던 8인의 호민관ㅡ을 선출했던 것은 평민들이었다. 세 법률안이 통과되기를 열망했던 것은 바로 평민 그들 자신이었는데도 불구하고 말이다.

우여곡절 끝에 드디어 기원전 367년에 세 법률안은 평민회에서 통과되었다. 그렇다고 투쟁이 끝난 것은 결코 아니었다. 국법이 되기 위해서는 원로원의 승인을 받아야 했는데, 이를 원로원이 거부했기 때문이라는 것이다.[45]

이것은 앞서 그의 설명을 더욱 모순되게 한다. 만약 원로원이 세 법률안을 국법으로 하는 것을 최종적으로 막는 데에 원로원의 승인을 해주지 않는 것으로 충분했다면, 처음부터 그들은 8인의 호민관들로 하여금 거부권을 행사하도록 권유할 필요가 없었기 때문이다.

원로원이 국법으로 승인하지 않자 격분하게 된 평민들은, 그러면 로마를 떠나겠다고 위협하기에 이르렀고, 이에 귀족들은 당황하여 양보함으로써 극적 타협이 이루어지게 되었다. 즉 귀족들은 특히 콘술 1인은 반드시 평민이어야 한다는 조항을 수락하는 대신, 평민들로부터는 매년 도시 로마에서 재판을 담당할 최고 재판관이며 동시에 국가 비상시나 콘술의 부재 시 콘술과 마찬가지의 군지휘권을 행사할 프라이토르라는 관직을 새로 설치하되, 여기에는 오직 귀족 출신만이 취임할 수 있다는 양보를 얻어냈다는 것이다.[46]

끝으로 리비우스의 이야기를 더 들어 보기로 하자.

> 귀족과 평민 간의 길고도 치열한 투쟁이 드디어 정치적 타협에 의해 종식되자, 원로원은 크게 기뻐하여 지금이야말로 축제를 열고 대경기를 개최할 때라고 결정을 내렸다. 축제를 진행하고 대경기를 주최하는 것은 전통적으로 평민 출신 아이딜리스 2인의 소임이었다. 그러나 이들은 기분이 울적하여 이 일을 맡지 않겠다고 거부했다. 이에 귀족 청년들은 그렇다면 자기들이 즐거이 이 임무를 떠맡아 수행하겠다고 나서기에 이르러, 그 결과 귀족 출신만이 나갈 수 있는 쿠룰리스 아이딜리스라는 관직이 새로 설치

되었다는 것이다.[47]

이 두 이야기를 다시 정리하여 보면 다음과 같다. 귀족만이 나갈 수 있는 프라이토르직은 콘술직을 평민에게 개방하는 데에 대한 단순한 보상물로서 설치되었다. 원로원은 크게 기뻐하여 대경기를 개최하려 했다. 마땅히 이 일을 거행해야 할 평민 출신 아이딜리스들은 이것을 거부했다. 이들은 아마 귀족만 나갈 수 있는 프라이토르라는 새 관직의 창설에 불만을 느꼈기 때문이었으리라. 그 결과 역시 귀족 출신만 나갈 수 있는 쿠룰리스 아이딜리스라는 관직이 또 창설되었다. 결국 이 두 관직은 귀족과 평민 간의 오래고도 치열한 투쟁의 최종 단계에 이르러 설치된 극적인 정치적 타협의 산물이었다.

그러나 프라이토르직에 관하여 볼 때, 그 자체가 최고의 중요성을 띠고 있고 또 최고 정무관 수가 2인으로 감축된다면 도시 로마의 성장을 고려해 볼 때 절대적으로 필요한 이 관직이 정말로 귀족과 평민 간의 정치적 투쟁에서, 그것도 마지막 순간에 귀족이 콘술직 하나를 평민에게 허용하는 데에 대한 단순한 보상으로서 얻어낸 것이라고 생각할 수 있겠는가? 또 원래 쿠룰리스 아이딜리스라는 정무관직은 이미 언급한 소임 이외에도 도시치안, 시장관리, 위생, 건물감독 등 좀더 좁은 의미의 도시(로마) 행정을 전담하기 위해 설치된 것이다. 그런데도 리비우스는 신분투쟁의 소산인 것처럼 보여 주기 위해 이 중요하고도 새로운 관직의 설치 내력을 얼마나 유치하게 언급하고 있는가!

그러면 이번에는 칸슐러 트리뷴직이 신분투쟁과는 아무런 관련도 없이 순전히 행정적 필요성에 따라 폐지하게 되었다는 프리츠의 설명에 귀를 기울여 보기로 한다.

기원전 390년에 로마가 갈리아인에 의해 약탈을 당한 소위 갈리아 파국이 일어났다. 그러나 로마는 곧 회복 단계로 들어가게 된다. 잃어버린 영토를 수복한 후 대외적으로 아무런 분쟁도 발생하지 않아 로마는 안정을 되찾게 되었던 것이다. 바로 이러한 시기인 기원전 377년부터 리키니우스와 섹스티우스의 입법 활동이 시작되었다는 점을 주목해야 한다. 실지를 수복하고 안정을 되찾은 이상, 로마에는 틀림없이 정부를 재편성해야 한다는 긴급한 요청이 나타나게 되었을 것이다. 파괴된 도시 로마의 재건과 도시 행정이라는 문제에 비상한 관심과 노력이 집중되어야 했을 것이다. 동시에 파국과 이에 뒤따른 수복으로 인해 많은 소유권이 불확실하게 되어 틀림없이 소송 사건이 많이 제기되었을 것이다.

이러한 때의 시대적 요청은 행정상의 제 기능을 분화해야 한다는 것이다. 이에 따라 칸슐러 트리뷴직이 완전 폐지되고 최고 정무관직으로서 콘술직이 부활되지만, 콘술 2인이 로마가 직면했던 일들을 직접 처리해 나갈 수는 없었을 것이다. 그래서 콘술들은 군지휘권과 국가사에 대한 전반적인 결정권을 보유하고, 새로 선출될 프라이토르는 콘술에게서 재판 기능을 떼어 맡는 동시에 국가비상시나 콘술의 부재시 군지휘권을 잠정적으로 보유한다. 역시 새로 선출될 2인의 쿠룰리스 아이딜리스는 콘술로부터 도시치안, 시장관리, 위생, 건물감독 등 좀더 좁은 의미에서 도시행정을 떼어 맡는다. 바로 이것이 기원전 366년에 일어난 행정적 요구에 따른 로마 정부의 재편성이었던 것이다. '그런데도 도대체 그 어느 누가 이 새 관직들이 신분투쟁의 최종 단계에 정치적 타협의 소산으로서 설치되었다고 할 수 있겠는가'라고 프리츠는 강조하고 있다.[48]

그러나 이 프리츠의 설명에 대해서는 다음과 같은 두 반론이 제기될 수 있다. 첫째, 당시의 최고 정무관은 칸슐러 트리뷴이었고, 그 수는 6인으로 숫자상으로는 정부의 재편성 없이도 얼마든지 로마가 직면했던 일을 처리해 나갈 수 있지 않았겠는가? 그러나 동등한 권한을 지닌 칸슐러 트리뷴 6인이 서로 각기 다른 임무를 수행한다는 것은 행정의 효율성이라는 면에서 볼 때 바람직하지 않았다. 만약 그들 모두가 도시 로마를 지배하려 든다면 권력투쟁의 소용돌이 속에 빠질 위험도 있었을 것이다. 그렇기 때문에 종전처럼 칸슐러 트리뷴 6인의 선출은 문제 해결에 아무런 도움도 될 수가 없었을 것이다.

둘째, 만약 콘술직이 순전히 행정적 필요성에 따라 부활되었다면, 콘술 중 1인이 반드시 평민 출신이어야 한다는 규정은 도대체 어떻게 설명할 수 있겠는가? 극히 중요한 이 질문에 대한 답변은 이렇게 제시될 수 있다. 콘술직 부활은 순전히 변화하는 행정적 요구들로 말미암아 불가피했을 것이다. 이 사실이 알려지자 평민들로서는 법률상 평민은 콘술이 될 수 없었기에 그때까지 성취했던 모든 것을 상실하지 않기 위해서라도 콘술직에 나가는 것이 극히 중요한 일이 아닐 수 없었을 것이다. 게다가 콘술직 하나를 평민이 차지한다는 확실한 보장만 받는다면 그들로서는 더욱 바람직한 일이었다. 이를 위해 그들은 있는 힘을 다해 투쟁했고, 또 성공했다고 보아야 할 것이다.

결국 기원전 366년 일련의 행정상 변혁이 귀족과 평민 간의 정치적 투쟁의 타협의 소산이라고 보는 소위 신분투쟁설과, 변화하는 행정적인 요구들에 부응하여 나타나게 되었다는 이른바 행정개혁설은 얼핏 보아 서로 평행선을 이루고 있는 듯이 보일지도 모른다. 그러나 좀더 깊숙이 파고들어가 보면 이 논의는 신분투쟁이 원인이 되어 여러 새 관직이 설치되었던 것인가, 아니면 관직을 획득하기 위해 신분투쟁이 벌어지게 되었던 것인가라는 문제에 다다른다.

리비우스에 따르면 유능하기는 하나 평민이라는 이유 때문에 빛을 보지 못한 리키니우스와 섹스티우스가 콘술직 부활과 평민의 진출을 요구했고 이를 귀족이 수락하지 않음으로써 장기간의 치열한 정치적 투쟁이 벌어졌다. 그 최종 단계에 극적 타협이 이루어져 프라이토르직이 창설되었고, 이의 부산물로 나타난 것이 쿠룰리스 아이딜리스라는 관직이었다. 반면 프리츠는, 갈리아 파국 이후 로마에는 늘어난 행정적 업무를 효율적으로 처리하기 위해 행정상의 기능분화가 요구되었을 것이고, 이에 부응하여 콘술직의 부활과 프라이토르, 쿠룰리스 아이딜리스라는 새 관직이 설치되었을 것이다. 그러자 평민은 그때까지 성취했던 모든 것을 잃어버리지 않기 위해 투쟁을 했던 것이며, 이들의 성공은 로마의 국제사나 사회사에서 가장 결정적인 전환점을 이루게 되었다고 설명하고 있다.

그러면 이제 우리는 어떤 결론을 내려야 할 것인가? 1948년에 이미 마이어는 『로마국가와 국가사상』이라고 하는 저서에서 훌륭한 결론을 제시한 바 있었다. 기원전 367년과 366년에 일어났던 새로운 일은 근본적으로는 행정개혁이었고, 동시에 평민의 최고 관직을 허용받으려는 투쟁에서 가장 중요한 하나의 전환점이었다는 결론이다.[49]

요컨대 칸슐러 트리뷴직 폐지와 콘술직 부활은 분명 행정상의 기능분화에 따른 것이었다. 신분투쟁은 바로 이 부활될 콘술직을 놓고 치열하게 전개되었던 것이다. 그런데도 리비우스는 관직 폐지를 순전히 투쟁의 산물로 설명하려 했기 때문에, 그의 정치적 설명은 자연히 극화된 신분투쟁으로 점철되지 않을 수 없었다. 그라쿠스와 그 후의 시대 사정에 대한 그의 편견이 크게 작용했기 때문이 아닌가 한다.

특히 보딩톤은 칸슐러 트리뷴들이 처음에는 예견치 못한 비상사태가 발생하면 어느 때라도 임명된 콘술들의 보충적 동료들이었다가, 기원전 406년이나 그 후 아니면 기원전 390년경에 그 대체 관리들로 바뀌게 된다고 주장하고 있다.[50] 이것은 하나의 시론이기는 하지만, 칸슐러 트리뷴직 치폐에 대한 나의 견해를 더욱 지지해 주고 있다.

④

12표법:
평민의 전승물인가
귀족의 권력 수호책인가

작가 미상. 12표법을 검토하는 로마 시민들

왜 12표법 전문은 전해지지 않는가

로마 최초의 성문법인 12표법은 기원전 451년에 10표, 그리고 기원전 450~449년에 2표, 그래서 모두 12표가 제정된다.

키케로가 헬라스와 로마의 모든 철학자의 지식을 뛰어넘어 모든 도서관의 지식의 보고라고 극찬했고, 후에 리비우스도 모든 공법과 사법의 원천이라 지적했으며, 더 나아가 기원후 4세기의 아우소니우스Ausonius는 신성한 법이라고까지 지적했던 12표법은 오늘날 전문이 전해지지 않는다. 로마의 학생들은 12표법의 원문을 달달 외워야만 했다는데도 말이다. 참 희한한 일이다. 함무라비 법전도, 드라콘의 법전도, 고르틴의 법전도, 비문이나 벽, 또는 청동판에 각인되어 전해져 오는데도 말이다. 물론, 12표법도 기원전 449년에 전문이 청동판에 각인되어 포룸에 전시되기는 했었다.

그런데 왜 12표법 전문은 전수되어 오지 않는가. 그 대답은 기원전 390년에 갈리아인들이 로마를 약 9개월간 점령하는 동안에 12표법 전문의 청동판이 완전 파괴되었다는 것이다. 그렇지만, 이것은 필요하고도 충분한 답변이 될 수는 없다.

오늘날 로마 시대의 여러 문필가의 인용문 등 여기저기에 나와 있는 원문의 단편들을 수집하여 우리는 12표법 전문의 1/3 정도의 내용을 알 수는 있게 되었다. 제1-2 표 민사소송절차, 제3 표 채무, 제4 표 부모 자식, 제5 표 유산 상속, 제6 표 재산, 제7 표 부동산, 제8 표 범죄, 제9 표 국법의 원칙, 제10 표 장례상의 권리들, 제11 표 혼인법, 제12 표 벌칙들이다. 이에 대해 여러 버전이 나와 있다. 가장 애독되고 있는 것이 1938년도에 나온 『로엡 고전총서Loeb Classical Library』의 워밍턴E.H. Warmington 판본이다. 그러나 학자들 간에 가장 정평이 나 있는 판본은 리코보노S.

Riccobono가 편집한 『고대 로마법 원천Fontes Iuris Romanis Anteiustiniani, Bd. 1: Leges, Florenz 1941, pp. 21-75』이다. 지극히 우리에게 행운이라고 할 수 있는 것은 서울대학교 최병조 교수가 1995년도에 1968년에 출간된 이 판본을 라틴어 원문과 한글의 대역 형식으로 내놓아[최병조,「十二表法(對譯)」(로마法研究(I)-法學의 源流를 찾아서-, 서울대학교출판부, 1995, 2-35.], 그간의 우리나라에서의 12표법 이해와 연구에 큰 공헌을 했다는 사실이다. 그 이후 유럽 쪽에서는 1996년에 크로포드M.H. Crawford가 편집한 『로마 성문법 Roman Statutes』(vol.2, pp.555-721)에 실린 12표법 판본과 금세기에 들어와 2006년에 디터 플라하Dieter Flach와 안드레아스 플라하Andreas Flach의 공동 역주본인 Das Zwölftafelgesetz · Leges XII Tabularum이 나왔는데, 그 내용이 종전의 것과 극심하게 차이가 나는 것도 있다. 간단한 예로, 크로포드 판본과 플라하 판본의 두 책은 종전에 12표법 제8 표에 들어 있던 많은 조항을 12표법 제1 표에 넣어 21~2개 조항으로 제1 표를 구성하고 있을 뿐만 아니라, 제1 표의 5항과 20항 등에 대해서는 종전의 대역과 해설과는 판이하게 다른 별개의 연구 성과를 내놓고 있어서 세계 학계에 신선한 충격을 주고 있는만큼, 12표법 전체에 대한 새로운 법조문 정리가 필요하다.[51] 일단, 여기서는 12표법 조항을 내가 이해한 대로 보충하여 제시하기로 한다.

제1표

1. 법적으로 시비를 가리자고 하면, 가야 한다. 가지 않으면, 증인을 내세워야 한다. 그러고 나서 <그를> 데리고 갈 수 있다.[52]

2. 속이거나 도주하려고 하면, 손 댈 수 있다.

3. 병을 앓고 있거나 나이가 많다면, [법정으로 소환하려고 하는 자]는 짐수레를 제공해야 한다. 원하지 않는다면, 유개마차를 준비하지 않아도 된다.

4. 아씨두우스의 경우에는 아씨두우스가 법정 대리인이 되어야 한다. 그러면 프롤레타

리우스의 경우? 누구가? 법정 대리인이 되기를 원하는 자는 누구나 법정 대리인이 될 수 있다.[53]

5. 채무 노예로 만드는 인신 구속 행위는 힘깨나 쓰는 등 쓸모 있는 자들과 [심신이] 강건한 자들 이외의 아무에게나 허용되어서는 아니 된다.[54]

6. 합의하면, 소송의 종결을 선언한다.

7. 합의가 안 되면, 정오 이전에 코미티움Comitium이나 포룸Forum에서 정식으로 소송을 제기해야 한다. 쌍방은 출석하여 함께 사건의 전말을 진술해야 한다.

8. 오후에 출석자에게 판결이 내려진다.

9. 쌍방이 출석한 상태라면, 해 질 때까지는 판결이 나야 한다.

10. … 보증인… 제2의 보증인…

11. … 셋째 날에? … 내일 그 다음날에? …예심에서 법정 투쟁을 하게 된다면, (소송물의 가격이) 1,000 아스 이상이라면, 신성도금神聖賭金은 500 아스이며, 1,000 아스 이하의 경우에는 50 아스이다. 어떤 사람이 자유인 신분인지의 여부에 대한 소송의 경우에, 신성서약금은 50 아스이다.

12. 만약 공탁금을 걸고 소송을 청구한다면, 그는 [한 명의] 심판인이나 중재인을 신청할 수 있다.

13. 만일 누군가가 (다른 사람의) (신체의) 일부를 훼손하였다면, 그 사람과 화의하지 않는 한, 가해자에게는 피해자의 손해와 똑같은 손해를 입히도록 한다.

14. 만일 누군가가 자유인의 뼈를 부러뜨렸다면, 벌금으로 300 아스를 물어야 하고, 노예의 경우에는 150 아스를 물어야 한다.

15. 만일 누군가가 (위의 경우에 속하지 않는 방식으로) ?타인에게? 상해를 입힌 경우에는, 25 아스의 벌금을 물어야 한다.

16. 만일 어떤 사람이 생산성이 있는 나무를 베어 넘어뜨린다면, 25 아스의 벌금을 물어야 한다.

17. 어떤 자가 밤중에 도둑질을 한 경우, 다른 사람이 그를 살해한다 해도, 그것은 적법한 살해로 간주된다.

18. 어떤 사람이 대낮에 <도둑질을 하고>, 무기를 들고 자신을 방어하고 있다면, … 그 [피해자]는 소리를 질러 도움을 청하거나 증인을 확보해야 한다.

19. 도둑질 혐의가 명백한데도 피해자와 합의하지 않을 경우, 그(정무관)는 (그를) 채찍질한 후, (그를) 피해자에게 (노예로) 넘겨주어야 한다. 만일 (절도범이) 노예라면,

타르페이우스 절벽 밑으로 던져 사형 집행

그는 (그를) 채찍질한 후, 절벽 밑으로 던져야 한다. 만일 절도범이 미성년자라면, 그는 그를 채찍질해야 하고, 절도범은 손해 배상해야 한다.

20. 만약 그릇皿과 허리띠腰帶를 이용해 장물을 수색하여 찾아낸다면, 절도죄竊盜罪는 명백히 밝혀진다.[55]

21. … 만일 그가 도둑질했다 하여 다른 사람을 고발했는데, 명백하게 입증되지 않을 경우, 그가 내야 할 벌금은 2배이다.

22. 도난당한 물건을 돌려달라고 요구할 수 있는 법률상의 권원은 영구하다.

제2표

1. 증인을 구하지 못한 자는 이틀마다(하루 걸러) (포룸의) 입구 통로에서 증언을 해달라고 호소할 수 있다.[56]

2. …중한 병… 혹은 (재판이 있는) 날에 외국인과 약속이 확정되어 있는 경우, 어떤 경우라도 심판인이나 중재인 또는 어느 분쟁 당사자에게 발생한다면, 그 재판 기일은 연기된다.

제3표

1. 법정에서 유효하다고 인정된 금액<과 판결 받은 물품>에 대한 보상 기간은, 30일이다.

2. 그 후에야 비로소 피고의 몸에 손을 댈 수 있다.

3. 그(원고)는 그(피고)를 이심 법정에 데리고 가야 한다. 그(피고)가 이미 판결받은 대로 행하지 않거나, 누군가 일심 법정에서 정해진 피고의 보증인으로서 행동하지 않는 이상, 그(원고)는 그(피고 또는 피고의 보증인)와 함께 이심 법정에 동반출두해야 한다. 그(원고)는 (피고 또는 피고의 보증인)을 밧줄(포승)이나 쇠고랑(족쇄)으로 묶거나 채워야 한다. 원고는 (피고 또는 피고의 보증인)을 포박할 때, 15 파운드 이상 무게가 나가는 쇠고랑으로 채워서는 안 되며, 원고가 원한다면 15 파운드 이하의 쇠고랑을 채울 수도 있다.

4. 만일 그(피고)가 원한다면, 피고는 자기 재산으로 생활할 수 있다. 만일 피고가 자기 재산으로 생활하기를 원하지 않는다면, 피고를 구금하려는 자는 그에게 하루에 1 파운드씩의 밀을 주어야 한다. 만일 피고를 구금한 자가 원한다면, 그는 그에게 1파운드 이상의 밀을 더 줄 수도 있다.

5. 아흐레마다 [8일의 격차를 두고] 서는 연이은 세 번의 장날에 그(원고)는 그(피고)를 코미티움의 콘술(의 법정)에 출두시켜야 한다.

6. 원고와 피고간에 합의가 이루어지지 않는다면, 세 번째 장날에 그들(채권자들)은 ??? ???을 분할한다. 만일 그들이 ???을 더 많거나 적게 분할해 가졌더라도, 이는 죄가 없다.[57]

7. 만약 원한다면, 그(원고)는 (피고를) 티베리스 강 너머에 노예로 팔 수 있다.

제4표

1. 불구로 태어났는데, 그의 아비가 그를 거두지 않았다고 해도, 그의 아비는 죄가 없다.

2. 만일 아버지가 아들을 세 번 팔았다면, 아버지(부권)로부터 아들은 자유롭게 된다.

3. 그는 거부의 통고를 해야 한다.[58]

4. 만일 그가 10개월 이후에 태어났다면, …[59]

제5표

1. 성처녀로서 베스타 여신을 섬기는 여신관은 후견에서 벗어난다.

2. 여자의 경우, 그녀의 후견인은 그녀의 재산 매도인이 될 수 있다.

3. 그가 그의 가족이나 돈?, 혹은 후견 관계를 유언으로 처분했다면, 그 행위는 정당한 권언이 된다.

4. 만일 그가 아무런 유언 없이 사망했는데, 그에게 상속자가 없다면, 가장 가까운 부계의 친족이 죽은 자의 가족과 재산을 상속받게 된다.

5. 만일 부계의 친족이 없다면, 씨족원들이 그 가족과 재산을 갖는다

6. 만일 후견인이 없다면, 가장 가까운 부계의 친족이 후견권을 갖게 된다.

7. 광인?이나 낭비자?가 있다면, 그 사람과 <그 사람의 가족> 그리고 <그 사람의 재산>은 그의 친족들과 씨족원들에게 귀속된다.

8. 만약 자유인이 … 저 가家에서 … 저 가家로 …[60]

9-10. 그들(가족, 즉 노예를 포함한 가산을 얻게 된 씨족)은 (위임된) 가산을 모두 모은 후, 분할한다. 그 와중에 누군가가 고소한다면, 그는 심판인이나 중재인을 요구해야 한다.

제6표

1. 어떤 자가 인신 구속nexum과 수권 취득mancipium을 하는 경우에는, 구술로 언명한 바가 있으면 그것을 법으로 한다.[61]

2. 언명된 바가 없다면, 벌금은 2배이다.

3. 토지의 사용취득권한auctoritas은 2년이 지나야 취해진다. ?다른 것들에 대해서는? 1년이다.

4. 외국인에 대해서는, 사용취득권한은 영원히 취해지지 않는다.

5. 어떤 여자가 일년 중 3일 밤을 집에 없었다면 …[62]

6. 건물이나 포도원에 접목된 목재는 제거될 수 없다.

7. … 전지剪枝할 때마다, 그것들이 제거될 때까지 …

제7표

1. 건물 벽 둘레의 공지空地는 2.5보步가 되어야 한다.

2-5. 농장이 달린 토지나 세습지 사이의 경계 거리는 5보이다. 시비가 붙었을 때는, 중재인을 불러야 한다.

6-7. 도로의 폭은 8보이고, 커브 길의 폭은 16보이다. 그들은 도로를 내야 한다. 그들이 자기 소유의 땅에 도로를 돌로 포장하여 정비하지 않는 한, 그는 원하는 곳 어디서나 짐수레를 끌고 지날 수 있다.

8. 물이 손해를 입힌 경우에는, (이를) 보상해야 한다.

9. 만일 나무가 다른 사람의 토지 위로 돌출됐다면, 나무의 소유주는 높이가 15보를 넘는 (돌출된 가지를) 잘라내야 한다.

제8표

1. 누구라도 비방하는 노래를 부르거나 … 적대가를 부르거나 작사한 자는…[63]

2. 네 발 짐승이 손해를 <끼쳤>다면, 네 발 짐승의 소유자는 (그것을) 보상해야 한다. 그렇지 않으면 그는 손해에 대한 대가로 네 발 짐승을 내주어야 한다.

3. 과일이 열려 있는 타인의 토지에 가축을 방목해서는 안 된다.

4. 누구든 살살 꼬셔 과실을 가로챈 자… 혹은 누구든? 다른 사람의 추수를 교묘한 수단으로 손에 넣은 자는…

5. 만일 어떤 사람이 밤중에 가축을 방목하여 농작물을 먹이거나 곡물을 베어 수확했다면, 그는 농업의 여신Ceres의 신수神樹에 목매달아 죽인다. 만일 그 자가 미성년자라면, 그를 채찍질한 후 2배의 벌금을 내게 한다.

6. 만일 어떤 사람이 건물을 불태우거나 가옥?이나 근처에 놓아둔 곡물더미를 불태운 경우에는, 묶어서 때리고, 불로 (태워 죽인다.) 만일 우연히 일어난 경우에는 … 손해를 보상토록 한다. …

7. ???이자율???[64]

8. ???임치任置???[65]

9. 만일 후견인이 부정한 속임수를 썼다면 … 그는 2배의 벌금을 내야 한다.

10. 만일 보호자가 피호민에게 사해詐害를 끼친다면, 그는 천벌받는다.[66]

11. 증인이나 특히 만키피움mancipium에 의한 소유권 이전 의식에서 저울을 드는 자 libripens가 되기로 한 자는, 그가 자기 증거를 확보하지 않은 이상, 증인이 되는 것이 수락될 수 없으며 증언도 할 수 없다.[67]

12. 만일 어떤 자가 허위 증언을 한다면, 그 자는 타르페이우스 절벽 밑으로 던져진다.

13. 만일 어떤 사람이 무기를 던졌다기보다는, 무기가 그 사람의 손에서 미끄러져 나간

경우에는, 숫양이 대용으로 제공된다.

14-15. (야간)집회 *coetus*를 열어서는 안 된다.

제9표

1-2. 시민의 머리에 관해서는 공동체에 최선이라는 선서 하에 판결되었다. 시민의 머리에 관해서는, 가장 큰 인민의 집회가 아니고서는, 재판될 수 없다.[68]

3. 재판관의 서약.

제10표

1. 도시 내에서, 죽은 자는 매장하거나 화장해서는 안 된다.

2. 이 이상은 해선 안 된다. 화장용 장작더미는 도끼로 가다듬을 수 없다.

3. … 3장의 네모난 겹수건 (장례 때 어깨와 머리를 가리는) … 1개의 작은 진홍색 튜닉 … 10명의 피리 부는 사람 …

4. 부녀자들은 뺨을 쥐어뜯지도 말고, 장례를 치르기 위해 호곡하지도 말아야 한다.

5. 다시 한 번 더 장례를 치르기 위해 죽은 자의 뼈를 모아서는 안 된다. 그러나 …

6. 죽은 자에게 향기 나는 액체를 뿌려서는 안 된다. (둘러 앉아 마심의 금지) <화장용 장작더미에 ??? 포도주 이상을 뿌려서는 안 된다.>

7. 그 자신이나 그의 <가족>이 승리의 화관을 취하거나 혹은 용맹의 대가로 화관을 받은 자는 누구라도, <죽었을 때 그 화관이 그나 그의 부모의 머리에 씌어져 있다 하더라도, 그것은 죄가 아니다.> … <분향 제단> …

8. … 금을 추가해도 안 된다. <그러나> 매장 혹은 화장되는 자의 이빨이 금으로 덮여 씌어 있는 경우에는, 그것은 죄가 아니다.

9. 다른 집의 60보 이내에 무덤을 두어서는 안 된다.

10. 포룸과 무덤은 신성해야 한다.

제11표

1. 귀족은 평민과 결혼 *conubium*해서는 안 된다.[69]

2. 윤일閏日의 삽입.

3. 법정력法廷曆의 공표.

제12표

1. 만일 어떤 자가 신성한 목적 하에 저당을 잡은 경우에는 ⋯[70]
2. 노예가 절도를 하거나 손해를 발생시킨 경우, 그는 손해를 입힌 대가로 (피해자에게) 주어진다.
3. 만일 거짓된 주장을 하는 자가 있다면, 그(정무관)는 3명의 중재인을 임명해야 된다. 그들의 중재 하에 그(피고)는 두 배의 벌금을 내야 한다.
4. 만일 그가 신성한 목적에서 (물건을) 헌납했다면 ⋯[71]

* 어느 표에 속하는지가 불분명한 단편

1) Augustinus *de civ. Dei* 21,11.

12표법에는 8종류의 벌이 있다고 툴리우스(키케로)는 쓰고 있다: 손해배상, 구금, 태형, 동해보복, 파렴치, 추방, 사형, 노예화.

평민이 12표법 편찬으로 잃은 것과 얻은 것

12표법의 또 하나의 미스터리는 과연 평민들이 12표법의 제정으로 얻은 것이 무엇인가에 대한 것이다. 스컬라드H.H. Scullard는 12표법 제정을 두고 "평민은 대승리를 거두었다."고 쓰고 있지만,[72] 대승리가 무엇을 뜻하는지 그 내용이 구체적으로 제시되지 못한 느낌이 든다. 왜냐하면 12표 속에는 평민들의 빈곤 문제, 즉 토지 분배나 부채 경감 같은 법조항이 없을 뿐만 아니라 오히려 주로 평민이었을 채무자나 채무 노예에 대한 가혹한 처벌 규정이 들어 있기 때문이다. 더욱이 평민이 귀족만이 나아갈 수 있는 콘술직이나 성직에 접근하는 길이 열렸다는 법조항도 찾아볼 수 없다. 이러한 것을 어찌 12표법이 평민의 대귀족 투쟁에서 얻은 성공의 결과물이라 할 수 있겠는가.

여기서 12표법의 편찬으로 가장 큰 이득을 본 사람들이 누구냐는 의문이 의당 제기된다. 이 질문에 대해 물론 하나의 가설로 제기된 것이기는 하지만, 그래도 비교적 가장 설득력이 있는 해답을 제시한 위대한 역사가는 에데르Walter Eder이다. 그는 한 귀중한 논문[73]에서 12표법이 오히려 귀족 신분의 권력 수호 차원에서 편찬되었다는 탁견을 제시하고 있다.[74]

세습귀족의 폐쇄 - 금혼법 귀족은 '출생이 좋은', 쉽게 말해, '좋은 아버지를 둔 사람들'을 말한다. 그들은 재산이 있는 가문 출신이기 때문에 좋은 교육을 받아 글을 쓰고 읽을 줄 알아 세속적인 정치권력과 종교상의 성직을 독점할 수가 있었다. 대개 전체 인구의 10%를 점했던 이들은 귀족 신분이 세습되었다. 그래서 로마에서는 이들은 '파트리키이 patricii'라 불렸다.

한 편, 대략 인구의 90%를 점하고 있는 보통 사람들은 평민, 즉 '플레브스 plebs'로 호칭되었다. 이들은 대개 재산이 적고 교육도 제대로 받지 못해 글을 읽을 줄도 몰라 정치권력과 성직에 가까이 갈 수가 없었다. 왕정 시대에도 그러했지만, 공화국 시대에 들어와서도 만약 이들이 재판을 하게 될 경우엔 자기 마음에 드는 귀족을 찾아가 재판 일체를 맡기고 그에 상응하는 사회 경제적 관계를 맺게 되는데, 이는 신의를 바탕으로 한 이른 바 특수한 피호 관계이다.

그러나 기원전 480년경에 이르면 사정이 좀 달라진다. 평민 신분 가운데에서도 눈부신 경제 활동으로 귀족에 비견할 만한 재산가가 생겨 좋은 교육도 받아 귀족처럼 정치권력과 성직에 도전할 수가 있게 되었다.

더욱이 이들 뒤에는 당시 중무장보병 밀집대형hoplites의 전술 채택으로 완전히 무시할 수 없는 평민들의 군대 세력이 있었다. 그래서 귀족 신분은 자기들만의 내부 써클에서 계속 현상 유지를 하기 위해 아예 '세습귀족의 폐쇄', 즉 평민 신분의 접근의 문을 굳게 닫아버리게 된다. 그것의 가장 좋은 증거가 바로 12표법의 11 조항인 두 신분간의 금혼법문이다. 따라서 이것은 기원전 450년에 새로이 선출된 10인의 자의적 결정의 결과물이 아니라 오래전부터 추구되어온 귀족 신분의 폐쇄 정책의 실제 관행이 단지 명문화된 것일 뿐이다.

이렇게 볼 때, 금혼법 조항이 들어 있는 12표법의 편찬은 세습귀족 신분의 기존 통치 체제에 가장 유익하도록 제정된 것이었다고 쉽게 가정할 수가 있다. 그것이 대귀족 신분 투쟁에서 평민의 대승전의 결과물이라고 하는 것은 어불성설이다.

채무노예 제도 - 넥숨 아테나이에는 두 명의 입법가가 있었다. 드라콘과 솔론이다. 전자는 살인에 관한 법, 후자는 부채 말소 등의 법들을 제정했다. 살인에 관한 법은 살인자가 살의가 없이 우발적 사고로 상대를 죽인 경우에도 사적 린치로 피의 보복을 당할 때 드라콘은 국가 공권력을 발동하여 그가 국외 생활을 하도록 하거나 한 예로 황소 20마리의 보상을 하면 사면되는 길을 터놓았다. 솔론은 세이삭테이아Seisaxteia라는 부채말소법을 제정하여 채무자의 짐을 훌훌 털어버리게 했다.[75]

그런데 로마는 어떠했는가.

만약 로마의 최초의 민법이라 할 12표법이 정말 평민이 신분 투쟁에서 귀족들에 대해 크게 이겨 탄생된 것이라고 한다면, 의당 절대 다수가 평인이었을 채무자들에 대해 부채 말소나 부채 경감에 대한 법 조항이 몇 개 들어 있어야 할 것이었다. 그러나 그 반대로 부채에 관한 아주 가혹한 조항들이 들어 있다. 넥숨nexum에 관한 법조항과 채무불이행자들이 외국에 노예로 팔리거나 살해되는 법조항이 그 예로 볼 수 있다.

그러면 넥숨부터 보자.

넥숨은 자유인인 채무자가 채권자에게 자기 부채를 몸, 즉 수노동手勞動으로 갚겠다고 채권자의 인신 구속 하에 들어가는 행위를 말한다. 계약 노동자로서 일종의 채무 노예가 되는 셈이다. 채권자의 인신 구속 하에 들어가 채무 노예가 된 자는 노예와는 별도로 넥수스nexus라 불렸다. 그렇지만 채무자가 채권자에게 몸으로 빚을 다 갚게 되면, 넥숨nexum이 넥 숨nec suum(not one's own), 즉 '어느 누구의 소유물이 아니다'는 말에서 나왔다고 바로Varro가 밝힌 바 있듯이, 자유 시민이 된다.

그런데 12표법 제1표 5항인 "채무 노예로 만드는 인신 구속 행위는 힘깨나 쓰는 등 쓸모 있는 자들과 [심신이] 강건한 자들 이외의 아무에게나 허용되어서는 아니 된다."는 문구는 아우구스투스 시대에도 논란이 되었던 것으로, 12표법 제정으로 평민의 채무 노예화와 그 자격 요건이 법제화되었음을 알 수가 있다.

채무불이행자의 처벌 법조항 이번에는 절대 다수의 평민이라 할 채무불이행자의 12표법 처벌 법조항을 살펴보기로 하자.

제3표는 부채, 즉 채권채무관계에 관한 것인데, 그 내용을 간추려보면 다음과 같다.

채무가 원고의 청구 내용인 권리, 주장을 피고가 긍정하는 진술로서 인낙認諾되거나 재판에서 물품의 보상에 관한 판결이 내려진 때에는 30

일<간>이 적법한 <유예/이행>기간이다. 그(채무자)가 판결 채무를 이행하지 않거나, 혹은 아무도 그를 위하여 법정에서 담보를 제공하지 않으면 원고(채권자)는 그를 자신과 함께 연행하고, 포승이나 최소 15파운드 족쇄로 포박한다. 단, 피고 대신 채무 이행 보증인이 나섰는데, 그가 채무 이행을 하지 않을 경우, 그가 피고가 된다. 그리고 통상 원고는 피고 또는 피고의 보증인을 포승 또는 15파운드pondo(1파운드=약 328.9g) 이상의 족쇄를 채울 수는 없지만, 원한다면, 그 이하의 족쇄를 채울 수는 있다. 채무자는 원하는 경우에는 자신의 급양으로 생활한다. 그가 자신의 급양으로 생활하지 않는 경우에는, 그를 구금하려는 자는 매일 1파운드의 밀을 제공한다. 채권자는 원하는 경우에는 더 많이 줄 수도 있다. 그런데 그 사이에 화해를 하는 권리가 존재하였다. 그리고 화해가 되지 않은 경우에는 <채무자들은> 60일간 구금되었다. 그들은 이 기간 중에 3차에 걸친 3회의 연이은 개시일에 코미티움의 콘술에게 인도되었고, <거기서> 그들이 얼마만한 금액으로 유책판결을 받았는가가 공표되었다. 그리고는 제3의 개시일에 극형을 받든가, 채권자가 원한다면 채무자를 티베리스 강 너머, 즉 다른 나라에 노예로 매각할 수도 있었다.

외국으로 노예로 매각한다는 것은 쉽게 이해가 되지만, '극형을 받든가' 하는 문구는 무엇을 뜻하는가. 기존의 워밍턴 본을 포함하여 모든 판본은 극형으로 채권자들이 분할한 것은 채무자의 시신으로 지목하였다.[76] 그러나 크로포드 판본은 아예 제3의 개시일에 <채권자들은> ???을 부분으로 분할한다고 하여 그것을 미정의 상태로 두고 있다.[77] 그렇지만 플라하 판본은 아예 특이하게 채권자들이 부분으로 분할하는 것을 '채무자의 재산das Schuldnervermögen'으로 규정하고 있음이 눈에 띈다.[78] 나는 크로포드와 플라하 두 판본이 은연중 현대인의 사고방식을

12표법 시대에 투사한 것이 아닌가 생각한다. 채무자에게 재산이 있다면 얼마나 좋겠는가. 그러나 만약 채무자에게 재산이 전혀 없다면, 어떻게 되겠는가. 그 다음 수순은 시신 분할일 것이다. 왜냐하면 그래야만이 그 다음 문구 '넘치거나 모자라게 분할하여도 탈법이 되지 않는다.'가 자연스레 이해되겠기 때문이다.

이를 보고 어떻게 12표법이 평민의 대귀족 투쟁에서 승리한 결과물이라고 간주할 수가 있겠는가.

호민관의 무력화 12표법에는 호민관직의 폐지나 호민관의 권한을 제약하는 어떤 법 조항도 들어 있지 않다. 그렇지만 기원전 451년에 12표법 제정을 전담할 '콘술의 권한을 지닌 법률제정 10인*Decemviri Legibus Scribundis Consulari Imperio*'을 뽑을 때에, 호민관을 뽑지 않기로 한 데서 문제의 심각성이 그대로 노출되게 된다. 그해의 2명의 콘술은 최고 정무관직을 사임하고 10인으로 뽑히게 되지만, 호민관에 대한 언급은 일체 없다. 그러니만큼 12표법 제정 시기에 호민관의 부재 상태는 귀족 신분에게는 눈에 가시였던 호민관직을 폐지한 것이나 마찬가지의 정치적 호기를 맞이한 셈이었다.

그러면 여기서 다음과 같은 풀기 어려운 의혹이 제기된다. 즉, 평민들은 어찌하여 12표법 제정 10인 속에 콘술직을 사임한 2인을 포함시키지만, 10인의 호민관들은 아예 뽑지도 않고 그 기능을 완전 정지시키는 타협안을 승인하기에 이르렀는가. 이에 대한 답변은 이러하다.

기원전 456년에 호민관 이킬리우스가 아벤티눔 언덕에 있는 공유지들을 평민들에게 분배해준다는 법안을 통과시킨 바 있는데, 그 후에 신전들을 건립하기 위해 이 공유지들을 매립하려고 추첨으로 평민들에게서 분배해준 공유지들을 회수하자는 논란이 일어났다는 것이다. 그래서 기원전 452년에 평민들은 이킬리우스 법을 폐기시키지 않는다는 조건부로 세습귀족의 10인을 지명하는데 동의했다는 것이 리비우스의 대체적인 설명이다.[79]

그러나 그 결과는 어떠했는가. 채무불이행의 평민이 외국으로 노예로 매각되거나 그 시신이 분할되는 경우, 또 채무 노예로 그 신분이 추락하는 경우, 호민관은 전에는 그 사안에 개입할 수도 있었는데, 이제 12표법의 제정으로 차후 호민관은 일체 이에 간섭할 여지가 전혀 없게 되었다. 에데르의 설명대로, 이것은 귀족의 자기 이익을 최대한도로 챙긴 결과였지, 스컬라드의 평민이 대성공한 소산이 결코 아니었다는 반증이다.

평민들의 반동 - 몬스 사케르Mons Sacer로 향하다

금혼법 조항 등 평민들에게 너무 불이익의 내용이 알려지자 이에 크게 격분한 평민들은 외적이 쳐들어온다는 소식을 듣고서도 군대 징집에 보이콧을 하고 성산의 의미를 지닌 곳으로 달려가 자기들의 요구가 관철되지 않는 한, 국가의 부름에 응하지 않을 것을 분명히 하는 제2차 스트라이크를 일으켰다. 이에 크게 당황한 귀족들은 평민들과 타협해 우선 호민관에 관한 법을 제정하기에 이른다.

발레리우스-호라티우스 법들의 제정 호민관직의 부활과 그의 신성불가침성을 재차 확보해 달라는 요구에 응해 3개의 법률이 제정된다.

첫째, 평민회 결의에 관한 법이다.

둘째, 평민의 항소권에 관한 법이다.

셋째, 호민관의 권한에 관한 법이다.

특히 호민관의 권한에 관한 법은 차후 콘술의 자의적인 행동에 대해 평민의 이익을 위해 호민관이 그 사안에 간섭할 수 있다는 법적 보증을 얻어냈다는 점에서 그 의의가 자못 크다.

금혼법의 폐지 그래도 비교적 제1기 10인은 '좋은' 입법가로 불렸지만, 제2기 10인은 '나쁜' 참주적인 입법가로 불렸는데, 그것은 바로 금혼법 조문 때문이었다. 키케로도 훗날 가장 반인륜적이라 개탄할 정도였다. 당장 금혼법의 철회가 시도조차 되지 않고, 오히려 10인제의 폐지에 따라 선출된 2인의 콘술의 명령에 따라 애초 호민관을 도울 목적으로 뽑혔던 2인의 평민 출신의 아이딜레스aediles plebis가 12표법 전문을 청동판에 새겨 포룸에 전시했는데, 이 역시 미스터리이다. 어쨌든 그로부터 5년 후에 카눌레리우스 호민관이 귀족과 평민 양신분간의 통혼법안을 통과시키게 된다.

카눌레이스 법lex Canuleia의 제정은 귀족들 중에서도 일부는 경제적으로 자기네와 동등한 조건에 있는 평민들과 연결을 맺어 정치적으로 활용하는 것이 더 유리하다는 판단을 하거나 당시 상당한 결혼지참금을 탐내어 부유한 평민들을 만족시키고자 했음을 반증한다. 어쨌든 사랑하면서도 법에 얽매어 결혼을 할 수 없어 거짓말쟁이라는 소리를 듣던 귀족 청년들은 평민 처녀들과 결혼할 수 있게 되었다.

넥숨의 폐지 꽤 늦기는 하지만, 넥숨은 기원전 326년(기원전 313년 설도 있음)에 포이텔리우스-파피리우스 법 Lex Poetelia Papiria에 의해 폐기된다. 이는 로마 시민의 채무 노예화 악습이 100년 이상이나 엄존했다는 것을 뜻한다. 더 나아가 비록 법률상의 계약으로서의 넥숨이 폐기되었다 하더라도, 채무 불이행으로 인한 채무 구속의 관행까지도 완전히 사라지지는 않았던 것처럼 보인다. 왜냐하면 법정은 채무불이행의 빚진 자를 구금 노예로서 붙잡을 수 있는 권리를 채권자에게 허용할 수가 있었기 때문이다.[80]

귀족이 12표법 편찬으로 얻은 것

12표법의 편찬으로 평민들이 잃은 것은 많다. 그들의 챔피언 격인 호민관들이 12표법 제정 10인에 포함되지 못하게 됨으로써 법 편찬에 전혀 영향력을 행사할 수 없었다. 그래서 그들의 빈곤 문제인 토지, 채무 등에 어떤 이익을 챙기기는커녕, 오히려 종전과 달리 귀족과 혼인할 수 없는 금혼 조항이 명문화되어 혼인 길이 막혔다. 뿐만 아니라, 넥숨으로 인한 채무 노예화, 채무불이행 시 티베리스 강 너머 외국으로 팔리거나 그들의 인신이나 재산이 다수의 채권자들에 의해 분할될 위기 등 평민들은 잃은 것이 너무 많고 컸다.

그들이 얻은 것은 무엇인가. 12표법에 이자율이 확정되어 명문화됨으로써 채권자들의 자의적인 고리채의 부담에서 벗어날 수는 있다고 할 수는 있겠다. 고작 이것뿐이다.

그런데 12표법 편찬으로 귀족들이 잃은 것은 별로 없다. 오히려 그들은 얻은 것이 너무 많다.

그들은 12표법 편찬으로 아예 평민들의 최고 정무관인 콘술직과 성직들에 대한 접근의 길을 막았다. 원안에서는 호민관들의 권한들을 무력화시키고 더 나아가 두 신분간의 결혼을 금지시킴으로써 그들의 순수한 세습귀족의 혈통을 유지하고자 하였다. 이미 평민과 결혼한 귀족 여인은 일 년마다 3일간 가출함으로써 남편의 손에서 벗어날 수 있는 길도 터놓았다. 시민의 목숨에 관한 재판은 반드시 켄투리아회에서 행한다는 조문도 만약 차후에 호민관의 신성불가침성을 훼손시키는 경우 평민들의 사적 린치에 의한 살해를 법적으로 미리 금하는 예방조치였다. 한편 신의를 바탕으로 한 피호 관계에서 만약 보호자가 피호민에 대해 신의를 저버리면 살해해도 죄가 되지 않는다는 법조문을 넣었고 과도한 장례비용의 지출로 혹시나 평민에게서 생길 불만의 요소를 없앰으로써 평민들의 일사불란한 단합을 저지시키기도 했다.

그 밖에도 사용취득 기간을 토지는 1년, 그 밖의 물건은 2년으로 법정함으로써 그들의 최대의 경제적 이익을 챙기기도 했다.

한마디로, 에데르가 지적한 바대로, 귀족들의 12표법 편찬의 주목적은 평민들을 세습귀족에 의해 통치되는 공동체 국가의 질서 속으로 재통합시키는 것이었다. 세습귀족의 동질성을 확보하고 경제적 현상을 강화 유지하는 것은 단지 그 부수적 결과물에 지나지 않았던 것이다. 그렇지만 이에 반발하여 평민들이 제2차 군사 스트라이크를 일으켜 양 신분간의 새로운 정치 투쟁이 연속하여 일어나 새로운 국면으로 진입하게 되니, 12표법의 편찬은 그 자체의 내용을 검토하는 것 이상의 의미를 지니고 있다 할 것이다.

⑤

트리부툼:
직접재산세

캄푸스 마르티우스에서 발굴된 작가 미상의 도미티우스 아헤노바르부스(기원전 2세기 후반)의 제단의 부조로 루브르 박물관 소장. 로마 시민들이 센서스 조사 때에 재산과 연령을 등재하는 모습이다. 센서스는 징집용과 징세용이 있는데, 아주 최근에 징세용에는 돈많은 과부도 포함되었다는 설이 제기되었다. 전쟁세는 이러한 센서스 조사 때에 등재된 재산액에 따라 켄투리아별로 산정되어 트리부스별로 징수되었다.

서양 고대의 어떤 정치적 공동체를 막론하고, 공동체를 유지하기 위해 그 구성원들은 세금을 내야 했다. 그러나 그것은 유쾌하지 못한 의무로서, 분명 일종의 '필요악'이었다. 아리스토텔레스의 저작이라고 하나, 위서라고 밝혀진 『경제학』은 고대 국가의 세금의 유형을 '폴리스형'과 '동방전제형'으로 양분하고 있는데, 후자는 군주가 피치자에게서 직접 재산세를 징수하는 것이고, 전자는 폴리스 구성원이 폴리스의 유지비 정도만 마련하는 것이었다. '폴리스형'의 로마는 국고를 갖추고 생존과 번영을 위해 수입과 지출을 맞추어야 했지만, 시민에게서 재산세를 직접 징수하지는 않았다.

> 세 번째 종류의 행정에서는, 즉 도시의 경우에는 가장 중요한 국가수입은 도시영토의 공공소유지에서 획득한 것과 무역항과 통과로에 대한 세금과 정규적인 특별부과세다.[81]

원칙적으로 도시는 자체 정규수입의 한도 내에서 영위되는 것이었다. 정규수입은 평소 도시의 비용을 충당하였다. 인용문에서 알 수 있듯이 정규수입은 무엇보다도 개인과 마찬가지로 토지나 건물 등에서 나오는 것이었다. 도시는 자체 영토를 빌려 주거나, 직접 경작하거나, 심지어 처분해 버릴 수도 있었다. 이러한 수입 외에도 간접세라 불리는 여러 세입이 있었는데, 항구세, 관세, 통행세, 사용세 등이다. 따라서 로마도 다른 폴리스와 마찬가지로 평소에는 이러한 정규수입으로 비용을 충당하였다.

원래 로마 공화국 초기에는 상비군이란 없었다. 생업에 종사하고 있다가 적이 나타났다는 신호로 야니쿨룸 요새에 붉은 깃발이 나부끼고 있는 것을 본다든가 성벽 위에서 부는 트럼펫 소리를 듣는 즉시, 시민들은 평소에 자비로 마련해 둔 무장을 갖추고 무기를 손에 든 다음 캄푸스 마르티우스에 모이면 사령관 콘술이 지휘하여 적을 무찌르게 되며, 승리하는 경우 곧 해산하였다. 전투는 대개 단기간에 끝났으므로 국가는 전사들에게 생계유지를 위한 봉급을 줄 필요는 없었다.

그러나 문제는 기원전 406년에서 398년까지 9년 간이나 오래 로마가 베이이를 포위 공격하는 데서 발생한다. 로마는 장기간에 걸쳐 전쟁을 하다 보니 병사들에게 봉급을 주어야 한다는 새로운 상황에 직면하게 되었다. 이때에 로마 원로원은 이에 현명하게 대처함으로써 거의 전 국민의 열렬한 찬양을 받게 되는데, 그것이 바로 트리부툼Tributum 징수였다. 이에 대해 좀 길지만 리비우스의 말을 그대로 인용하기로 하겠다.

> (원로원은) 평민이나 호민관의 어떤 시사도 기다리지 않고, 병사에게는 국고에서 봉급이 지불될 것이라고 선포했는데, 그때까지 각자는 자비로 군에 복무했다.
>
> 평민에게 일찍이 그처럼 큰 기쁨으로 받아들여졌던 적은 한번도 없었다고 한다. 군중은 원로원 의사당인 쿠리아에 모여 있다가 원로원의원들이 나오자 그들의 손을 꽉 잡고 여러분이야말로 정녕 아버지라 불릴만합니다 하면서, 계속하여 티끌만한 힘이 남아 있는 한 관대한 국가를 위해 기꺼이 피를 흘릴 각오가 생기도록 했다고 했다. 그들은 군대복무 기간 중에는 적어도 재산이 줄지 않게 될 것이라고 해서 기뻐했을 뿐만 아니라, 결코 호민관에 의해 제안되지도 않았고 평민 자신이 어떤 말도 꺼낸 적이 없었는데도 나오게 된 그 제안의 자발적인 성격 때문에 만족감을 더하게 되었고 따라서 감사하는 마음이 더 생겼던 것이다. 호민관들은 양 신분 전부가 기뻐하고 호감을 갖는 데 반해 불쾌해했던 사람들이었다. 그들은 그 제안이 원로원의원들에게 유쾌한 것이 되지 않을 뿐만 아니라, 시민들이 믿듯이 전 시민단에게도 그렇게 유익하게 되지는 않을 것이라고 했다. 계속하여 "그것은 일견 실현 가능성이 없는 하나의 계획인데, 왜냐하면 시민에게

트리부툼을 부과하는 것 말고는 어떻게 그 돈을 마련할 수가 있겠는가" 했다. 원로원의원들은 다른 사람들이 부담하는 것에 늘 관대했다. 설혹 모든 사람이 다 트리부툼 징수에 동의했다 하더라도, 이미 군대 복무를 마치고 제대한 자들은 자신들이 누렸던 것보다 더 나은 조건으로 다른 사람들이 군복무를 한다는 것, 자신의 비용으로 군대에 복무했던 자들이 이제는 다른 사람들의 경비를 대주기 위해 기부금을 내야 한다는 사실에 대해 참을 수 없을 것이라고 했다. 일부 평민들은 이 논쟁들에 영향을 받았다. 마침내 세액 조정이 선포되자, 호민관들은 병사에게 지불할 세금 내기를 거부하는 자는 누구라도 보호하겠다고 공표하였다.

그렇지만 원로원의원들은 시작도 좋게 하였지만 그것을 끝까지 밀고 나갔다. 그들은 자신들이 제일 먼저 기부하기로 되어 있었는데, 그때까지는 아직 은화가 없었기 때문에, 그들 중 일부는 수레에다 주조되지 않은 동을 싣고 국고에 갖다 바쳤으며, 심지어 자신들의 기부금을 과시하기조차 했다. 원로원의원들이 가장 성실하게 그들의 조정된 등급에 따라 기부한 후에, 귀족의 친구인 유력한 평민도 그들이 동의한 대로 할당액을 내기 시작했다. 군중은 이 사람들이 귀족의 박수갈채를 받고 군인 연령에 있는 자들에 의해 선한 시민으로서 간주되는 것을 보자, 호민관의 보호를 재빨리 거절하고 앞다투어 세금을 냈다. 그리하여 베이이 인들에 대한 선전포고의 법이 통과되었을 때에, 대부분 지원병으로 구성된 한 군대가, 새 군대 지휘관들의 명령하에 도시(베이이)를 향해 진군하였다.[82]

여기서 볼 수 있듯이 트리부툼이란 전쟁 비용을 충당하기 위해 시민에게 부과된 직접세였다. 그것은 그 목적이 매우 제한되어 있고, 군사적 필요성과 밀접히 관련되어 있었다. 군대 병사에게 봉급을 지불하고 장비를 갖추어 주는 수단을 마련한다는 제한된 특수목적을 지니고 있었기 때문에 목적세라 할 수도 있고, 전시에만 부과되었기 때문에 영구적 제도가 아니라는 데에 트리부툼의 특수성이 있었다. 이렇듯 트리부툼은 국가의 일반 예산에는 들어 있지 않은 특별세였기에 오직 하나의 분명한 목적—전비 마련—을 위해 과세해야 할 필요가 있을 때만 원로원의 투표에 의한 결의로써 부과되었다. 그러나 만일 어떤 국가라도 언젠가 이러한 세금(트리부툼)을 부과해야 될 위기에 처하게 되어 전 국민이 구제받기를 원한다면, 그것은 불가피하다는 사실을 인식시키도록 온갖 노력을 다해야 할 것이라는 키케로의 지적[83]처럼, 신중에 신중을 기해야 했다.

그러면 트리부툼의 납세자는 누구며, 그것은 무엇에 기초하여 어떤 세율로 산정되었고, 누구에 의해 어떤 방식으로 징수되었는가를 순서에 따라 살펴보자.

우선, 트리부툼의 납세자는 '무장을 할 수 있는' 성년 남자시민이었다. 17세에서 45세 이하의 청년조는 물론 46세에서 60세까지의 노년조 모두 포함하여 병사로 '동원될 수 있는 사람들'이 병사로 '동원된 사람들'에게 봉급을 주기 위해 트리부툼을 납부해야 했다. 그렇기 때문에 병역 면제의 혜택을 받는 머릿수로만 적히는 프로레타리이는 트리부툼을 납부할 자격이 없었고, 돈 많은 고아와 과부들은 아무리 재산이 많다 하더라도 트리부툼 납부가 권리상 불가하였다. 그 대신 이들은 후견인을 통해 그들의 재산을 국고에 공탁하고, 기병의 기마 유지비로 사용할 수는 있었다.

다음, 이 트리부툼은 시민들의 '센서스'에 기초하여 부과, 징수되었다.

> 트리부툼은 트리부스에서 그렇게 불렸으니, 왜냐하면 시민에게 부과된 그 돈은 센서스에 기재된 각 시민의 재산평가에 비례하여 트리부스별로 징수되었기 때문이다.[84]

이렇게 각 시민은 '센서스에 기재된 재산평가에 비례하여' 트리부툼을 납부했다고 하는 바로의 언급은 사가 리비우스의 다음과 같은 서술 내용과도 일치한다.

> 그[85]는 센서스 제도를 창설했는데, 이것은 장차 대국이 될 로마 정부에게는 가장 유용한 제도였다고 할 수 있다. 왜냐하면 그것은 전쟁과 평화의 부담을 시민 각자의 두수별로가 아니라 부에 따라서 지게 할 수 있었기 때문이다.[86]

전처럼 두수별로가 아니라 '부에 따라서' 트리부툼이 부과되었다고 하는 이 언급은 "센서스에 기초하여 공정하게 할당된 대로 각 시민의 '세금'이 걷히도록 트리부툼도 세르비우스에 의해 제안되었다" 하는 리비우스의 또 다른 인용문과도 일치한다.[87]

헬라스 출신의 사가 디오니시우스 오브 할리카르나수스도 센서스는 실제로 트리부툼을 부과하는 기초였음을 보여주고 있다고 했다.

> 나(세르비우스 툴리우스)는 모든 시민에게 그들의 재산을 평가하여 제시하고 그 평가에 따라 각자 트리부툼을 납부하도록 명령을 내리는 바이다.[88]

이와 같이 '재산평가에 비례하는 트리부툼 εἰσφορὰ ἀπὸ τοῦ τιμήματος'을 전 시민이 내도록 세르비우스 왕이 명령했다는 디오니시우스 오브 할리카르나수스의 여러 전거들은 그것이 곧 로마의 시민 각자의 '트리부툼 인두세 tributum in capitu'와는 다른 '트리부툼 엑스 켄수 tributum ex censu'나 '트리부툼 프로 포르티오네 켄수스 tributum pro portione census'와 동일한 것, 바로 그것임을 확인해 준다 할 것이다.

그러므로 트리부툼은 공표된 부, 즉 재산의 비율에 맞추어 사정된 직접 부과세였다. 그것은 전적으로 대부분의 도시국가에 공통적이었던 센서스 제도, 다른 말로 재산 비례 정치의 논리에 맞는 것이었다. 폴리스라는 공동체 국가 내에서는 출자액이 얼마냐에 따라서 성원, 즉 시민의 권리와 의무가 결정되는 것이다. 요컨대 시민의 재정적 부담, 군사적 의무, 그리고 정치적 권리 역시 그들의 부에 비례하는 것이었다. "가장 부유한 자들은 가장 무거운 부담을, 그렇지만 또한 가장 큰 영예와 무거운 책임을"[89]이라는 생각은 고대 정치철학에서는 모든 재산 비례 정치제도의 기저를 이루고 있었다. 이러한 재산 비례 정치제도의 기초가 되면서 그것을 정당화하는 것이 다름 아닌 '기하학적 평등'(비례적 평등)의 내재적이고 외연적 원리였다. 로마에서 이 제도의 창설자로 알려진 세르비우스는 이 점을 잘 나타내 주고 있다.

> 여러분들이 국고에 내고 있는 전쟁세의 부담을 장차 경감시키기 위하여 (가난한 사람들은 이 때문에 부담을 느끼고 돈을 빌리기까지 하고 있다), 나는 모든 시민이 자신의 재산을 평가하여 제출하고, 그 평가에 따라 각자의 몫을 내도록 명령을 내리는 바이다(내가 알기로는 이것은 가장 크고 잘 통치되고 있는 도시, 예컨대 솔론 하의 아테나이에서 시행되고 있다). 왜냐하면 많이 가진 자가 세금을 많이 내고, 적게 가진 자가 적게 내는 것이 공익에 유리하고 정당하다고 생각되기 때문이다.[90]

그렇기 때문에 시민은 재산을 많이 가지면 가질수록 그만큼 더 트리부툼을 많이 납부해야 했던 것이다.

그러면 트리부툼 세율은 어떠하였는가?

기원전 167년에 트리부툼 징수가 중단되기 전까지만 하더라도, 트리부툼의 부과세율은 각 시민의 센서스상에 평가되어 있는 재산의 0.1%, 다시 말하면, 1,000 아스$_{as}$에 대해 1 아스였다고 일반적으로 사가들은 생각하고 있다. 이것은 매우 희박한 증거에 토대를 두고 있으므로 우선 이 점을 규명하기로 하겠다.

로마 시민이 재산의 1,000분의 1의 세율로 트리부툼을 납부했다고 하는 사가들의 확신은 기원전 187년에 만리우스 불소가 갈라티아인에게 승리한 후, 거기에서 생긴 돈으로 시민들에게 보상해 주었다는 다음과 같은 구절에 대한 해석들에서 나타난다.

> 그러나 만리우스의 친구들은 시민의 비위를 맞출 수가 있었다. 그들의 제안으로 원로원의 결의가 선포되었는데, 즉 시민에 의해 국고에 납부되었던 전쟁세에 관해서는, 적어도 아직 청산되지 않은 액수가 얼마이건 간에 승전으로 생긴 돈에서 청산되어야 한다는 내용이었다. 시 재무관들은 성실하고 근면하게 1,000 아스당 25½ 아스를 지불하였다.[91]

이 인용문은 내용상 불분명한 것이 몇 있다. 우선 리비우스는 트리부툼 대신 스티펜디움stipendium이라는 용어를 쓰고 있다. 그러나 그 시대에는 원래 전사의 봉급을 뜻했던 스티펜디움이 보통 세금의 의미로 사용되었다는 사실을 고려할 때, 'stipendium conlatum a populo in publicum'의 구절에 나오는 스티펜디움은 바로 트리부툼을 의미한다고 할 수 있다.[92]

다음으로 문제되는 것은 '아직 청산되지 않은 액수가 얼마이건 간에 승전으로 생긴 돈에서 청산되어야 한다'는 구절이다. 이것은 무엇을 뜻하는 것일까? 일부 시민들의 트리부툼 납부가 미납인 채로 있는데, 그것을 승전에서 생긴 돈으로 탕감하여 청산해 주어야 한다는 뜻일 수도 있고, 트리부툼을 납부했던 시민에게 그것을 상환해 주어야 했는데도 아직 상환해 주지 못했던 것을 차제에 승전에서 생긴 돈으로 상환해 줌으로써 청산해야 한다는 뜻일 수도 있다. 전자의 경우, 기원전 196년에 재무관들은 한니발 전쟁 중인 기원전 210년에 트리부툼을 미납했다고 하여 복점관들과 신관들에게 독촉했다는 점을 상기해 볼 때에 그렇고,[93] 후자의 경우 이제 곧 상론하게 되겠지만 트리부툼이 이때에는 세금이라기보다는 '강제 공채'의 성격을 띠고 있었기 때문이다.

세 번째로 지적할 수 있는 것은 "시 재무관들은 성실하고 근면하게 1,000 아스당 25½ 아스를 지불하였다'는 구절에서 바로 그 '1,000 아스당 25½ 아스'란 무엇을 뜻하느냐 하는 것이다. 이것은 앞서 문제와 결부시켜 볼 때 시민에 대한 상환률일 가능성이 높다고 생각된다. 그런데 먼저 분명히 해두어야 할 것이 있다. 즉, 제2차 포에니 전쟁 중인 기원전 210년에 '트리부툼 엑스 켄수tributum ex censu'가 아니라 발레리우스 레비누스의 제안에 따라 전 시민이 전 재산을 내야 했던 비상시의 부과금 '트리부툼 테메라리움tributum temerarium'으로서 특별기부금을 시민들이 국가에 낸 일이 있었는데, 혹시 이것의 상환이 아니었을까 하는 점이다.[94] 그러나 그럴 가능성은 전연 없다. 왜냐하면 그것은 3회에 걸쳐 기원전 187년 이전에 이미 상환되었기 때문이다. 제1 회분은 기원전 204년에, 제2 회분은 리비우스가 언급하고 있지는 않지만 기원전 202년경에, 그리고 마지막 제3 회분은 기원전 200년에 돈으로써가 아니라 공유지로써였다.[95] 그리고 그때까지도 청산되지 않은 비상환분은 기원전 196년에 재무관들이 복점관들과 신관들에게서 미납금을 전액 받아내어 상환해 주었다는 확실한 기록이 있다.[96] 그러므로 기원전 187년에 이르러 이에 대한 상환문제가 새삼 제기되었을 리가 없다. 따라서 여기서 문제가 되는 것은 '트리부툼 엑스 켄수'임에 틀림없다.

그런데 '1,000 아스 당 25½ 아스' 즉 2.55%라는 상환률에 대해서는 여러 해석이 있다. 그 대표적인 예로서 테니 프랭크의 견해와 토인비의 설명을 들고자 한다. 우선 프랭크의 견해부터 보기로 하겠다.

> 마지막 구절은 일년에 한 번 내는 트리부툼 심플렉스tributum simplex가 재산평가액의 1%의 10분의 1(= 1,000분의 1)이었으므로, 이 상환은 트리부툼 심플렉스의 25.5배에 달했다는 사실을 지적하고 있는 듯이 보인다……[97]

이 인용문에 부연하면 다음과 같다. 즉, 트리부툼 심플렉스tributum simplex란 일년에 단 한 번 내는 것이므로, 국가가 납세자 재산의 1,000분의 25.5 비율로 상환해 주었다는 뜻은 실제로 25년과 반년의 트리부툼 납부액을 전액 되돌려 주었다는 의미일 수밖에 없다. 그렇기 때문에 바로 여기 기원전 187년부터 계산하여 25.5년이 되는 해를 잡아 보면, 기원전 212.5(187 + 25.5)년이 된다. 따라서 한니발 전쟁 중인 기원전 213년부터 187년까지 시민들은 매년 트리부툼 심플렉스를 납부했는데, 바로 그것들을 기원전 187년에 일시에 다 상환해 주었다는 설명이 되는 것이다. 그러나 이 설명은 트리부툼 심플렉스의 세율이 1,000분의 1이었다는 근거 없는 확신에 기초하고 있다.

그 다음으로 좀 색다른 설명을 하고 있는 이가 토인비다. 제2차 포에니 전쟁기간인 기원전 218년에서 201년까지 18년 동안에 세금이라기보다는 오히려 '강제 공채'[98]의 성격을 강하게 띠었던 트리부툼의 부과 횟수가 34회라고 그는 우선 단정한다. 그리고 나서 구체적으로 전쟁이 시작되는 기원전 218년과 끝나는 201년에는 단 한 번의 트리부툼, 즉 트리부툼 심플렉스가 부과되었지만, 기원전 217년과 202년 사이에는 매년 두 번씩의 트리부툼, 즉 트리부툼 두플렉스tributum duplex가 시민들에게 부과되었던 것이라고 보고, 34(1×2 + 2×16)회가 되는 그 사유를 밝힌다. 그는 기원전 187년에 1,000 아스에 대해 25.5 아스의 비율로 국가가 시민들에게 상환해 준 것을 보고, 기원전 187년 이전에 이미 1,000 아스당 8.5(34 - 25.5) 아스의 비율로 상환되었음을 산출해 냈다.[99] 그러나 그 역시 트리부툼 심플렉스의 세율을 1,000분의 1로 계산하고 있다.

그러면 이렇듯 사가들이 트리부툼의 세율을 1,000분의 1로, 다시 말하자면 0.1%로 믿고 있는 그 근거는 무엇인가?

기원전 204년에 반란을 일으켜 저항하는 12개의 라틴 식민시에 대해 로마 원로원은 다음과 같이 결의한 바 있다.

> 로마 원로원은 한 걸음 더 나아가 저 식민시들에 대해 1,000 아스당 1 아스의 비율로 세금을 부과하여 매년 징수할 것이며, 로마 켄소르들에 의해 비치된 공식적인 센서스 서식―실제로는 로마 인민이 사용했던 것과 똑같은 리스트―에 기초하여 각 식민시에서 센서스 조사가 행해져야 한다고 명령했다. 그리하여 각 식민시의 켄소르들이 그렇게 하겠다고 선서를 하여 그들의 임기가 끝나기 전에 로마로 가져오도록 했다.[100]

바로 이 인용문에 입각하여 거의 모든 사가들은 로마 시민도 각자의 센서스에 평가되어 있는 재산액의 1,000분의 1 아스의 비율로 트리부툼을 냈던 것이라고 주장한다. 그러나 과연 납세자 재산의 1,000분의 1이 로마에서도 정상적인 표준세율이었다고 결론을 내릴 수 있을까? 다시 말하면, 로마에 완강하게 저항하는 라틴 식민시들에게 형벌의 일종인 벌과금같이 부과된 세율, 즉 1,000 아스에 대한 1 아스의 비율이 아무런 죄도 없는 로마 시민의 트리부툼의 정상 세율일 가능성이 있다고 할 수 있겠는가? 오히려 그 이하일 가능성이 높다.

따라서 해마다 규칙적인 트리부툼의 정상 세율이 납세자의 과세 가능한 재산의 1,000분의 1이었다는 잘못된 전통적 견해를 버려야만 할 것이다. 이러한 잘못된 고정관념에 기초한 프랭크와 토인비와 같은 유의 설명은 설득력이 약하다. 그렇기에 기원전 187년에 국가가 시민들에게 다만 1,000분의 25.5의 비율로 상환했다는 사실을 알 수 있을 뿐이지, 그것은 트리부툼의 세율에 대해 아무런 지표도 되지 않는다.

요컨대, 로마는 트리부툼 부과 시 '고정세율의 원리'를 배제했다. 니콜레가 시사하듯이,[101] 보통 세율은 0.1% 이하였을 것인데, 그 이유는 이미 지적했듯 저항하는 라틴 식민시들에 대해 내린 벌금보다는 적었겠기 때문이다. 그러나 상황에 따라서는 0.1%, 0.2%, 0.3%의 순서로 그 세율이 높아졌던 때도 있었을 것이며, 전쟁 같은 비상시에는 0.4%와 같이 높은 비율로 트리부툼이 부과되었던 때도 사실 있었다.[102] 따라서 실제로는 그때그때 필요에 따라서 계산되는 '가변세율의 원리'가 로마에서는 채택되었다.

그러면 실제로 센서스에 기초하여 트리부툼의 세율은 어떻게 산정되었을까? 이에 대해서는 세르비우스 제도의 기능에 대해 언급하고 있는 디오니시우스 오브 할리카르나수스의 설명에서 출발하는 것이 좋을 것 같다.

> 예를 들어 그가 1만이나 부득이 2만 명의 병력을 징집할 때마다, 그는 저수를 1백93개의 켄투리아에 할당하고 나서 각 켄투리아에 대해 할당된 병력을 차출하도록 명령하였을 것이다. 복무중인 병사들에게 줄 봉급과 전쟁에 쓰일 여러 공급품을 마련하는 데 필요한 경비에 대해, 그는 제일 먼저 어느 정도 많은 돈이면 충분한가를 계산하였을 것이고, 같은 방법으로 저 총액을 1백93개의 켄투리아에 할당하고 나서, 센서스의 재산평가액에 비례하여 각자의 몫을 내도록 각 시민에게 명령했을 것이다.[103]

앞서 인용문에서 알 수 있는 것은 트리부툼을 부과할 때 제일 먼저 하는 일은 '필요한 액수에 대한 전체적인 예비 평가,' 다시 말해 트리부툼을 부과하기 위한 준비 작업이다. 이에 대한 한 가지 부정할 수 없는 증거가 있다.

> 그러나 그들이 병사들의 수를 늘리면 늘릴수록 그만큼 더 봉급으로 줄 돈이 필요했다. 그들은 이 돈을 트리부툼으로 징수하려고 했다.[104]

트리부툼이란 원래 병사들의 봉급을 주기 위해 부과하는 특별세인만큼, 징집하는 병사의 수가 얼마냐에 따라 그 총액도 결정되게 마련이다. 따라서 트리부툼의 총액은 가변적이었다. 바로 여기서 예상되는 트리부툼의 총액에 따라 납세자의 납세율도 결정되었을 것이라는 논리가 성립한다. 따라서 납세자가 내야 할 액수 역시 가변적이었다. 여기서 강조할 것은 트리부툼 부과시 실제로 필요한 액수의 평가가 그 기초가 되고, 납세자는 다만 센서스의 비례에 따라서 그 액수를 충당하기만 하면 되는 것이었다는 사실이다.[105] 이렇듯 트리부툼은 가변적인 총액에 따라 가변적인 세율이 적용되었던 '할당세'였다. 그것은 절대로 고정세율이 적용되었던 '센서스에 기초한 단순한 정률세'가 아니었다.[106] 만약 트리부툼이 단순한 정률세이며, 그것의 정상세율이 1,000분의 1로 고정되어 있었다고 가정한다면, 센서스 조사는 5년마다 한 번씩 하기로 되어 있었기 때문에 각 시민의 센서스상에 평가되어 명시되어 있는 재산액도 5년간 변경될 수 없는 성질의 것이다. 따라서 전 로마 시민에게 트리부툼을 부과할 수 있는 총액도 5년간 변경될 수 없다는 식의 이야기가 되고 만다. 다만 뜻하지 않게 발생하는 사망자의 것만 5년간 확정되어 있는 트리부툼의 부과 가능한 총액에서 빼버리면 그만이라는 이야기도 된다.

요컨대, 트리부툼은 가변적인 총액에 따라 가변적인 세율이 적용되는 할당세였다. 뒤에서 상술되겠지만, 기원전 43년 6월 키케로의 제안에 따라 원로원에서 의결한 트리부툼 세율은 1,000분의 40이었다.

그런데 트리부툼은 부유층인 '트리부니 아이라리이tribuni aerarii'가 각자 자신에게 할당된 전액을 우선 국고에 선납하고 그 후에 해당 지역구민들에게서 징수한다는 제도상의 운용의 묘가 있었다.

일반적으로 트리부툼은 트리부니 아이라리이가 징수하여 병사들에게 직접 봉급으로 주었던 것으로 이해되고 있다. "그들(트리부니 아이라리이)이 그렇게 불리게 된 까닭은 동화인 아스를 봉급으로 나누어 주었기 때문이다."라는 페스투스의 언급[107]이 있기도 하다. 그들이 병사들에게 봉급을 지불했다는 사실을 좀더 자세한 라틴어 사전 편찬자인 바로 Varro의 설명으로도 알 수가 있다.

> 병사들에게 봉급으로 지불할 돈을 할당받은 사람들은 트리부니 아이라리이로 불렸다.[108]

이렇듯 트리부니 아이라리이는 병사들에게 봉급을 지불해야 할 의무가 분명히 있었다. 이 말을 바꾸어 말하면, 병사들은 트리부니 아이라리이에게서 직접 봉급을 받을 권리를 갖고 있었고, 제때에 봉급을 못 받았을 경우 그들은 아주 오래된 로마법상 재판 없이 재산을 압류할 수 있는 소위 '압류식 법률소송'이란 절차를 밟을 수 있기까지 했다.

압류식 법률소송은 어떤 경우에는 관습에, 어떤 경우에는 법률에 의거한 것이었다. 그것은 관습에 의해 군사부문에서 확립되었다. 즉, 병사는 자기에게 봉급을 지불해야 하는 자가 이를 이행하지 않았을 때, 그에게서 봉급을 압류할 수가 있었다. 봉급지불의 형식으로 병사에게 주어지는 돈은 군

전aes militare이라고 불렸다.[109]

병사가 트리부니 아이라리이에게 밀린 봉급을 줄 것을 청구하는 예는 플라우투스 작 『황금단지Aulularia』에도 나타나 있다. 극중인물인 트리부니 아이라리이인 메가도루스는 구두쇠로 자기에게 배당된 병사에게 줄 봉급을 차일피일 미루다가 곤경에 처하게 된다.

> 청소부, 양복장이, 보석 상인, 모직물 취급업자—그런 자들이 모두 귀찮게 붙어 다니고 있습니다. 그리고 주름장식이며, 속옷, 신부용 베일, 자주색 물감, 노란 물감, 머플러, 향내나는 양복…… 등등의 상인이 있습니다. 당신이 이 자들을 다 만족시키고 나면, 맨 마지막으로 병사가 와서 자기 봉급을 달라고 합니다. 당신은 가서 당신의 은행가와 함께 계산을 하고 있고, 그 병사는 곁에 서서 현금을 받을 기대에 찬 나머지 점심도 거르고 기다리고 있습니다. 계산이 다 끝나고 나면 당신은 그에게 또 돈을 빚지고 있다는 것을 알아차리게 되며, 그 병사는 후일 또 오겠다고 올 날짜를 연기해 놓고 가는 것입니다.[110]

여기에 트리부니 아이라리이로서 부자이긴 하나, 부인이 몰래 예금을 다 써서 무척 당황하는 메가도루스의 모습이 잘 나타나 있다. 일단 지불기일을 연기시키는 데는 성공했지만, 만일 그때 가서도 지불을 못하는 경우 그는 재산을 담보로써 압류당할 위험에 처하게 되는 것이다.

이상에서 살펴보았듯이 트리부니 아이라리이란 무엇보다도 '병사의 봉급을 지급할 의무가 있는 사람들'이며, 만일 그 의무를 이행하지 못하는 경우에는 자신의 재산을 압류당할 위험 부담까지 안고 있었음을 알 수 있다.

그러나 특히 유의하지 않으면 안 될 사실이 있다. 트리부니 아이라리이는, 아테나이의 '프로에이스페론테스προεισφεροντης'와 꼭 마찬가지로,[111] 자기에게 할당된 트리부툼을 먼저 선납한 후에 납세자들에게서 징수했다고 하는 점이다. 이것은 디오니시우스 오브 할리카르나수스가 보고하고 있는 파브리키우스의 말을 통해 입증된다.

> (나 자신을 부유하게 하는 대신에) 나는 나의 전 군대를 풍족하게 해주었으며, 전쟁을 수행하던 중 사사로운 시민들이 미리 지불하였던 트리부툼을 그들에게 되돌려 주었다.[112]

앞서 인용문에서 '사사로운 시민들ίδιώται'이란 라틴어의 privati에 해당하는 말로서 트리부니 아이라리이임이 틀림없기 때문에, 그들이 트리부툼을 '선납하였다'는 뜻으로 파악해도 좋을 듯하다. 왜냐하면 선납했다는 뜻인 헬라스어 동사원형인 'προεισφέρειν'은 '미리'라는 접두사 προ와 '납부한다'는 동사 'εισφέρειν'의 합성어이기 때문이다.

따라서 트리부니 아이라리이는 자기에게 할당된 트리부툼 총액을 우선 국고에 선납한 후 국고의 책임을 지고 있는 시 재무관의 지시 하에 병사들에게 봉급을 지불하고, 그런 후에야 비로소 그들은 납세자들에게서 징수할 수가 있었던 것이라고 이해해야 할 것이다. 그러나 물론 봉급지불 후에 납세자들에게서 트리부툼을 징수하는 것이 실패로 돌아가는 경우도 있었겠고, 또 인심이 후하다는 평을 듣기 위해 징세 권리를 자진 포기하는 경우도 있었으리라고 짐작된다.

지금까지의 고찰 결과 트리부툼을 선납한 후 징수했다는 점으로 미루어 보아, 트리부니 아이라리이는 우선 '재산이 많은 부유층'일 것이라는 사실을 쉽게 이해할 수 있다. 그러나 그 이외의 사실에 대해서는 알려진 바가 없어 트리부니 아이라리이란 어떤 것인가를 살펴보기로 하겠다.

기원전 100년에 원로원의 최종 결의가 선포되었을 때, 이미 트리부니 아이라리이는 콘술과 정무관들과 함께 반란을 진압하기 위해 소집된 군대 중의 일부를 이루었다.

> 공화국을 수호하기 위해 그때 원로원과 협력한 아주 명예 높은 사람들이요, 훌륭한 시민들인 로마의 기사들 그리고 모두의 자유를 지키기 위해 무기를 잡았던 트리부니 아이라리이와 모든 다른 신분의 사람에 대해서 우리는 무엇이라고 해야 하겠습니까?[113]

라비리우스를 변호하는 키케로의 이 연설문 말고도, 트리부니 아이라리이가 점하고 있던 위치가 얼마나 컸던가를 지적해 주는 또 다른 실례가 있다. 기원전 54년에 선거 뇌물수수의 죄목으로 기소된 플란키우스를 변호하면서 키케로는 유리한 증인들로서 테레티나 트리부스의 성원명부에 기재된 아티나에서 많은 트리부니 아이라리이를 불러들였다는 사실이 그렇다.[114]

또 기원전 70년에 아우렐리우스의 법에 따라 공금횡령으로 기소된 총독들을 재판할 배심원으로 원로원의원, 기사신분 그리고 트리부니 아이라리이에서 각각 3분의 1씩 충원하기로 결정한 사실이 있다.[115] 이 법은 기원전 46년에 카이사르에 의해 폐지되는데, 이에 대해 카씨우스 디오는 이렇게 시사를 던져 주고 있다.

> 카이사르는 재판권을 오직 원로원의원과 기사에게만 주었다. 그것은 가능한 한 언제나 가장 순수한 시민이 재판을 담당하게 하기 위해서다. 왜냐하면 이전에는 어떤 평민들이 그들과 함께 재판 결정에 참여했기 때문이

다.[116]

이 인용문에 나오는 '어떤 평민'은 트리부니 아이라리이를 가리키고 있음에 틀림없다. 그리고 트리부니 아이라리이는 트리부툼을 선납했다는 점으로 미루어 보아 부유한 평민 출신이었다고 추측할 수 있다. 그렇다면 트리부니 아이라리이는 센서스의 재산평가에 따라 보병 제1등급에 속하는 가장 부유한 평민이었을 것이다. 그들은 각각 소속해 있는 트리부스 내에서는 가장 부유한 보병 제1등급으로서 의심할 바 없이, 비교적 소집단을 이루고 있었지만, 아울러 실질적인 영향력과 영예를 지니고 있었다.[117]

그러면 트리부니 아이라리이의 기능과 역할을 알아볼 단계에 이른 것 같다. 이에 대해서는 한 사례를 들고자 한다. 기원전 84년에 콘술 카르보의 재무관이 된 베레스가 트리부니 아이라리이로부터 군대에게 줄 봉급을 받았다는 뚜렷한 예가 있고,[118] 이에 대해 "병사에게 봉급을 주기 위해 보통 국고로부터 트리부니 아이라리이에 의해 (군단의) 재무관에게 지불될 돈이 배당되었다"는 의견도 제시되고 있다.[119] 나의 생각으로는 트리부니 아이라리이가 국고의 책임관인 시 재무관에게서 병사에게 줄 봉급을 수령하여 그것을 군단의 재무관에게 넘겨 주는 역할을 하지 않았겠는가 하는 니콜레의 견해가 옳다고 본다.[120] 즉, 그들은 국고와 군 재무관들 사이에서 중요한 기능과 역할을 했던 것이라고 추정해도 좋을 것이다.

그러나 이 트리부툼 전쟁세의 과세는 기원전 167년에 중단된다. 왜냐하면 이때는 로마가 해외로부터 각종 자금이 흘러들어와 로마 국고가 풍요해진 마당에 굳이 매년 트리부툼 전쟁세를 부과했다가 그 돈을 상환해 주는 수고를 하지 않아도 되기 때문이다. 그러나 이로부터 124년 후인 기원전 43년에 로마 원로원이 키케로의 제안에 따라 이 세금을 부활시켜 로마시민에게 중세를 부과하게 된다. 이것은 로마 공화국의 운명과도 직결되는 내용이므로 뒤에서 상론될 것이다.

❻

편입과 동맹 그리고 전쟁: 로마의 이탈리아 조직과 지중해 정복

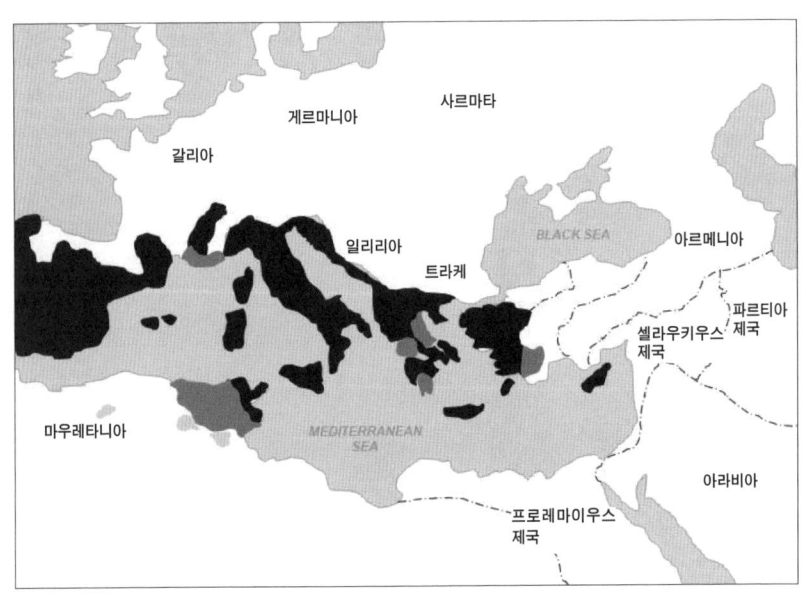

기원전 133년 때의 로마 공화국 영토(흑색)와 동맹국들

편입과 동맹: 로마의 이탈리아 조직

로마는 이탈리아를 '분리시켜 지배한다'는 고도의 정책 원리에 입각하여 성공적으로 통치했다고 언급되고 있으나, 이는 절반은 맞고 절반은 틀린 말이다. 이탈리아에 대한 로마정책의 지도 원리는, 보다 고차원적인 것으로서 편입과 동맹이었다.

편입은 이탈리아인들에게 완전시민권을 부여하는 경우와 반시민권을 주는 경우이고, 동맹은 보다 우월한 지위의 라틴인의 이름을 지니게 하는 경우와 단순한 이탈리아 동맹의 경우이다.

로마에 편입되어 로마의 완전시민이 되었을 경우, 그들은 로마의 어떤 한 트리부스, 즉 지역구의 성원 명부에 이름이 등재되어 로마시민권을 부여받았으므로, 로마의 각종의 민회에 참가할 자격을 지니게 된다. 이것은 그들이 정무관 선거, 입법, 재판, 전쟁과 평화 등 국가의 주요 정책 사안에 대해 투표권을 행사할 뿐만 아니라, 그들 자신이 직접 나갈 수 있는 정무관에 입후보할 수 있다는 의미이다. 그러나 반시민의 경우는 다르다. 그들은 참정권이 없기 때문에 민회에 참가할 수가 없다. 그래서 그들은 '투표권이 없는 시민들cives sine suffragio'로 불리고 있다. 그 밖에는 로마의 완전시민과 똑같은 권리와 의무를 지닌다. 통혼권connubium, 매매권commercium, 상고권provocatio은 그들의 권리이고, 병역과 재정 부담이 그들의 의무이다. 그래서 그들은 참정권이 없이 '부담munera'만 지고 있다고 하여 무니키페스municipes라 불리기도 하는 것이다. 물론 그들은 그들만의 자치를 향유할 수 있지만, 로마의 입김을 무시할 수 없었음은 두말할 필요도 없다. 반시민들은 기원전 150년경에 거의 완전시민이 됨으로써 사라지지만, 카푸아처럼 한니발 전쟁시 로마를 배반했던 위험한 도시 사람들은 로마가 반시민으로 계속 남겨두었다.

이탈리아 동맹국들은 정치적으로는 독립국가인 소키이socii, 숨마코이 summachoi, 법적으로는 외국peregrini이다. 그들은 조약 국가로서 로마가 호의를 보여 평등한 쌍무조약을 맺는 경우와, 로마가 강요하여 불평등한 편무조약을 맺는 경우가 있다. 이탈리아 동맹국 시민의 외국인으로서의 권리ius peregrinum로는 화폐주조권, 로마시민과의 통혼권과 매매권이 있다. 그들은 독립국가로서의 자치권을 보유하기는 했지만, 조약에 따라 로마의 영향권 내에서 움직일 수밖에 없었다. 그들은 로마가 할당해서 내려 보낸 병력이나 병선과 전비를 충당해야 할 의무를 지니고 있었다. 이렇게 해서 차출된 병사들의 수는 비록 로마군의 보조대의 역할을 했지만, 로마군의 1/3 내지 2/3까지 점하고 있었고, 전비 할당량도 꽤 많았으리라고 생각된다. 동맹국 내에서의 재판시 로마의 프라이토르가 직접 와서 재판을 하는 경우와, 로마가 파견한 순회재판관들이 재판을 하는 경우가 있었다.

그러나 이들보다 훨씬 우월한 지위를 지닌 것이, 바로 라틴인들의 이름을 지닌 시민들의 권리ius Latinum다. 그들은 화폐주조권, 로마시민들과의 통혼권과 매매권을 보유함은 물론, 다음과 같은 세 특권을 지녔다.

첫째, 그들은 자국의 정무관을 역임하면 자동적으로 로마의 완전시민권을 부여받아 로마 시민이 되었다. 둘째, 그들은 로마에 머물고 있다가 로마의 켄소르에 의해 이름이 등재되면 로마의 시민권을 부여받을 수 있었다. 따라서 그들이 로마로 몰려오게 되어 원래의 라틴 도시들은 인구가 격감하게 되자, 로마는 포고령을 내려 기원전 266년 이후부터는 로마로 오는 사람들은 반드시 그곳에 자식 한 명을 남겨두어야 했다. 그러나 노예를 해방시켜 양자로 입적하여 남게 한다든가 하는 편법을 써서 교묘하게 법망을 피하는 사례가 늘어났다. 셋째, 로마를 방문하는 한 라틴인은 특별히 배정된 한 트리부스에서 투표할 수가 있었다.

물론 이것은 투표 결정에 아무런 영향을 끼치지는 못했지만, 그 투표자의 자부심을 고양시켜 고향으로 돌아가 로마에서 투표해 보았노라고 자랑하게 하기에는 충분했을 것이다.

이탈리아 동맹국들은 로마에 병력과 병선, 전비를 제공한 대신, 로마로부터는 귀중한 평화를 보장받았다. 이탈리아의 동맥이라 할 간선 도로의 확충에 따른 경제력의 향상과 로마법의 보급은 이탈리아가 번영하는 토대가 되었다. 그러나 로마 원로원은 승전의 열매를 그들에게 어느 정도 분배해 주어야 했는데도, 계속 독식만 하려 하였다. 이러한 로마 원로원의 기본 태도에 격분한 나머지, 동맹국들은 기원전 91년부터 88년까지 그야말로 피비린내나는 소위 '동맹국 전쟁'(일명 이탈리아 전쟁이라고도 함)을 치뤄 그 결과 로마로부터 귀중한 로마시민권을 쟁취하기에 이르렀다.

그러나 편입과 동맹을 통한 로마의 이탈리아 조직은, 물론 한니발 전쟁 중에 일부 동맹국들의 이탈이 있었던 것은 사실이지만, 한니발 전쟁의 대 시련을 극복해나갈만큼 성공적이었다는 것이 오늘날의 대체적인 평가다.

로마의 서지중해 정복: 한니발 전쟁

제2차 포에니 전쟁(218~201BC), 즉 한니발 전쟁은 로마와 카르타고의 서지중해의 헤게모니 쟁탈전이었다. 이 전쟁은 로마 공화국의 국내외 정책의 일대 전환점이 되므로, 이 전쟁의 발발 책임은 누구에게 있는가 하는 문제를 다루어 보는 것은 흥미있는 일이 될 것이다. 대개 세 설로 나누어 볼 수 있다.

우선, 로마에 유리한 '한니발 도발론'이 있다. 이는 현대의 역사가인 프랭크T. Frank가 그 대표자로서, 전쟁 도발 책임을 전적으로 한니발에게 지우고 있다.

카르타고의 명문인 바르카Barca 가문의 하밀카르Hamilcar 장군은, 기원전 242년의 시킬리아 전투와 기원전 238년의 사르디니아 전투에서 로마에게 비참한 패배를 당하였다. 그 결과 그는 로마와 치욕의 조약을 맺고, 두 섬과 막대한 양의 배상금을 내기로 하고, 히스파니아로 가서, 그곳을 경략하며 와신상담 로마에게 통쾌한 보복을 할 것을 맹세하였다. 그리하여 그는 어린 한니발을 무릎에 앉히고 만약에 자기가 이 대업을 완수하지 못하면 아들이 이룩하도록 매일 그때의 처절한 사건들을 이야기하곤 하였다 한다. 그래서 기원전 221년, 한니발은 히스파니아의 통치권을 갖게 되자, 부의 가르침대로 로마를 침공하기로 결심하였다.

그러나 만일 그가 카르타고의 본국 정부와 상의 없이 단독으로 이탈리아를 침입한다면, 평화를 갈망하는 카르타고의 귀족들은 로마와의 전쟁을 지지하지 않을 것이 너무나 뻔하였다. 그래서 그는 로마가 먼저 카르타고에 선전포고를 하게 함으로써 전쟁 도발의 책임을 로마에게 전가시킬 뿐만 아니라, 카르타고의 본국 정부가 한니발 자신을 야전군 사령관으로 임명하여 모든 지원을 하도록 유도하기로 작전을 짰다. 당시 사군툼Saguntum은 로마와 방어동맹을 맺고 있었다. 그래서 그는 자기의 영향 하에 있는 토르볼레타이Torboletae로 하여금 사군툼을 건드려 공격을 유도하도록 하였다. 이에 사군툼은 토르볼레타이를 공격하자, 이를 구실로 한니발은 사군툼을 공격한 지 8개월 만에 완전히 파괴하고 모두 살해했다. 이에 로마도 한니발과의 전쟁에 말려들 수밖에 없었다. 이상이 프랭크의 주장이다. 즉, 이 전쟁은 바르카 가문 귀족들의 보복전으로서, 카르타고의 본국 정부와는 무관하게 전적으로 한니발의 단독적인 결정에 따라 발발했던 것이다. 그러나 한니발의 의도는 로마를 완전히 멸망시키거나 로마를 카르타고의 속국으로 만드는 것이 아니었다. 그것은 이전에 선친이 당한 패배의 불명예를 말끔히 씻어 줄 로마의 철저한 '굴복'을 노린 것이었다는 것이다.

이 설명이 출발점으로 삼고 있는 것은, 기원전 226년의 '카르타고인들은 무장한 채 이베르Iber강을 건너서는 안 된다.'고 하는 '에브로Ebro' 조약에 있다. 즉, 카르타고와 로마는 이베르강을 경계선으로 삼고 불가침 조약을 맺었는데, 카르타고가 도강하여 사군툼을 공격하였으니 로마는 이에 말려들지 않을 수 없었다는 것이다. 원래 한니발이 이베르강을 건넘으로써 기원전 226년의 에브로 조약을 깨뜨렸다는 설명을 한 역사가는 리비우스와 아피아누스였다. 이 두 역사가는 한니발 전쟁의 도발 책임을 한니발에게 뒤집어씌우고, 전쟁 발발에 대해 가급적 로마의 정당화를 추구하려는 경향이 있었다. 그 근거로 그들은 한니발이 이베르강을 건넘으로써 에브로 조약을 위반했다는 것을 들고 있는데, 바로 이 점에 설명의 최대 취약점이 도사리고 있는 것이다. 왜냐하면 사군툼은 실제로 그 강의 북쪽이 아니라 그 강의 남쪽, 그것도 100마일, 그러니까 400리나 되는 지점에 위치하고 있기 때문이다. 어떻게 강남의 사군툼과 로마가 방어동맹을 맺게 되었느냐는 등의 문제점이 없는 것은 아니지만, 하여튼 로마의 역사가인 리비우스와 아피아누스 그리고 이들을 추종하는 프랭크와 같은 현대의 역사가들이 주장하는 한니발 도발론은, 그 출발점부터 재고의 여지가 많다고 하겠다.

이와 반대로, 이번에는 카르타고에 유리한, 홀워드B.L. Hallward의 '로마 도발론'이 있다.

원래 카르타고는 평화공존을 원했다. 그래서 그들은 히스파니아 개발에만 전념하였다. 하밀카르의 양자인 하스드루발Hsadrubal만 하더라도 에브로 조약을 체결할 때에 카르타고의 본국 정부와 협의하였다. 그러므로 바르카 가문이 보복전을 노린 것은 아니었다. 한니발 전쟁이 카르타고 본국 정부와 무관하게 독자적으로 수행하게 되었다는 것 자체가 오류다. 그런데도 한니발이 전쟁을 발발했다는 것은, 바르카 가문의 '격분'과 한니발의 '복수'라는 모호한 전승에 의거한 것이다. 즉, 파비우스 픽토르Fabius Pictor는 '카르타고의 시민은 아무도 사군툼에서의 한니발의 행동을 시인하지 않았다'고 하면서, 은연중 한니발의 야심이나 복수심에 모든 것을 귀결시키고 있다. 이는 후일 리비우스와 아피아누스 그리고 심지어 폴리비우스까지도 로마의 정당화를 노려 모든 책임을 전적으로 한니발의 두 어깨에 짊어지우려고 조작하였던 것이다.

그러면 역사적 진실은 무엇인가. 로마는 카르타고의 바르카 가문에 의한 히스파니아의 성공적인 경영을 주시하고 있었다. 그러다가 기원전 221년까지 로마는 갈리아인들과의 전쟁이 일단 종식되자, 이번에는 히스파니아에서의 카르타고의 세력을 분쇄하기로 결정하였다. 로마는 그러한 작전의 일환으로 맨 먼저 사군툼을 사주하여 그들로 하여금 카르타고의 토르볼레타이와 유혈극을 벌이도록 하였다. 말하자면 로마는 사군툼을 전쟁 도발의 한 '도구'로 이용한 것이었다. 그러자 기원전 220년 말에 카르타고는 사군툼의 토르볼레타이 공격을 금지하도록 설득했으나 실패하였다. 기원전 219년 봄 한니발은 드디어 사군툼을 공격하여 8개월 후에 함락하였다. 이에 로마의 사절단이 카르타고의 원로원에 와서 한니발과 그의 참모들을 양도하라고 요구하였고, 이제까지 로마와의 조약을 충실히 지킨 카르타고는 그들의 요구를 거절하였는데, 이는 정당한 것이었다. 그러자 로마의 사절들은 '전쟁이냐, 평화냐, 양자택일하라'고 강요하였다. 이에 카르타고는 로마에게 선택권을 주었고 로마가 전쟁을 원하자 카르타고도 이에 수긍했다. 그래서 전쟁이 발발하였던 것이다. 요컨대, 카르타고의 원로원은 로마의 도발에 대해 즉각적인 방어 전쟁의 필요성을 실감하게 되었고, 청년 장군 한니발이 그것을 잘 수행하리라고 믿었기 때문에 그의 로마 침공을 허락했다고 홀워드는 설명하는 것이다.

마지막으로, 스컬라드H.H. Scullard의 '전쟁 불가피론'이 있다. 그에 의하면, 문제의 핵심은 한니발이 사군툼을 공격함으로써 로마와의 조약을 위반했는가의 여부에 놓여 있다는 것이다. 그런데 로마의 애국적 연대기 기록자들과 역사가들은, 사실과는 다르게 한니발이 이베르강을 도강함으로써 에브로 조약을 위반했다고 날조하여 오류를 범했다. 따라서 분명히 한니발은 조약 위반자가 아니었다. 그렇다고 로마가 전쟁을 도발했다고 단정지을 수도 없다. 로마는 상호 방위조약을 맺고 있는 사군툼이 한니발의 공격을 받자, 사군툼의 보호를 내세워 전쟁에 말려들지 않을 수 없었을 것이다. 더욱이 카르타고의 본국 정부가 전쟁을 도발했다는 증거는 찾아볼 수가 없다.

그렇다면 전쟁은 왜 일어났는가. 한니발은 지중해에서 로마와 카르타고의 양대 공화국이 언제까지나 무한하게 평화공존을 누릴 수는 없다고 판단하였다. 그렇다면 이 전쟁을 자기 자신이 해결해야 한다고 그는 믿었다. 그렇게 하려면 본국 정부의 계속적인 지원이 필요하였다. 그래서 한니발은 로마의 보호국으로 선언된 바 있는 사군툼을 공격하여 로마와 카르타고 본국 정부를 전쟁에 끌어들였다. 결론적으로, 전쟁은 순전히 한니발의 자의적인 판단, 즉 오판 때문에 일어났다는 것이 전쟁불가피론자들의 견해다.

이상으로 여러 역사가의 견해를 살펴보았다. 로마의 연대기 작가들과 역사가들은 로마의 정당화를 내세우기 위해 심지어 사군툼이 이베르 강 북쪽에 있다고까지 언급하고 있으나, 그것은 역사적 진실이 아닌 것만은 틀림없다. 그러나 전쟁불가피론도 한니발 도발론과 궤를 같이한다고 볼 때, 로마 도발론이냐, 아니면 한니발 도발론이냐 하는 것으로 귀결되는데, 이는 앞으로의 연구 과제로 삼을 수밖에 없다 하겠다.

로마의 동지중해 정복: 제2차 마케도니아 전쟁

기원전 201년, 로마는 제2차 포에니 전쟁, 즉 한니발 전쟁을 승리로 장식하였다. 18년의 장기간의 전쟁으로 로마시민들은 지칠 대로 지쳐 이제 평화를 갈망하게 되었다. 그런데 겨우 1년 만에 제2차 마케도니아 전쟁안이 켄투리아회에 상정되었다. 로마시민들은 그 안을 부결시켰다. 그러자 콘술 플라미니누스Flamininus가 전쟁을 치러야 한다고 설득에 나서, 전쟁안은 다시 상정되었고, 가결되어 전쟁은 일어나게 되었다.

그러면 왜 로마는 제2차 마케도니아 전쟁을 일으키지 않으면 안 되었을까? 로마의 전쟁 발발 동기에 대해서는 다음과 같이 역사가의 몇 설명이 있다.

우선, '야수적 제국주의' 때문이었다는 칼코피노J. Carcopino의 설명이 있다. 이에 의하면, 한니발 전쟁 중에 로마의 지도자, 특히 장군들의 마음속에 제국과 부에 대한 탐욕이 생겨 제국주의가 싹텄다는 것이다. 그래서 스키피오 아이밀리아누스 같은 장군은 알렉산드로스 대왕의 역사를 탐독하게 되었고, 자신은 언제 알렉산드로스 대왕처럼 세계를 정복할 수 있을까 하고 항상 그 날만 꿈꾸고 있었다는 것이다. 더욱이 기원전 3세기 말경에 로마시민들은 자기도 모르는 사이에 거의 다 제국주의자가 되었다고 그는 강조하였다. 그러나 처음 35년 동안 로마시민들은 소극적 태도를 취하여 각국을 파괴시켰다는 데에 만족한 나머지 강화조약 체결시 차우테Zaute, 케파로니아Cephalonia와 같은 '토지'가 아니라, 무겁고 지속적인 배상금을 요구하는 데 그쳤다. 그 결과 기원전 2세기에 로마로 많은 양의 금/은이 유입되었다. 그러다가 기원전 146년에 이르면 로마의 제국주의 정책은 적극성을 띠게 되는데, 이 해에 로마는 마케도니아와 카르타고를 멸망시키고, 각기 마케도니아 속주와 아프리카 속주로 지정하였으며, 같은 해에 아카이아 연맹의 맹주인 코린토스시를 철저하게 파괴한 것이다. 요컨대, 로마는 정복이 끝나자 까마귀 떼처럼 기다렸다가 달려들어 속주를 착취한 것이다.

그러나 몸젠은 이와는 달리, 그것을 '친헬라스주의'로 설명하고 있다. 당시 로마인은 어느 다른 나라 사람보다도 특히 헬라스인과는 더 가까웠다는 것은 의심의 여지가 없었다. 우리가 도와주면 언젠가 그들도 우리를 도와주리라는 로마인의 정치적 계산이 헬라스의 해방을 가능케 했다는 것이다. 이러한 헬라스에 대한 동정심의 발로는 특히 플라미니누스 장군 자신에게서 유별나게 나타났다는 것이다.

제국과 부에 대한 탐욕, 즉 제국주의 정책의 산물로서 설명하는 것을 특히 비판하는 역사가가 바로 프랭크T. Frank다. 그 이유로 그는 로마가 아무 영토도 취하지 않았다는 점을 들고 있다. 이탈리아 내에도 한층 더 많은 황무지가 있었다는 것이다. 그는 이것을 '감상적 정책'의 소산으로 설명하고 있다. 첫째로, 한니발 전쟁 때 마케도니아의 필리포스 5세가 로마를 배반했다는 원한이 후일 증오로 변했다. 둘째는 마케도니아의 필리포스 5세가 알렉산드로스 대왕의 야망을 전수받은 것이 아니냐는 것이, 로마에서는 매일 화제가 되었다는 것이다. 더욱이 그는 시리아의 안티오쿠스 3세와 비밀 군사 동맹을 맺었다고 하는데, 그렇다면 그는 로마에 커다란 위험이 될 것이라는 두려움도 작용했다. 셋째로, 헬라스인은 항상 로마인을 '야만인barbaroi'으로 생각한다. 특히 로마인들은 세계사를 서술할 때 더욱 큰 치욕감을 느끼고 있었다. 그러므로 이번 기회에 그들을 도와줌으로써 로마인에 대한 그들의 인식을 바꿔야 할 필요를 느꼈다. 네번째는 로마인의 친헬라스주의가 작용했다는 것이다. 특히, 아테나이의 사절들이 직접 로마 원로원에 와서 읍소한 것이 주효했다.

그러나 상기 설명과는 아주 다르게 그것을 '방어 전쟁'으로 보고 있는 설이 있는데, 올로M. Holleaux의 설이 그렇다. 그는 전쟁 발발의 동기가 제국주의도 아니었고, 친헬라스주의도 아니었다고 못을 박고서, 양자는 로마 정신세계에서만 국한되어 있었을 뿐, 공공활동의 요인으로서는 작용하지 않았다는 것이다.

그는 마케도니아의 필리포스 5세도 로마 시민도 원래 전쟁을 원치 않았다고 전제한다. 로마 원로원은 필리포스에 대해 아무런 불만도 없었다는 것이다. 또, 실제로 필리포스는 로마와의 평화 조약을 충실하게 잘 지켰다는 것이다. 우선 그가 한니발에게 군대를 보냈다든가, 그가 헬라스의 로마 동맹국을 공격했다는 것은, 단순히 로마의 정당화를 위한 후일의 날조일 뿐이라는 것이다. 당시 동방사정에 어두웠던 로마 원로원의 호전정책으로의 전환은, 순전히 전쟁의 실질적 도발자이자 공격자인 페르가뭄의 아탈루스 1세와 로도스인, 아테나이인의 사절의 말을 그대로 믿은 데에 있었다. 헬라스 사절은 마케도니아의 필리포스 5세와 시리아의 안티오쿠스 3세 대왕이 비밀군사동맹을 맺고 헬라스를 침공하였는데, 이것은 헬라스를 이탈리아 공격을 위한 공동 전진 기지로 삼으려는 전략이니 자신들을 도와달라고 말한다. 헬라스 사절의 말을 듣게 된 로마 원로원은, 헬라스의 중요성을 새삼 깨닫고, 만일 헬라스를 그들의 공격기지로 삼아 로마를 공격해 온다면 어떻게 하느냐 하는 두려움 때문에, 결국 예방전쟁을 일으키게 되었다는 것이다. 결론적으로, 실제와는 다른 가상적인 공격의 위험에 공포를 느끼고 먼저 로마가 공격을 가해야 되겠다는 로마 원로원의 순전히 자의적인 결정 때문에, 양국은 전쟁의 와중에 빠져들게 되었다는 것이다.

전쟁 발발 동기를 '두려움과 증오심의 발로'로 설명하는 바디안E. Badian의 언급은 특히 전자의 경우 색다르다. 그는 로마의 동방에 대한 관심은 일리리아를 확보하고, 단지 헬라스를 관망하는 선에 국한되어 있었다고 전제한다. 로마가 필리포스의 공세를 허용하면, 일리리아 전체가 로마에 대한 충성심을 저버릴수도 있다고 로마 원로원이 생각하고 있을 때에 아탈루스와 로도스인 그리고 아테나이인의 사절이 와서 필리포스의 동방 공격과 필리포스와 안티오쿠스의 군사동맹을 보고하자, 두려움을 느끼게 되어 즉각 전쟁을 선택하게 되었다는 것이다.

물론, 여기에는 로마가 한니발에게 패하고 있을 때에 필리포스가 한니발과 군사동맹을 맺어 로마에 파병하였는데, 이는 칼로 로마의 등을 찌르려는 것이나 마찬가지로 보았던 많은 로마 원로원의원의 증오심도 작용하였다. 기원전 201년에 한니발을 패배시키고 나자, 즉시 그들은 로마의 배반자 필리포스에게 복수의 시기가 도래했다고 절규하면서 그들과 전쟁을 하기로 했다는 것이다.

올로의 특이한 설명을 제외하고, 모두 대동소이하다. 바디안의 설이 주목된다.

로마의 시민 윤리:
키케로의 『의무론』에 나타난 스토아 윤리사상

 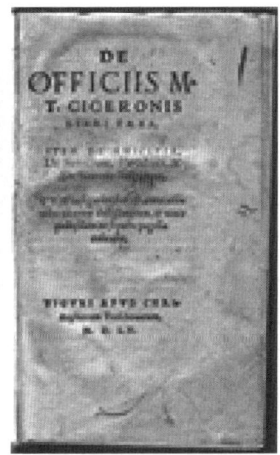

카피톨리움 박물관 소장 키케로의 석상과 1560년에 Christopher Froschouer에 의해 출판된 『의무론』의 표지

키케로는 누구인가

로마 흥기의 시대는 크게 둘로 나누어 설명할 수 있다. 그라쿠스 형제 시대 이전의 이상적인 로마 공화국 시대와 로마 제정기 '로마의 평화 pax Romana'의 5현제 시대다. 이 두 시대에 로마가 흥기하는 궁극적 원인은 공통적으로 로마인의 윤리가 건전하고 교육이 제대로 되고 있었다는 사실이다. 앞의 것은 키케로의 『의무론』을 통해, 뒤의 것은 『플루타르코스의 모랄리아』를 통해 그 이론과 실제를 알 수 있다.[121] 윤리가 땅에 떨어지고 교육이 엉망진창으로 추락할 때, 로마는 삼두정치나 군인 황제의 수중으로 떨어지게 되었던 것이다. 여기서는 공화국의 역사를 다루는만큼 키케로의 『의무론』을 본다.

키케로는 기원전 106년 아르피눔에서 기사 신분으로 태어났다. 로마의 유명한 철학자, 산문가로 알려져 있기도 하지만, 실상 로마 공화국 시대의 대표적인 정치가였다. 일찍이 헬라스에 유학하여 고전 철학, 역사, 정치학에 정통하였고, 법정에서의 웅변으로 정계에 그 이름을 날렸다. 특히 기원전 63년에 카틸리나의 국가 전복 음모 사건을 사전에 발각하여 분쇄함으로써 국부라는 칭호를 받기도 하였다. 기원전 58년 클로디우스의 압력을 받아 자진 추방의 길에 오르기도 했다. 제1차 삼두정치 시대와 카이사르 집권기에 저술 활동을 했다. 카이사르의 암살 이후 공화국 부활 운동을 주도하다가 결국 기원전 43년 12월에 제2차 삼두 정치의 희생물이 되어 목과 두 손목이 잘려 로마 포룸에 오랫동안 전시되기도 하였다. 그리하여 19세기 이래 공화주의의 상징으로, 전제주의의 카이사르와 대비되는 유명한 정치가로서 부각된다. 최후에 대해서는 저자가 플루타르쿠스의 인용문을 들면서 다음과 같이 저술한 바 있다.

키케로는 이탈리아를 떠날 준비를 하면서도 한 가닥 옥타비아누스의 구원의 손길을 기다리고 있었다. 우왕좌왕하다가 기원전 43년 12월 6일 결국 안토니우스가 보낸 군사들에게 살해되었다. 그는 가마 바깥으로 목을 내밀었고, 이내 목이 잘렸다. 나이 64세였다. 안토니우스가 명령한 대로, 그들은 머리와 함께, 필리피카 연설문을 썼던 양손도 잘라냈다.

잘린 머리와 양손을 로마로 옮겨왔을 때, 마침 선거를 치르고 있던 안토니우스는 그 소식을 듣고 직접 확인한 후에, '이제야 숙청은 완성되었노라.'고 소리를 높였다. 안토니우스는 그 머리와 양손을 연단 위 돌출부 위쪽에다 놓으라고 명령했는데, 그 광경은 로마인들로 하여금 키케로의 얼굴을 보고 있는 것이 아니라 안토니우스 영혼의 형상을 보고 있는 것이라 생각하며 떨게 만들었다.

안토니우스의 처인 풀비아는 키케로에 대한 원한이 뼈에 사무쳤었다. 키케로가 필리피카 연설을 할 때마다 풀비아를 처로 삼은 자는 클로디우스처럼 비명횡사한다고 그녀를 혹독하게 공격했기 때문이다. 어느 날 밤 풀비아는 로마 포룸의 연단에 달려가서 키케로의 혓바닥을 송곳으로 뚫어 구멍을 냈다. 공화국을 위해 장렬하게 자결한 소 카토의 죽음이 로마 공화국의 죽음을 상징한다면, 정녕 불세출의 연설가로 로마 공화국을 끝까지 살리려고 동분서주했던 키케로의 최후야말로 로마 공화국의 죽음이기는커녕 그것의 영원한 상징이 되었다. 키케로는 결코 과거로 돌아가려는 한낱 몽상가가 아니었다.[122]

키케로의 저작으로는 『의무론』 외에도 『국가론』, 『법률론』 그리고 각종 연설문과 서간문 등 방대한 문집이 남아 있어 특히 르네상스 시대 이래 오늘날까지 지대한 영향을 끼치고 있다. 더욱이 오늘날 '인문학人文學'–인간학人間學 studia humanitas이 더 어울림– 교육의 효시로 알려져 있다.

『의무론』은 어떤 책인가

'어떻게 살 것인가how to live'를 논하고 있는 키케로의 『의무론De Officiis』 만큼 세계 역사상 윤리 면에서 후세에 줄곧 영향을 끼친 책은 일찍이 없다. 서양 고대는 말할 것도 없고, 기독교 중심의 중세 시대에도 이 책은 여전히 도덕규범 도서였다.

15세기 중엽 인쇄술이 발명되기 전에 『의무론』은 필사본이 700권이나 세계 여러 도서관에 산재되어 있었다 하며, 인쇄술이 발명된 후에도 성경 다음으로 많이 읽혔다. 1501년 에라스무스는 늘 지니고 읽어야 한다며 포켓용 번역판을 내놓았다. 셰익스피어의 시대에도 『의무론』은 도덕 철학의 결정체였다. 18세기 후반 위대한 계몽 사상가 볼테르는 이 책을 두고 "아무도 이보다 더 현명하고 진실하며 더 유용한 어떤 것도 쓰지 못할 것이다. 이후로 사람들에게 교훈을 주거나 훈시하려는 야심을 가진 누군가 만약 키케로의 『의무론』보다 더 잘 쓰기를 원한다면, 그 작가는 허풍선이거나 이 책의 모작이 될 것이다." 하면서 이 책을 극찬했다. 프리드리히 대왕은 이 책을 "지금까지 씌어졌거나 씌어질 수 있는 도덕에 관한 최상의 책"으로 평가했고, 심지어 비스마르크도 정치가가 되고자 하는 젊은이들은 이 책을 꼭 읽으라고 권했다. 18세기 영국 신사들의 필독서였고, 오늘날 서양인이 널리 읽고 있는 이 책이 지닌 도덕 교과서로서의 가치는 이제 더 이상 페트라르카나 존 로크, 제퍼슨의 이름을 거명하지 않아도 충분히 인정할 수 있다. 저 유명한 칸트도 윤리학에서는 플라톤이 아니라 전적으로 키케로를 통해 배웠다고 했는가 하면, 결정적으로는 공자의 『논어』를 훨씬 능가한다는 헤겔의 『역사철학』과 『역사철학 강의』의 다음과 같은 지적이 있다.

공자는 도덕에 관한 많은 책이 있는데, 그것들은 중국인의 처세법과 예의범절의 기본으로 되어 있다. 영역된 공자의 『논어』를 보면, 과연 그 가운데에는 올바른 도덕적 잠언이 있으나 그것은 상식의 영역을 벗어나지 못한 유치한 설화, 성찰, 반어이다.[123]

키케로는 우리에게 『의무론』을 선사했는데, 이 책은 공자의 모든 책보다도 더 포괄적이고 더 나은 도덕적 가르침의 책이다.

『의무론』의 구성

이 책은 3권으로 구성되어 있다. 제1권은 도덕적으로 선한 것, 즉 명예 名譽, honestum, 제2권은 유익하거나 편의적인 것, 즉 공리功利, utilitas, 제3권은 이들 명예와 공리의 상충을 다루고 있다. 그런데 번역에서 가장 큰 문제는 호네스툼honestum과 우틸리타스utilitas를 어떻게 우리말로 번역하는가이다. 호네스툼은 원래 헬라스어 το καλον(to kalo/n)의, 우틸리타스는 το συμφερον(to sumfero/n)의 라틴어 번역어이다. καλον은 (도덕적) 훌륭함을 뜻하고, συμφερον은 유리함을 뜻한다. 전자를 도덕적 고귀, 도덕성, 대의, 명예로, 후자를 편의, 유리한 것, 유용성, 이익, 실용성, 공리로 번역해도 되겠지만, 나는 전자를 도덕적으로 선한 것, 후자를 유익함이라는 역어를 택했는데, 명분과 실리, 명예와 돈, 사랑과 돈의 양자 구도로 보면 이해가 빨리 될 것이다.

원래 중기 스토아 철학의 금욕주의 윤리 사상을 다루고 있는 이 책은 고대 동방과 헬라스─로마의 정치, 철학, 종교, 역사적인 사건과 에피소드가 풍요하게 들어 있다.

『의무론』—이론과 실제

키케로는 인생의 목적은 행복하게 되는 것인데, 행복은 덕 속에 내재한다고 말한다. 특히 기본적인 4개의 덕(이를 4추덕이라 함) 중 하나나 그 이상에서 유일한 최고선인 명예가 생기는데, 명예를 얻으면 행복하게 된다는 것이다. 그러면 이제 그라쿠스 형제 시대 이전의 이상적인 로마 공화국 시대의 윤리사상을 살펴보기로 하자.

로마 공화국은 이상국가였다 서양 고대에 우리가 바라는 이상국가가 실제로 있었다. 그곳에는 경찰이 없었다. 로마 시내에서 시민은 단도를 지니고 다닐 수 없었고, 장군이건 병사건 도시로 들어오려면 성문에서부터 무장을 해제해야 했다. 카르타고, 마케도니아, 코린토스를 정복한 장군들은 하나같이 전리품을 국고에 넣거나 도시 장식에 사용했다. 사기, 수뢰란 말도 없었다. 기원전 2세기 중엽의 로마 공화국이 그러한 이상국가였다. 이는 전적으로 로마인이 농민 출신으로서 검소 질박한 생활을 해온데다 정의, 지혜, 용기, 인내의 4추덕을 갖춰 행복한 생활을 추구하라는 스토아 학파의 금욕주의 윤리사상을 받아들인 덕분이었다.

명예냐 공리냐 | **최고선–명예–란 무엇인가** 청소년기는 인생에서 가장 중요한 시기다. 왜냐하면 그들은 '사고력이 가장 약한 청년기의 초입 단계'에서 생의 진로와 직업을 선택해야 함은 물론, 장차 국가와 사회를 위해 일해야 할 기반을 닦아야 하기 때문이다. 그러나 자칫 잘못하면 그들은 쾌락과 일시적 충동에 못 이겨 자신과 가족과 사회에 해악을 끼치게 된다.

아니발레 카라치Annibale Carracci의 헤라클레스의 선택(1569). 왼편에 붉은 옷을 입은 아레테 여신이 험한 길을 가리키고 있고, 오른편에 흰옷을 입은 카키아 여신이 헤라클레스를 유혹하고 있다.

헤라클레스가 성년에 이르러 덕과 악에 대한 선택의 기로에 서 있을 때에, 두 여인이 그 앞에 나타났다. 한 여인은 절세의 미모, 순결, 단아함과 신중함으로 가득 차 있었고, 다른 여인은 관능적인 자태와 매혹적인 외모와 현란한 옷을 입고 있었다. 후자는 그에게 아무런 고생이나 수고도 없이 모든 쾌락을 즐길 수 있는 지름길로 안내하겠다고 약속했다. 그런데 전자는 그의 조상과 그의 고귀한 본성을 상기시키면서 신들은 수고로움이나 고통 없이는 실제로 아름답고 선한 것을 하나도 허용하지 않는다고 숨김없이 말했다.

'헤라클레스의 선택'은 인생의 황금기인 청소년들에게는 누구에게나 한 번씩 봉착하게 되는 경험이다. '쾌락'을 추구할 것이냐 아니면 욕망을 자제하며 '고생'을 할 것이냐 하는 이 문제는 일찍이 고대 헬레니즘 시대의 대표적 철학 사상인 에피쿠로스 학파와 스토아 학파도 주요 과제로 다루었다.

에피쿠로스 학파의 윤리 사상에서는 최고의 선은 바로 '쾌락'[124]이며, 최고악이 곧 고통이라고 주장하였다. 그래서 키케로와 같은 사상가는 에피쿠로스 학파가 쾌락 상태에 있을 때만 최고로 선한 상태라고 충동함으로써 시민들을 쾌락에 탐닉하도록 유혹했고, 더욱이 최악의 상태란 고통 속에 있을 때이므로 누구나 고통을 느끼지 않으려면 전쟁터에 나가지 말아야 하며, 나가더라도 전투에서 부상을 당하지 않아야 하므로 전사로서 비겁한 행동을 하게 했다고 통렬히 비난받기도 하였다.

그러면 스토아 학파 철학자들은 무엇을 인생의 '목적'으로 생각했을까. 바로 '행복하게 되는 것'이라고 생각하였다.

> 첫째로, 그들(스토아 학파)은 행복하게 되는 것이 인생의 목적으로 행복을 위해서는 어떤 일도 행하지만, 행복 그 자체는 어떤 것을 위해서도 행해지지 않는 것이라 하고 있다. 이것은 덕과 부합하여 사는 것, 합일하여 사는 것, 즉 자연과 부합하여 사는 것 속에 존재한다. 두 번째로, 제논은 행복을 다음과 같이 정의하였다. '행복은 생활의 좋은 흐름이다.' 클레안테스도 저서에서 행복의 정의를 내렸는데 크뤼시포스와 그의 모든 후계자가 '행복은 행복한 생활과 다른 것이 아니다.' 한 것과 같다. 마지막으로 그렇지만 그들은 행복은 하나의 목표로서 설정되었고, 인생의 목적은 '행복을 얻는 데 있는 것이며, 그것은 행복하게 되는 것과 동일한 것이다.' 하였다.

그러면 행복이란 무엇인가. 스토아 학파의 창설자인 제논은 행복을 '생활의 좋은 흐름'이라 정의하고, 그러한 행복한 생활을 하기 위해서는 '합일하여 사는 것'이 필요하다고 생각하였다. 그러면 '무엇에 합일하여' 사는 것일까. 그것은 '이성의(또는 이성과의) 조화'다. 그러면서 그는 결국 '하나의 조화된 이성에 맞게 생활하는 것'이라고 부연 설명하였다. 즉, 제논은 자신과의 '갈등 속에서 사는 자들'은 불행하다고 여긴 것이다.

제논 이후의 거의 모든 지도적 스토아 학자들은 그 '무엇'에 '자연과'라는 말을 삽입하여 인생의 목적은 '자연과 합일하여 사는 것'이라는 일반적 합의 공식을 표하였다. 클레안테스가 '인생의 목적은 자연과 합일하여 사는 것'이라고 하여 '자연과'라는 말을 첨가한 이래, 크뤼시포스는 '자연에 의해 발생하는 것을 경험한 것과 일치하여 사는 것', 파나이티우스는 '자연에 의해 우리에게 부여된 성향과 일치되게 사는 것', 포시도니우스는 '전체 진리와 질서의 학도로서 살며, 정신의 비합리적 부분에 의해서는 전혀 영향을 받지 않으면서 가능한 한 이를 촉진하며 사는 것'이라고 하였다. 후기 스토아 학파는 '인생의 목적은 인간의 체질에 맞게 사는 것이다.' 하였다.

특히 인생의 목적에 대한 설명 중 크뤼시푸스, 그의 제자인 바빌론의 디오게네스Diogenes of Babylon, 또 이 사람의 제자로서 파나이티우스에게 영향을 끼친 타르수스의 안티파테르Antipater of Tarsus의 것은 음미해 볼 만하다.

크뤼시포스는 '자연에 의해 발생하는 것을 경험한 것과 일치되게 사는 것'이 곧 '자연에 합일하는 사물들을 선택하고 자연에 위배되는 것들은 거부하는 것'이라고 천명하고, 이를 인생의 목적에 대한 표준 공식으로 제시하였다. 이것을 그의 직계 제자들인 디오게네스는 인생의 목적을 자연에 맞게 사물을 잘 취사선택할 수 있는 방식으로, 안티파테르는 계속해서 자연에 위배되는 사물들은 버리고 자연에 맞는 것들은 선택하며 사는 것으로 표현하였다.

이들의 영향을 받은 것이 중기 스토아 철학의 창시자인 파나이티우스였다. '자연에 의해 우리에게 부여된 성향과 일치되게 사는 것'이라는 그의 윤리 사상은 그대로 키케로에게 인계되었다. 행복한 생활과 '자연과의 합일'의 분명한 동일시는 키케로의 『의무론』에서도 시인되고 있다.

인생의 '목적'이 '행복하게 되는 것', 다른 말로 '자연에 부합하고 일치되는 생활'을 하는 것이라면 행복은 과연 어디에 있는 것일까.

행복은 좋은 것이다. 따라서 행복은 '좋은 것' 속에 존재할 것이다. 그러면 좋은 것이란 무엇인가.

> ● 그들(스토아 학파)은 존재하는 어떤 것들은 좋고 어떤 것들은 나쁘고 어떤 것들은 좋지도 나쁘지도 않다고 말한다. ● 덕—지知, 의義, 용勇, 인忍과 나머지들—은 좋다. ● 이들과 정반대의 것들—어리석음, 불의와 나머지들은 나쁘다. 이익을 주지도 않고 해를 가하지 않는 모든 것들은 좋지도 나쁘지도 않다. 예컨대 삶, 건강, 쾌락, 미, 힘, 부, 명성, 고귀한 출생, 그리고 그것들의 정반대되는 것들인 죽음, 질병, 고통, 추醜, 약함, 빈곤, 무명無名, 미천한 출생 등과 같은 것들……[125]

좋은 것은 덕들이다. 고로 행복은 덕 속에 내재한다. 덕은 선하다. 그리고 최고선은 4추덕—지, 의, 용, 인—에서 나온다. 따라서 4추덕을 갖추면 행복하게 된다.

그러면 4추덕이란 무엇인가.

> ● 지는 행해져야 될 것과 행해서는 안 되는 것, 그리고 중립적인 행동들에 관한 지식, 또는 본성이 사회적인 창조물에 적용되는 선하고 악하고 중립적 사물들에 관한 지식이다. ● 인은 선택되어야 하는 것과 기피되어야 하

는 것과 중립적 상황들에 관한 지식이다. ● 의는 개인적인 응분의 보상을 배분하는 것에 관한 지식이다. ● 용은 두렵고 두렵지 않은 것 그리고 이 두 가지가 아닌 사물들에 관한 지식이다.

키케로는 4추덕을 다음과 같이 말하고 있다. 4추덕은 첫째, 지식scientia인데, 이에는 지혜sapientia와 예지prudentia가 포함된다. 둘째, 정의iustitia인데, 이와 짝이 되는 것이 바로 선행beneficentia이다. 셋째, 용기fortitudo인데, 만용과는 구별되어야 한다. 넷째, 인내temperantia인데, 이는 절제, 관용, 중용, 극기로 보아도 될 것이다. 지, 의, 용, 인, 이 네 덕의 우선순위를 매긴다면, 의, 지, 인, 용일 것이다. 국가가 위급할 때도 은거하여 진리를 탐구한다는 것은 사람의 도리가 아니며, 독재자도 용기를 발휘하는 것을 종종 볼 수 있기 때문이다.

4추덕을 좀더 자세히 살펴보기로 하자. 첫 번째 덕목인 지식은 주어진 사물에서 진실되고 순수한 것이 무엇이고, 공감이 가는 것은 무엇이며, 그것에서 생기는 결과는 무엇이고, 각 사물의 원인이 되는 것은 무엇인지, 즉 인과관계를 인식하는 능력을 말한다. 지식에는 지혜와 예지가 포함된다. 지혜는 신의 일과 인간사에 관한 지식으로 여기에는 신과 인간의 공동체적 유대관계와 사회 자체 내의 인간과 인간의 지식도 포함된다. 예지는 추구해야 할 사물과 회피해야 할 사물에 관한 실제 지식을 말한다. 진리를 알고자 하는 욕구는 인간의 본질인데, 무엇보다도 인간에게 고유한 것은 진리 탐구이다. 사람은 정신적 여유가 생기면 무엇인가 새로운 것을 듣고 배우기를 갈망하게 된다. 즉, 진리 탐구는 행복한 생활을 영위하기 위해 필수 불가결한 것이다. 그러므로 사물에 대해 가장 진실한 것이 무엇인지를 가장 많이 알고, 가장 예리하고 빠르게 그 이유를 밝혀 설명할 수 있는 사람은 보통 예지가 풍부하고 가장 지혜로운 사람으로 여겨지게 된다. 좋은 감각, 뛰어난 계산, 재빠른 기지, 신중, 기략이 지에 속한다.

두 번째 덕목은 정의다. 이것은 선행과 더불어 인간 사회를 유지케 하고, 또 생활공동체 같은 것을 유지케 하는 것이다. 그러므로 정의의 제1차 기능은 불의로 해를 입지 않는 한 남을 해치지 않고, 공공물은 공공을 위해 사용하며, 개인의 사유물은 그 개인 자신을 위해 사용케 하는 데 있다. 정의의 기초는 신의fides다. 신의는 말한 것과 계약한 것이 변치 않고 진실됨을 뜻하는 것으로, '말한 것은 잘 이루어졌다.'라는 데서 나왔다. 정의와 결부된 것이 선행인데, 이는 친절이나 관대함으로 불려도 무방하다. 경건, 정직, 형평, 공정한 취급이 의에 속한다.

세 번째 덕목은 용기로 위대하고 고매한 정신 그리고 사소한 인간사를 거들떠보지 않는 마음에서 나타난다. 위대하고 고매한 정신은 대개 둘로 나타나는데, 그 중 하나는 주위의 사물에 대한 무관심이나 경멸로 나타난다. 이것은 도덕적으로 선하고 명예로우며 인간 본성에 합치되지 않는 한 그 어떤 것도 찬양, 소망, 추구의 대상으로 삼지 않고, 그 어떤 정신의 불안정이나 운명에도 굴하지 않는다는 신념의 표시다. 다른 하나는 각자가 생명은 물론 특히 삶에 가치 있는 생활을 하는 데 필요한 모든 것들을 위해 진실로 유익하기는 하지만, 많은 고난과 위험이 따르는 일을 매우 열심히 하고 있는 데서 나타난다. 인내, 자기 신뢰, 고상한 마음, 열광, 근면이 용에 속한다.

마지막으로 네 번째 덕목은 인내다. 사실 정신의 본질은 이중적인 것이다. 하나는 사람을 충동시켜 이리저리로 잡아끄는 욕망에 좌우되고, 다른 하나는 무엇을 행해야 하며 피해야 하는가를 가르치고 설명하는 이성에 좌우된다. 그 결과 이성이 주도하고 욕망이 복종하게 된다. 결국

인내란 욕망이 이성에 복종하는 것이므로 관용, 절제, 온건, 극기, 중용 등 여러 의미로 사용해도 무방하다. 좋은 훈련, 품위, 온화, 극기가 인에 속한다.

만약 인생의 목적이 행복해지는 것에 있고 행복은 덕 속에 내재해 있는 것이라면, 우리는 물론 4추덕과 이에 종속된 모든 덕을 갖추도록 노력해야 한다.

스토아 학파의 윤리 사상에서는 이 4추덕의 하나나 여럿 중에서 나오는 최고선인 '도덕적으로 선한 것, 즉 명예', 도덕성을 가장 중요시하고 있다. 그래서 키케로는 '도덕적으로 선한 것, 즉 명예'의 상대 개념으로 '유익한 것(편의적인 것), 즉 공리'를 들고 한 걸음 더 나아가 공리 중에서도 최고의 것은 바로 '쾌락'이라 하고, 쾌락을 최고선으로 삼는 에피쿠로스 학파를 비난하였다.

실제로 로마는 이 스토아 학파의 윤리사상을 받아들여 청소년 시절부터 미풍양속을 익히고, 진리를 탐구하여 지식과 지혜를 쌓고, 불의와 부정을 용납하지 않음으로써 정의를 추구하고, 만용이 아닌 참된 용기를 고무하고, 인내함으로써 관용을 베풀고 절도 있는 생활을 하도록 적극 권장하는 건전 소박한 덕목을 갖추기에 여념이 없었다. 그 결과 로마가 강성했던 공화국 중기 시대는 추호의 불의와 부정도 허용되지 않던 건실한 사회였다.

그러면 실제로 덕의 생활이란 어떤 것일까. 키케로의 『의무론』이 이를 잘 보여주고 있다.

국가와 사회에 대한 의무는 무엇인가 스토아 학파는, 세계는 인간과 신들에 의해 공유된 하나의 도시며 국가로서 신의 의사에 따라 지배된다고 주장하였다.

그들은 또, 자식을 낳아 종족을 번식시키려는 본능은 자연이 동물에게 부여한 공통의 속성이어서 최초의 결합의 유대는 부부간에, 다음에는 부모자식 간에 나타난다. 그리하여 결국 모든 것이 하나인 가정이 이루어지는 것이다. 더욱이 가족은 도시 국가의 초석이며 마치 공화국의 배양소와 같은 것이다 하여 자연이 인간에게 부여한 속성이 종족 번식이므로, 가족이 국가의 초석으로 배양소와 같은 것이라 하였다. 그러므로 자연이 부모의 자식에 대한 사랑을 싹트게 한다는 것을 이해하는 것이 중요하다고 생각한다. 저것이 우리가 도달해야 할 인류의 보편 공동체의 출발점이다.

따라서 부모에 대한 효도는 자식의 당연한 의무로서, 이것은 시민의 일반적 정서로 받아들여지고 있다. 부모에게 폭력을 행사하는 것은 고유 기능에 반하는 것이지만, 이러한 행동은 무슨 일이 일어났는지와는 상관없이 도덕적·정서적으로 나쁜 성향의 조짐을 나타낼 것이다.

이와 같이 스토아 학파는 부모자식 간의 사랑을 중요시하였고, 부모에 대한 효도는 언제나 국가에 대한 충성 다음으로 언급하곤 하였다.

키케로도 만일 의무의 대부분이 무엇에 주어져야 하는가를 비교해 본다면 국가와 부모에게라고 하였다. 그는 국가에 불충하고 부모에게 불효하는 것을 신성시하는 신전에서 성물을 훔치는 것과 동일시하였다. 그러나 그는 무엇보다도 국가에 충성하는 것을 최우선하였다.

> 그러나 네가 제대로 된 이성과 정신에 입각하여 모든 것을 고려한다면, 전체 결합 중에서 우리 각자가 속해 있는 공화국의 결합보다 더 중요하며 소중한 것은 없다는 사실을 알게 될 것이다. 부모도 소중하고 자식, 친척, 친

구도 소중하지만, 국가가 모든 사람의 소중한 모든 것을 포함하고 있다. 그러므로 국가에 도움이 된다면 그 누구인들 조국을 위해 목숨을 기꺼이 바치지 않겠는가.

여기에 좋은 한 예가 있다. 키케로는 『의무론』에서 레굴루스 장군의 행위에 대한 찬반 토론을 전개하여 이를 잘 보여주고 있다.

제1차 포에니 전쟁시 카르타고에 포로가 된 레굴루스가 포로 교환 문제 때문에 다시 돌아오기로 맹세하고 로마에 보내졌을 때의 일이다. 그는 도착하자마자 우선 원로원에 가서 카르타고의 젊은 장수인 포로들을 돌려보내서는 안 된다는 의견을 표명하고, 친척과 친구들이 만류하는 것을 뿌리치고, 비록 적에게 한 약속이지만 그것을 어기느니 차라리 고문당해 죽는 편이 낫다고 하며 카르타고로 되돌아가는 길을 택했다.

이에 대해 키케로는 레굴루스가 불굴의 정신과 용기라는 덕의 속성을 지니고 있어 가능했다고 칭찬했다.

그러나 레굴루스의 행동이 잘못되었다는 많은 논의가 있었다.

첫째로,

> 그런데 우리가 맹세한다고 할 때에 그 의미는 무엇인가. 우리가 유피테르 신의 분노를 두려워해서 그러는가. 천만의 말씀이다. 신은 절대로 분노하지 않으며, 해를 가하지 않는다는 것이 보편적으로 받아들여지고 있는 모든 철학자들의 견해다. 이것은 신 자신이 모든 근심걱정에서 해방되어 있다는 것, 그리고 신은 다른 사람들에게 전연 고통을 가하지 않는다고 가르치는 저들 에피쿠로스 철학자뿐 아니라, 신은 항상 일하며 언제나 자기 세계를 구축하기를 원하며 절대로 화를 내거나 남에게 고통을 가하지 않는다고 믿는 저 스토아 철학자의 완전 일치된 교의다.

안드리에스 코르넬리스 렌스Andries Cornelis Lens의 카르타고로 돌아가는 레굴루스(1791). 러시아의 Hermitage Museum 소장.

더 나아가 유피테르 신이 분노했다고 상상해 보자. 그렇다 하더라도 레굴루스가 자신에게 가한 해보다 유피테르 신이 레굴루스에게 가할 수 있는 더 큰 해란 무엇이 있을 수 있겠는가. 그러므로 그렇게 큰 유익함을 뒤집어버릴 만한 종교적 제재력은 없었다.

사람들이 맹세를 하고 이를 지키는 것은 신에 대한 두려움 때문이 아니다. 신은 절대로 분노하거나 해를 가하지 않는다는 게 당시의 보편적 견해이므로, 레굴루스는 종교적인 면에서 보더라도 굳이 죽음의 길을 택하지 않아도 되었다. 설사 신이 분노하여 가해한다고 하더라도 죽음

이상의 벌은 내리지 않았을 것이기 때문이다.

둘째로,

> 혹시 그는 자기의 행동이 도덕적으로 추악한 행동이 될 것이라고 두려워해서 그랬는가. 이에 대해서는 무엇보다도 우선 속담이 말해 주듯이, '악 중 최소악을 택하라.'는 것을 답변으로 제시할 수 있다. 그가 로마에 남아 있음으로써 범했을 신의의 저버림은 그가 카르타고에 복귀했기 때문에 실제로 당했던 고문에 비하면 아무것도 아니었다. 둘째로 아키우스의 다음 내용을 기억해 보라. 티에스테스의 "당신은 형제의 신의를 깨지 않았단 말이오."하는 물음에 대한 아트레우스의 "나는 결코 그런 적이 없었다. 나는 신의 없는 자에게는 언제나 신의를 주지도 않았고, 지금도 주지 않는다."는 말을.

레굴루스는 도덕적 면에서 볼 때 우선, '악 중 최소악을 택하라.'라는 속담에 따라 최대악인 죽음보다 최소악인 신의의 저버림이 나왔다. 게다가 카르타고가 신의를 저버린 마당에 그가 적국에 대해 굳이 신의를 지킬 필요가 없었다.

셋째로,

> 어떤 것들이 유익하게 보이나 실제로는 유익하지 않다고 주장되는 것과 마찬가지로 어떤 것들은 도덕적으로 선하게 보이지만, 실제로는 그렇지가 않다고 주장된다. "예를 들어 바로 이 경우, 레굴루스가 자기가 한 맹세를 충실히 지키기 위해 고문받아 처형되기를 바라고 카르타고로 돌아간 것은 도덕적으로 선하고 명예롭게 보일 것이다. 그러나 그것은 도덕적으로 선하고 명예로운 것으로 입증되지 않으니, 그 까닭은 적이 폭력으로 고문하여 한 맹세는 구속력이 없다고 볼 수 있기 때문이다."

결론격인 논점으로서 매우 유익한 것은 무엇이든지 비록 전에는 그렇게 보이지 않았다 하더라도 도덕적으로 선하고 명예로운 것으로 증명될 수가 있다.

레굴루스가 카르타고로 돌아가 처형당한 것은 도덕적으로 선하고 명예롭게 보이겠지만 그것을 입증할 수 없다. 왜냐하면 적의 고문에 의한 맹세는 구속력이 없기 때문이다. 오히려 그가 로마에 머물러 있는 것이 도덕적으로 선하고 명예로운 것으로 증명될 수도 있다.

이에 대한 키케로의 명쾌한 반론을 들어 보자. 첫 번째 논의에 대해서는,

> 누구나 위반할 경우 두려워해야 할 그 대상이 아니라 그것의 책임 소재가 어디냐를 고려하는 것이 우리의 의무다. 사실 맹세란 종교적 신성성으로 감싸인 확인 행위다. 그래서 누구나의 증인으로서 내세운 신 앞에서 하는 것처럼, 주어진 엄숙한 약속은 신성하게 지켜져야 한다. 왜냐하면 이 문제는 이제 신들의 전연 존재하지 않는 분노와 관련되는 것이 아니라, 정의와 신의에 관계되기 때문이다.

라고 이 문제는 신과 관계가 있는 것이 아니라 정의와 신의에 관계되는 것이라고 답하면서, 계속해서 레굴루스는 자신의 도덕적 의무에 충실하기 위하여 자진해서 고문당했던 가장 뛰어난 로마 시민 중의 한 사람이라고 찬사를 보내고 있다.

두 번째 '악 중 최소악을 택하라.'는 논의에 대해서 키케로는,

> 사실 '악 중 최소악을 택하라'는 말은 누구나 "파멸을 당하기보다는 오히려 도덕적으로 악한 것을 택하려고 한다."는 의미다. 그런데 도덕적으로 악한 것보다 더 큰 악은 어떤 것이 있는가. 정말 신체상의 불구도 어떤 혐

오감을 불러일으키는데, 하물며 도덕적으로 타락한 정신의 저 저주스러움과 추악함은 어떻게 보이겠는가. 그러므로 이 문제들을 더 신경 써서 논하는 스토아 학파 사람들은 도덕적으로 추한 것만이 유일한 악이라고 감히 주장하는 반면, 그 문제들을 더 온건하게 취급하는 소요 학파 사람들은 그럼에도 불구하고 그것을 최고악이라고 서슴없이 말하고 있다.

최소악조차도 '유일의', '최고악'으로 규탄의 대상이 되고 있는 이상, 이를 택해서는 안 된다고 강조하고 있다. 또,

> 만일 사람들이 신의 없는 자에게 주어진 서약은 서약이 아니라는 원칙으로서 그것을 채택하는 것을 의미한다면, 그들로 하여금 그것이 그들이 찾고 있는 거짓 맹세의 단순한 구실이 될 수 없다는 점을 눈여겨보도록 하자.
>
> 더욱이 전쟁에 관한 법과 적에게 맹세한 신의는 반드시 지키도록 해야 한다. 왜냐하면 마음속으로 그것은 꼭 이루어져야 한다고 분명하게 이해하고 맹세한 서약은 지켜져야 하기 때문이다. 그러나 만일 이러한 이해가 없다면, 설혹 맹세한 것을 지키지 않는다 하더라도 그것은 거짓 맹세로 간주되지 않을 것이다. 그러나 우리의 법률 서식에 표기되어 있듯이, '네 양심에 따라서' 서약하고 나서 그것을 이행하지 않는 것이 바로 거짓 맹세인 것이다.

적국이 신의가 없기 때문에 일단 거짓 맹세를 하고 이를 지키지 않아도 된다고 하는 논법은 성립되지 않는다. 더욱이 적에게 거짓 맹세를 했을지라도 적과 맺은 전쟁 규약과 약조를 어겨서는 안 된다. 왜냐하면 그 전쟁은 합법적으로 선포된 적과 치르는 중이었기 때문이라고 키케로는 주장하고 있다.

세 번째, 적이 폭력으로 고문하여 한 맹세는 구속력이 있다고 볼 수 없

다는 논의에 대하여 키케로는 다음과 같은 말로 일축하고 있다.

> 강제로 행해진 서약은 구속력이 있어서는 안 된다고 하는 것은 마치 강제력이 용감한 사나이에게 통할 수 있다는 논법이 아니고 무엇인가.

키케로의 최종적인 결론을 들어 보자.

> "왜, 그런데, 그는 특히 내심으로 전쟁 포로들을 양도해서는 안 된다고 간청하려고 했을 때 원로원으로 갔을까?"
>
> 거기에서 너는 그의 행위의 가장 고귀한 부분을 비난하고 있는 것이다. 왜냐하면 그는 자기 자신의 판단에 입각하여 고집하려고 한 것이 아니라, 판단은 원로원이 하도록 하기 위해 그렇게 했기 때문이다. 만에 하나 그가 원로원에서 간청하지 않았더라면 포로들은 카르타고인들에게 양도되었을 것이고, 그럴 경우 레굴루스는 그의 조국, 자기 본가에서 편안하게 머물러 있었을 것이다. 그러나 그는 이것이 조국에 유익하지 않다고 생각했기 때문에, 그로서는 자신의 소신을 밝히고, 그에 대한 고통을 당하는 것이 도덕적으로 옳은 일이라고 믿어 의심치 않았던 것이다.

한마디로, 키케로는 누군가가 레굴루스 장군이 되돌아간 사실을 비난한다면, 이는 최고선을 택한 레굴루스의 가장 고귀한 행위를 비난하는 것이라고 간주했다.

사실 로마 공화국 시대에는 국가 이익을 위해 개인의 생명과 이익을 포기한 예는 허다하다. 기원전 321년의 콘술인 포스투미우스Spurius Postumius와 베투리우스Titus Veturius는 카우디움 전투에서 패하자 조약을 맺어 일단 부하를 구한 후에, 그 조약은 위법이니 책임자를 적에게 넘겨주어야 한다고 발의하여 스스로 죽음의 길을 택했는가 하면, 소 스키피오와 뭄미우스는 각기 카르타고와 코린토스를 멸망시켰음에도 전리품으로는 단 한 푼도 자기 재산을 늘리지 않았다. 이는 '공리'가 아닌 분명 4추덕에서 나온 '명예'를 최우선시했기 때문이었다. 이것이 그 시대의 정신적 소산이었다.

사회는 인간 모두에게 서로 최대로 이용할 수 있도록 활짝 열려 있다. 이 점에서 인간이 공동으로 이용할 수 있게 자연이 산출한 모든 것에 대한 공동의 권리는 수호되어야 한다. 즉, 법과 시민권에 의해 할당된 권리는 법 자체의 규정대로 지켜져야 함은 물론, 나머지 권리도 헬라스의 격언 '친구들 간의 모든 것은 공동 소유다.'처럼 보호되어야 한다.

> 길 잃고 방황하는 자에게
> 친절하게 길을 가르쳐주는 사람은
> 마치 자신의 등불로 다른 사람의 등에
> 불을 붙여 주는 것과 같도다.
> 그런데 남에게 불을 붙여 주었다고 해서
> 자신의 불빛이 덜 빛나는 것이 아니니라.

엔니우스에 의해 제시된 이 예는 나에게 손해가 없다면 비록 낯선 사람일지라도 무엇이든 주라고 하는 원칙을 담고 있다. 키케로도 여기서 "흐르는 하천의 물을 이용코자 하는 사람을 훼방하지 말라, 불을 붙이고자 하는 사람이 있거든 불을 붙여 주어라, 고민하는 자가 원하거든 상담에 성실하게 응해 주라."는 원칙들을 끌어내고 있다. 사실 이런 것들은 받는 자에게는 이익이요, 주는 자에게도 손해는 아니다. 그러므로 이런 원칙은 이용되어야 하며, 항상 무엇인가 공공의 이익이 되도록 노력해야 한다. 이것이 곧 정의의 실천이다.

인간 사회와 공동체는 그 구성원 각자가 가장 친밀하게 결합되어 서로 최대한 호의를 베풀 때 가장 잘 유지된다. 그러나 인간 사회는 돈으로 남을 도울 경우도 허다하게 생긴다. 이에 대해서는 재산 관리의 절에서 논의될 것이다.

어떻게 말하고 행동할 것인가 인간의 생활 태도는 예의범절에서 나타나고, 예의는 모든 말과 행동, 심지어 신체의 움직임과 정지 상태에서도 식별된다. 그래서 키케로는 예의범절을 지킬 것을 충고하고 있다.

> 눈과 귀에 거슬리는 것은 모두 보지도 듣지도 말아야 할 것이다. 서고 걷고 앉고 기대고 하는 데서 태도, 표정, 시선, 손의 움직임 등 그야말로 일거수일투족까지 소위 저 예의범절을 지키도록 해야 된다.

그러면서 키케로는 예의범절에도 중용을 지키는 것이 중요하다고 하고 있다.

> 여자처럼 부드럽고 연약하게 보여서도 안 되고, 그렇다고 너무 거칠거나 천박하게 굴어서도 안 된다.

> 또한 너무 해이해져서 개선 행렬의 수레가 굴러가듯 지체하는 것처럼 보여서도 안 되지만, 시간이 촉박하다고 해서 너무 서두르지 않도록 주의도 해야 한다. 너무 서두르다 보면 숨은 가빠지고 안색이 변하며 입이 벌어지는데, 이것은 평정을 잃었다는 좋은 증거이다.

그러면 사람들은 대화를 나눌 때 어떻게 해야 할까. 대화는 서클, 비공식적 토의, 친구들과의 회합에서 이루어지고, 저녁 만찬에서도 행해지므로 부드럽고 딱딱하지 않게 해야 한다. 키케로는 이를 구체적으로 다음과 같이 이야기하고 있다.

> 대화를 하는 사람들은 누구나 그 문제는 자기만이 다 아는 양 혼자 떠벌려 다른 사람들의 입을 꽉 다물게 해서는 안 되며, 다른 경우와 마찬가지로 일단 대화를 나눌 때는 각기 자기 차례가 오면 대화를 하는 것이 공평하다고 생각해야 한다. 그리고 대화의 주제가 무엇인지 가장 먼저 파악해야 한다. 중요한 대화라면 진지하게 말해야 될 것이고, 또 유머라면 위트가 있어야 한다. 특히 대화를 나눌 때 어떤 성격상의 결점이 노출되지 않도록 각별히 조심해야 한다. 그 대화 장소에 없는 사람들의 명예를 깎아내리기 위해 악의에 찬 농담이나 악담, 비방과 중상모략을 해서는 안 된다.

계속해서 그는 대화가 본래의 취지에서 벗어나지 않도록 주의를 주고 있다.

> 대화는 대개 가정의 일이나 정치, 기술의 전수와 학술상의 이론에 관한 것들이므로, 이야기 도중에 엉뚱한 데로 화제가 빗나가지 않도록 하고, 만약 빗나갔을 때는 본래의 화제로 되돌리도록 노력해야 한다. 왜냐하면 공동 관심사에서 빗나간 화제에 대해서는 모두 같은 시간, 같은 장소에서 비슷하게 즐길 수 없기 때문이다. 또 우리는 대화를 시작도 좋게 해야겠지만 끝마무리도 잘해야 할 것이다.

그러나 마음의 동요가 있을 때는 대화는 피해야 한다. 즉 "대화할 때는 분노나 어떤 탐욕이 나타나지 않도록 하고 무례나 나태한 태도도 보여서는 안 된다. 대화할 때 가장 주의해야 할 것은 대화를 나누는 사람들을 존경하고, 아끼는 태도를 보여야 한다."는 것이다.

우리가 대화를 하다 보면 때로는 책망할 필요도 생긴다.

책망할 때는 목소리를 높여 더 따끔한 말을 해야 하며, 평상시보다 더 화난 것처럼 보이게 해야 한다. 그러나 책망은 가끔, 마지못할 때 해야 하며, 다른 치유책이 없거나 불가피한 경우가 아니라면 절대로 책망을 해서는 안 된다. 또 격분하는 것은 삼가도록 하자. 그 이유는 분을 못 이기게 되면 어떤 것도 올바르고 신중하게 행할 수 없기 때문이다.

책망은 대체로 진지하고 엄격하게 하되 애정 어린 책망을 해야지, 모욕적인 언사를 퍼붓는 식이어서는 안 된다. 심한 책망을 하는 것 자체도 책망받는 자를 위해 하는 것이라는 점을 염두에 두고 해야 한다.

이때에는 가장 적대적인 사람들과 논쟁을 벌일 경우에라도 위엄을 잃지 않고 격분하지 않은 채 대화를 이끌어 나가야 한다. 또 자기 자신을 칭찬하며, 특히 거짓말을 하여 상대방의 비웃음을 사거나 자만에 빠진 전사를 흉내 내는 것 같은 대화의 태도도 옳지 않다.

사람들의 예의가 특히 잘 나타나는 것은 행동이다. 행동에는 세 범주가 있는데 옳은 행동, 잘못된 행동, 옳지도 잘못되지도 않은 행동으로 구분할 수가 있다. 옳은 행동이란 신중하게, 온건하게, 공정하게, 기쁘게, 친절하게, 기분 좋게 그리고 올바른 이성에 따라 행하는 것이고, 잘못된 행동은 어리석게, 온건치 않게, 부정하게 행동하는 것 그리고 슬퍼하고, 두려워하고, 훔치는 등 올바른 이성에 거슬러 하는 모든 것이다. 말하고, 묻고, 질문에 답하고, 걸어 다니고, 마을을 떠나는 등의 행동은 옳지도 나쁘지도 않은 행동이다.

그러면 옳은 행동을 하려면 어떻게 해야 하는가. 키케로는 다음과 같이 세 행동 수칙을 제시하고 있다.

첫째, 욕망을 이성에 복종시키도록 해야 한다. 그 이유는 의무를 수행함에 있어 이보다 더 적합한 것은 없기 때문이다. 둘째, 우리가 수행하고자 하는 것이 어떤지를 정확히 살펴 필요 이상도 필요 이하도 아닌 그야말로 그것에 알맞는 배려와 노력을 해야 한다. 셋째, 자유인다운 외관과 위엄을 갖추도록 중용을 지켜야 한다. 최선의 방법은 자연 상태와 부합하도록 하는 것이며, 이를 넘어서서는 안 된다. 그러나 이 세 원칙 중에서 가장 중요한 것은 욕망을 이성에 복종케 하는 것이다.

정신 활동에는 두 면이 있는데, 하나는 사유고 다른 하나는 욕망이다. 사유는 주로 진리탐구와 밀접한 관계를 맺고 있고 욕망은 행동을 유발시킨다. 그러므로 우리는 가급적이면 최고 최상의 주제에 대해 사유하도록 하고, 욕망은 이성에 복종하도록 해야 한다. 만일 욕망이 너무 강해 이성의 힘으로 충분히 통제되지 않는 그런 사람은 틀림없이 한계와 정도를 넘어선 것이다. 이에 욕망이 이성을 앞지르거나 나태함이나 게으름 때문에 이성을 등한시해서는 안 된다. 마음이 평온해 모든 정신의 혼란에서 벗어나면 비로소 확고함과 온건함은 광채를 띨 것이다.

키케로는 "자연은 본래 우리한테 농담이나 게임을 하라고 이 세상에 내보낸 것이 아니라, 오히려 더 엄격한 생활을 하고, 좀더 중요하고 큰 어떤 일에 열중하라고 생명을 부여한 것으로 보인다."고 하고 있다. 물론 농담이나 게임은 즐겨야겠지만, 그것은 어디까지나 중대하고 보람 있는 일을 충분히 하고 난 다음, 수면이나 그 밖의 다른 휴식을 취하는 것과 같이 해야 한다. 농담을 할 때는 음담패설이나 부적절한 것은 피하고, 고상하고 재치 있는 것들을 택해서 하도록 해야 하며, 게임을 하는 데도 너무 쾌락에 도취하여 추악한 불명예로 빠지지 않도록 일정한 한계를 그어야 한다. 키케로는 이 점에서 로마인들이 군신의 광장이란 뜻의 캄푸스 마르티우스Campus Martius에서 한 게임과 사냥 놀이는 게임을 하는 데 있어서 도덕적으로 건전한 실례들이라고 하였다.

특히, 사람들은 모든 생활의 균형과 조화를 이루기 위해서는 때와 장소에 알맞은 생활을 하도록 노력해야 한다.

예를 들어 누군가가 여행 중이거나 산책 중일 때, 법정에서 행할 소송 사건에 대해서 자신도 모르게 깊은 생각에 잠기거나 어떤 다른 문제에 대해 더 깊이 생각한다면 비난받지 않겠지만, 이 같은 행동을 연회석상에서 한다면 때를 가릴 줄 모르는 수준 이하의 인간으로 취급당할 것이다.

포룸의 길거리에서 미친 듯이 노래를 부른다거나, 어떤 해괴망측한 행위를 하는 따위의 사람답지 않은 행동들은 쉽게 눈에 띄기 때문에, 새삼 훈계와 교훈을 필요로 하지 않는다. 그러나 사소하게 보이는 것들이 실상 많은 사람들의 눈에 띄지는 않지만, 우리는 이런 사소한 잘못에서 벗어나도록 더 주의를 해야 할 것이다. 하프를 타거나 피리를 불 때 아무리 조금 틀렸다 하더라도 전문가에 의해 감지되는 것처럼, 정도에서 벗어난 사소한 잘못은 어떤 경우에는 사실과 다르게, 아니 어떤 때는 침소봉대된 채로 눈에 띈다. 따라서 우리는 인생에서 사소한 잘못이 남의 눈에 띄지 않도록 더욱 더 힘써야 할 것이다. 왜냐하면 음의 하모니보다는 행동의 하모니가 더 중요하고 훨씬 좋은 것이기 때문이다.

이처럼 때와 장소를 가릴 줄 아는 힘은 매우 큰 것이므로 우리는 욕망을 억제하고 진정하지 않으면 안 되고, 어떤 일이나 단순한 충동에 의해 깊은 생각도 없이 무모하게 행동하지 않도록 자각하고 항상 주의해야 한다. 가축과 짐승은 충동에 따른 감각적인 쾌락 이외에는 아무 것도 느끼지 못하지만, 인간은 항상 무엇인가 그 어떤 것을 탐구하고 행하며 보고 듣는 즐거움에 매혹되어 넋을 잃곤 한다. 심지어 쾌락에 빠져 있다 하더라도 약간의 양심이 남아 있으면 사람은 수치심 때문에 쾌락의 욕망은 감추고 위장하려 든다. 그러므로 쾌락을 즐기더라도 한도를 지키도록 주의해야 한다.

재산을 어떻게 관리할 것인가 인간에게 중요한 것을 들라면 첫째가 생명이요, 둘째가 재산이다. 재산이 아무리 많아도 목숨을 잃거나 인신이 자유롭지 못하면 쓸모없기 때문이다. 그래서 서양에서는 고대 사회에서 현대 사회에 이르기까지 인신과 재산을 위한 투쟁이 끊임없이 전개되었다.

인간의 기본 생활의 안정을 누리기 위해, 또 어느 정도의 안락을 추구하기 위해 재부는 필요한 것이다. 그뿐인가. 가까운 사람들이 재난을 당하거나 어려운 처지에 빠졌을 때 그들을 도와주려면 재산이 있어야 한다. 그러나 재산을 획득, 증식, 이용하는 데는 몇 가지 주의를 기울여야 한다. 키케로는 다음과 같은 세 규칙을 지켜 살아가야 한다고 강조한다.

> 첫째, 정말 그럴 필요가 있다면 우선 재산을 획득하되 추하고 가증스런 방법을 통해서가 아니라 착실한 방법을 통해서 하라.
>
> 둘째, 그 재산을 지혜와 근면, 절약으로 증식시켜라.
>
> 셋째, 그럴만한 가치가 있다면 가급적 많은 사람들이 재산을 이용하도록 하며, 말초적인 관능의 욕구와 사치를 충족시키려 하지 말고 오히려 호의와 선행을 베푸는 데 쓰도록 하라.

재산을 획득할 때 착실한 방법으로 증식시키는 데에는 근면과 절약으로, 재산을 이용할 때는 호의와 선행을 베푸는 데 쓰도록 하라는 것이다.

그러면 먼저 재산 획득에 대해 살펴보기로 한다. 키케로는 이에 대해 『의무론』에서 두 사례를 들어 설명하고 있는데, 하나는 곡물 상인의 상도의에 관한 것이고, 다른 하나는 복덕방에 집을 팔려고 내놓은 집주인의 태도에 관한 것이다.

어떤 한 사람이 곡물 부족으로 곡가가 폭등하여 기아선상에서 허덕이고 있는 로도스 섬에 알렉산드리아로부터 많은 곡물을 배에다 가득 싣고 왔다고 가정해 보자. 바로 이 착한 사람은 다수의 곡물 상인이 배에다 곡물을 가득 싣고 알렉산드리아를 출항하여 로도스 섬으로 향해 오고 있다는 사실을 알았다고 하자.

이 착한 사람은 그 사실을 로도스인들에게 그대로 말해 주어야 하느냐, 아니면 시치미를 떼고 침묵한 채로 자신의 곡물을 가능한 한 비싼 값으로 많이 팔아야만 하는가. 우리는 지금 현명하고 착한 사람을 모델로 삼아 이야기하고 있기 때문에 그 답은 분명하다. 그러나 우리는 다음과 같은 문제를 제기하여 살펴보고자 한다. 만약 그 사실을 숨기는 것이 도덕적으로 옳지 못하다는 판단을 내린다면 그 사실을 로도스인들에게는 숨기지 않겠지만, 도덕적으로 나쁘지 않다고 판단되면 그 사실을 말할까 비밀로 해둘까 망설이다가 결국 입을 열지 않는 그런 사람의 생각과 사고방식에 대해서 말이다.

한 선한 사람이 자신은 알고 있지만 다른 사람은 모르는 어떤 결점 때문에, 자기 집을 팔려고 내놓았다고 가정해 보자. 구체적으로 그 집은 건강에 좋지 않은 살기 나쁜 집인데도 건강에 좋은 집으로 생각되고, 모든 침실에서 뱀들이 기어 다니는 것이 보이며, 나쁜 재목으로 축조되어 붕괴 위험이 있으나, 이러한 사실을 집 주인 이외에는 아무도 모른다고 가정해 보자. 그런데 만약 판매자가 구입자에게 이 사실들을 말해 주지도 않고, 자신이 적정가격이라고 생각한 것보다도 더 많은 돈을 받고 팔았다고 한다면, 나는 묻노니 그는 부정직하거나 도덕적으로 옳지 않게 행동하였는가?

위의 두 경우에서 위대한 현인인 스토아 철학자 바빌로니아의 디오게네스와 그의 제자로서 매우 예리한 판단력의 소유자인 타르수스의 안티파테르는 견해가 서로 달랐다. 안티파테르에 따르면 구매자에게는 판매자가 알고 있는 세세한 점에 대해서 모르는 것이 없도록 상품에 대한 모든 사실을 다 밝혀야 한다는 것이다. 반면 디오게네스에 따르면, 판매자는 시민법에 규정되어 있는 한에서만 상품의 하자를 말해야 하는 것이다. 상품을 파는 사람이므로 속임수를 쓰지 않는 한 가급적이면 최대 이윤을 남기면서 팔려고 애써도 된다는 것이다. 좀더 이해를 돕기 위해 그들의 쟁점을 아래에 전재해 보기로 하겠다.

첫 번째 경우,

> 디오게네스 "내가 그 상인이라면 이렇게 말하겠다. 나는 나의 물건을 가지고 와서 진열해 놓고, 다른 경쟁자들보다 더 비싸게 팔지는 않고 있는데, 시장에 물건이 많이 나올 때면 아마 더 싸게 팔기도 할 것이다. 이런 나에게 잘못이 있단 말인가."
>
> 안티파테르 "무슨 말씀을 하시는 겁니까. 선생님께서는 사람들을 돌보셔야 하고, 인간 사회에 기여해야 할 의무가 있습니다. 선생님께서는 자연의 법칙에 따라 이 세상에 태어나셨고, 선생님께서 지키고 따라야 할 자연의 원리를 지니고 계십니다. 그러므로 선생님의 유익함은 공동체의 유익함이요, 거꾸로 공동체의 유익함은 선생님의 유익함일진대, 선생님께서는 공동체의 구성원에게 이익이 되는 곡물이 풍족하다는 그 사실을 사람들에게 알리지 않겠다는 말씀이십니까."
>
> 디오게네스 "숨기는 것과 침묵을 지키는 것은 별개의 문제다. 나는 지금 자네에게 저렴한 밀 가격보다 더 고귀한 가치가 있다고 생각되는 최고선인 신의 본질에 대해 말하지 않았다고 해서 그것을 숨기는 것은 아닐세. 내가 자네에게 말을 해주는 것은 무엇이든지 유익하다고 해서 그 모든 것을 자네에게 꼭 말해야 할 의무는 없는 걸세."
>
> 안티파테르 "물론 그렇습니다. 그러나 사람 사이에는 자연에 의해 맺어진

사회적 유대감이 있다는 사실을 선생님께서 정말 기억하신다면 말할 필요가 있다고 인정하실 것입니다."

디오게네스 "나는 그 점들을 잊지 않고 있네. 하지만 자네가 의미하고 있는 사회란 각자에게 자기 개인의 사유 재산이란 전연 없는 그런 사회란 말인가. 만약 그것이 그런 사회라고 한다면, 아무 것도 정녕 판매해서는 안 되고 단지 공짜로 주어져야 될 걸세."

두 번째 경우에 대하여,

안티파테르 "물론, 그렇습니다. 구매자로 하여금 잘못 판단케 하여 큰 사기에 빠지도록 함으로써 그를 파멸시키는 것은 아테나이에선 공개적으로 저주를 받는, 즉 길 잃은 자에게 길을 가르쳐 주지 않는 것과 무엇이 다르단 말입니까. 그것은 심지어 길을 가르쳐 주지 않는 것보다 더 나쁩니다. 왜냐하면 그것은 사실을 알고 있으면서도 잘못을 저지르게 상대방을 유도하여 손실을 끼치기 때문입니다."

디오게네스 "판매자는 집을 사라고 한마디 말조차 하지 않았는데도, 자네는 그가 자네에게 집을 사라고 강요했다고 할 수 있겠는가. 그는 자기가 좋아하지 않는 집을 팔기 위해 내놓았던 것이고, 자네는 자네가 좋아하는 집을 샀던 것이네. 사람들은 심지어 잘 건축되지도, 훌륭하지도 않은 집을 팔 때에도 훌륭하고 잘 지어진 빌라라고 써붙이는데, 이런 것이 남을 속이는 범죄로 인정되지 않는다면 집에 대해 조금도 자랑하지 않는 사람들은 더더군다나 죄를 범했다고 할 수 없을 것이다. 참으로 구입자의 정확한 판단이 서는 곳, 바로 거기에서 판매자의 속임수가 통할 수 있을까. 한편, 매매 전에 이야기된 하자에 대해서도 모두 보상받지 못하는 판에 하물며 이야기조차 되지 못한 하자에 대해서도 보상받을 수 있다고 자네는 생각하는가. 물건을 팔려고 내놓은 사람이 그 물건이 지닌 결점을 모조리 밝히는 행위보다 더 어리석은 행위가 참말 이 세상 어디에 있겠는가. 집주인의 명령에 의해 경매인이 '나는 지금 건강에 좋지 않고 살기 나쁜 집을 팔고 있소'라고 소리친다면, 그것보다 더 어리석은 행동이 또 어디 있겠는가."

이 논쟁에서 두 사람 중 어느 누구도 '비록 이것이 도덕적으로 옳지는 않지만 나에게는 이익이 되기 때문에 나는 이를 행하려 한다.'고 하지는 않는다. 그러나 한쪽에서는 너무 이익이 되기 때문에 그것이 도덕적으로 나쁜 것은 아니라고 강조하는가 하면, 그 반대로 다른 쪽에서는 도덕적으로 옳지 않은 것을 행해서는 안 된다고 주장하고 있다.

그런데 이와 같이 망설여지는 경우들에서, 한편에서는 도덕적 선이 옹호되는가 하면, 다른 한편에서는 유익함이 지나치게 강조되어 유익하게 보이는 것을 행하는 것이 도덕적으로 선할 뿐만 아니라, 심지어 그것을 행하지 않는 것이 도덕적으로 옳지 못하다고까지 이야기되고 있다.

그러면 이들 주장의 차이점에 대해서 키케로는 어떻게 생각하고 있는가.

따라서 저 곡물 상인은 로도스인들에게, 이 가옥 판매자는 구입자에게, 곡물 선박의 도래와 가옥의 하자와 같은 사실을 숨겨서는 안 된다고 나는 생각한다. 참으로 네가 침묵을 지키는 것이 무엇이든 다 네가 숨기는 것은 아니나, 네가 알고 있는 것이 남에게 알려지는 경우, 그들에게 이득이 됨에도 불구하고 네 자신의 이익을 위해 그들에게 그것을 알리지 않을 때, 그것은 네가 침묵하는 것이 아니라 숨기는 것이다. 이것이야말로 일종의 숨기는 행위며, 이런 행위를 한 자는 침묵한 것이 아니라 숨겼다는 사실을 그 누가 알아채지 못하겠는가. 확실히 이런 행위를 한 자는 결코 정직하지도 순박하지도 않고, 명예롭지도 정의롭지도 선하지도 않은 사람이다. 오히려 교활하고 속이 컴컴하며, 간교하고, 남을 잘 속이며, 사악하고 난폭하며, 사기와 음흉의 세계에서 자란 사람이라 할 것이다. 이 모든 그리고 다른 많은 나쁜 비난의 수식어가 붙은 명칭을 듣는 행위를 하는 것이 과연 유익한 것이라고 할 수 있겠는가.

키케로는 저 곡물 상인은 로도스인들에게, 이 가옥 판매자는 구입자에게, 곡물 선박의 도래와 가옥의 하자와 같은 사실을 숨겨서는 안 된다고 생각하였다. 이런 경우 침묵은 숨기는 행위고, 그런 행위를 한 자는 정의롭지도, 정직하지도, 선하지도 않은 사람이라는 것이다.

다음으로, '그 재산을 지혜와 근면, 절약으로 증식시켜라'는 것에 대해 살펴보기로 하자.

> 그런데 가산은 도덕적으로 악하고 타락이 없는 상황에서 추구되어야 하나, 한편 근면과 검약에 의해 보존되고, 증식되어야 한다.

> 훌륭한 가구와 우아하고 풍요로운 문화 생활 또한 즐거운 것이나 이런 생활을 하려다 보면 금전욕이 끝없이 생겨난다. 사실 아무에게도 손해를 끼치지 않고 가산을 늘리는 것을 비난할 생각은 없으나……

특히 키케로는 술라와 카이사르가 로마 시민의 재산을 '저 피 묻은 창'으로 강탈하여 재산을 증식시켰다고 맹렬한 비난을 퍼붓고 있다. 로마인들은 전쟁에서 취한 전리품을 판매할 때 경매 표시로 창을 세워 두는 관습이 있었다.

> 그(술라)는 선한 시민들, 부자 그리고 로마 시민의 재산을 빼앗은 후 광장에 창을 꽂아 놓은 채 몰수한 재산을 경매에 붙여 팔면서도 뻔뻔스럽게 "나는 나의 전리품을 팔고 있는 것이요." 했다. 그의 뒤를 이어 등장한 카이사르는 불경스런 명분을 내세우면서 승리를 더욱더 치사하게 악용하였다. 즉 그는 각 시민의 재산을 몰수하는 데 그치지 않고, 그의 권력을 이용하여 모든 속주와 지역을 송두리째 파멸로 몰아넣었던 것이다.

그러므로 술라와 카이사르처럼 정당한 주인에게서 돈을 가로채 재산을 늘리는 것은 정의롭지 못하다.

마지막으로 재산의 이용에 관해 살펴보도록 하자. 재난을 당한 자들을 도와주어야 할 경우가 있는가 하면, 그 자신이 어떤 역경에 처하지는 않았더라도 좀더 나은 것을 추구하고자 하는 때도 도와주어야 할 경우가 있다. 그러나 남을 도와줄 때 가산을 탕진해서도 안 되며, 인색하다는 인상을 주어서도 안 되는 것이니 중용의 법칙을 따르는 것이 최상이라고 키케로는 강조하고 있다. 그러나 천재지변과 같은 불가항력의 재난을 당한 사람들에게는 선심을 더 베풀어야 한다. 또 절망에서 벗어나는 것이 아니라 더 높은 단계로 상승하거나 더 잘 되기 위해 도움을 요청해 오는 자들에 대해서도 결코 인색해선 안 된다. 그렇지만 도와줄 적합한 대상을 선정하는 데는 정확한 판단과 신중을 기해야 한다.

사실 인간 본성에서 선행을 행하고 호의를 베푸는 것보다 더 적합한 것은 없다. 그러나 여기에는 주의할 점이 있다. 첫째, 친절하다고 여겨지게 하려는 베풂이 대상자들과 그 밖의 다른 사람에게 피해를 주지 않도록 해야 한다. 이 경우 명심할 점은 순수한 마음에서가 아니라 남을 돕는다는 사실을 과시하기 위해 은혜를 베풀어 오히려 상대방에게 손해를 입혔을 때에 은혜를 베푼 자는 친절하거나 관대한 자가 아니라 위험한 아첨꾼으로 판단해야 한다. 그래서 키케로는 명성과 공직으로 명예를 탐하는 자들이 수단 방법을 가리지 않고 친구들을 부유케 해놓고 자신이 은혜를 베푼 것으로 종종 착각하고 있다고 경고한다. 베풂 자체가 정의로운 것이 아니면 관대함이 아니기 때문이다.

그러나 그것은 의무와는 너무나 동떨어져 있는 것이므로 이보다 더 의무와 상반되는 것은 없다. 따라서 친구들 간에 이익이 되면서 아무에게도 해가 되지 않는 바로 그러한 관대함을 베푸도록 해야 한다. 그러므로 루키우스 술라와 가이우스 카이사르가 정당한 주인에게서 돈을 빼앗아 남들에게 준 것을 관대하게 여겨서는 안 된다. 왜냐하면 그 자체가 정의로운 것이 아니면 절대로 관대한 것이 아니기 때문이다.

둘째, 친절이 베푸는 자의 재산 능력의 한계를 넘어서는 안 된다. 이때 주의할 점은 재산 능력보다 더 크게 친절을 베풀지 말라는 것이다. 왜냐하면 사정이 허락하는 이상으로 관대하기를 원하는 사람들은 우선 가족과 가까운 친척들에게 해를 끼친다는 점에서 잘못을 저지르고 있기 때문이다.

즉, 그런 자들은 가족과 가까운 친척들에게 더 공평하게 나누어 줄 수도 있고, 또 상속분으로 남겨질 수 있는 재산을 아무런 인척관계도 없는 타인들에게 넘겨주고 있는 셈이다. 더욱이 그러한 관대함 속에는 나누어 주기 위한 충분한 재산을 확보하기 위해 불의를 통해 더 큰 것을 강탈하고 탈취하려는 탐욕이 도사리고 있는 것이다. 심지어 본심이 착해서 관대함을 베푸는 것이 아니라, 어떤 명예욕에 이끌려 순전히 과시하기 위해 친절을 베풀고 선심을 쓰는 사람도 많다. 그들은 자발적이라기보다는 허세를 부리기 위해 선심을 쓴다고 볼 수 있다. 참으로, 이러한 가식은 관대함이나 도덕적으로 선하고 명예로운 것보다는, 위선과 허세에 더 가깝다.

따라서 가산을 한 푼도 쓰지 않을 정도로 호의를 베풀지 않아도 안 되지만, 호의가 지나쳐 모든 사람들에게 가산을 완전 개방해서도 안 된다. 한계가 있어야 되는데 그것은 능력에 따라 결정해야 한다. '베풂에는 한계가 없다.'는 격언을 꼭 기억해야 한다. 누군가가 베풀기를 원하고 누군가는 받기를 원할 때에 한계란 있을 수 없기 때문이다.

셋째, 친절은 각자 받을 만한 가치에 따라 베풀어지도록 해야 한다. 왜냐하면 그것은 정의의 기초로서 이것에 근거해 모든 친절이 베풀어지기 때문이다. 이에 대하여 고려해야 할 점은 친절을 베푸는 데는 그 대상의 가치에 대한 선별이 있어야 하는 것이다. 대상의 가치에 대한 선별이란 베풂을 받을 자의 정신 상태와 그가 앞서 행한 의무가 타인의 이익을 위해 한 것인가를 고려해 보는 것을 말한다.

> 우리가 친절을 베풀 때에는 친절을 베풂으로써 초래하게 될 도덕적 성격이나 친절을 받을 사람의 우리에 대한 마음가짐 그리고 공동체나 사회생활에 대해 취하는 그의 태도 등을 고찰하고 난 후, 그의 정신 상태와 우리의 이익을 위해 그가 전에 행한 적이 있는 의무들을 먼저 비교해 보아야 할 것이다. 그 대상자에 대해 이 모든 고려를 동시에 해봄이 바람직하다. 그렇지 않으면 다른 많은 이유가 더 큰 비중을 차지하게 될 것이다.

결국 키케로는 재산은 중요한 것이지만, 이를 얻어 증식하고 이용하는 데에는 공리보다는 명예를 따라야 한다고 언급하고 있다. 특히 재산 이용에서는 베풂이 주가 되는데, 여기서도 덕의 속성에 따라야 함은 물론이다.

『의무론』에 나오는 고사들의 가르침들

기원전 217년 한니발과의 전투에서 비겁자라는 온갖 비방에도 개의치 않고 소신껏 유명한 지연작전을 써서 한니발의 전의를 꺾은 파비우스 장군의 행위는, 진정한 용기가 무엇인지를 알려준다. 엔니우스는 다음과 같이 읊고 있다.

> 한 사람, 오직 그만이 지연작전을 써서,

우리 공화국을 부활시켰노라.
그는 자신의 명성은 아랑곳하지 않고,
오직 조국의 안전만을 중히 여겼노라.
지금 그의 명성은 찬란하게 빛나고 있건만,
세월이 흐르면 흐를수록,
그의 명예는 더욱더 고귀하게 되리니.

또 피루스 왕의 포로송환에 관한 말은 무엇이 정의의 구현인지 잘 말해 주고 있다.

짐은 황금을 요구할 생각이 없으니,
파브리키우스, 귀관은 몸값을 지불하지 않아도 될 것이오.
우리는 피차 전쟁을 사고 파는 자가 아니라 전쟁을 하는 자이므로,
황금이 아닌 검에 의해 우리 두 사람이 사생결단을 냄이 어떠하오.
행운의 여신이 귀관을 원하는가, 아니면 짐에게 군림하시고자 하는지 사나이의 용기로 시험해보도록 합시다.
동시에 이 말을 수락하기 바라오.
전쟁을 주관하시는 행운의 여신이 귀관의 용기에 찬사를 보낸다면, 확언컨대 포로들에게 자유를 주겠소.
위대하신 신의 축복에 따라 귀관에게 선물로 줄 것이니, 포로들을 로마로 데리고 가도록 하시오.

시키온의 아라투스의 사례는 특히 현대의 정치가들이 음미할만하다.

시키온의 아라투스는 과연 칭찬받아 마땅하다. 그의 나라가 50년 간이나 참주들에 의해 장악되어 지배받게 되자, 아르고스를 출발하여 시키온에 오자 비밀리에 도시입구를 점령하였다. 동시에 참주인 니코클레스를 불의에 기습하여 제거하고, 그의 나라에서 가장 부유했던 600명의 추방자들

을 복권시켜 불러들였다. 그가 도착함으로써 국가는 자유를 회복했던 것이다. 그러나 재산과 소유권문제를 처리함에 있어 큰 어려움이 따른다는 사실을 주목하게 되었다. 즉, 한편으로는 그가 복권시켜 불러들인 자들이, 그들의 재산을 남들이 소유하고 있기 때문에 빈곤 속에서 허덕이며 사는 것은 매우 불공평하다고 생각되었고 다른 편으로는 그렇게도 긴 기간 동안 많은 재산이 상속, 구입, 결혼지참금에 의해 정당하게 보유되었기 때문에 50년 간의 소유권이 흔들리는 것은 특히 형평의 원칙에 맞지 않는다고 생각했다. 그리하여 현재 소유하고 있는 사람들에게서 재산을 빼앗아서도 안 되며, 그렇지만 재산의 원소유주는 추방당했다가 돌아온 사람들이므로 그들이 만족하게 그들에게 재산을 되돌려주지 않으면 안 되겠다고 판단했다.

따라서 그 문제를 조정하는 데에는 돈이 필요하다고 결정을 내리고 나서, 몸소 알렉산드리아로 떠나니, 자기가 돌아올 때까지 그 문제는 그대로 놔두도록 명령했다. 그는 급히 자기 친구인 프톨레마이우스에게로 달려갔는데, 그는 알렉산드리아 건립의 제2대 왕으로서 통치하고 있었다. 친구에게 그는 조국을 해방시키고 싶다고 설명한 후 사정을 자세히 얘기하자, 부유한 왕은 가장 특출한 사람인 아라투스에게 쾌히 거액의 돈을 원조금으로 내주었다. 그 돈을 갖고 시키온에 돌아온 그는 나라에서 제일가는 시민 15인을 위원회로 구성해서 그들을 소집하였다. 그는 그들과 함께 타인의 재산을 보유하고 있는 경우와 자기 재산을 상실한 사람들의 경우를 조사하고 나서, 재산의 가치를 일일이 계산하여 다 현금가로 매겼다. 그는 어떤 사람들에게는 재산을 포기하고 현금으로 받는 것이 더 낫다고 설득시켰으며, 어떤 사람들에게는 자기 물건을 되돌려 받는 것보다는 물건 값만큼의 돈을 받는 것이 자신에게 더 이익이라고 생각하도록 설득시켰다. 그 결과 모든 사람들은 화합을 이루게 되어 불평 한마디 없이 각자 맡은 바 일에 매진하게 되었던 것이다.

서양의 논어 『의무론』

키케로의 윤리 사상은 공자와 특히 맹자의 윤리 사상과 거의 동일하다. 신아카데미 학파에 속한 키케로의 『의무론』은 스토아 학파의 윤리사상인 수신에서 시작하여 치국에 이르는 보통 사람의 의무로부터 정치가의 경륜까지 담고 있다. 이 책은 유일의 최고선인 명예, 즉 호네스툼 honestum은 4추덕인 지, 의, 용, 인의 하나나 여럿에서 나오는데, 인간은 바로 이 명예를 추구해야 참된 행복의 길을 걸을 수 있다고 강조하였다. 명예는 이의 상대개념인 공리, 즉 우틸리타스utilitas와 상충하는 경우가 많은데, 물론 이럴 때에는 이익이나 편의를 버리고 도덕적으로 선한 명예를 택해야 한다는 것이다.

그런데 서양의 윤리는 동양의 윤리, 특히 우리나라의 윤리와도 근본적으로 크게 다를 것이 없다.

우선 공자의 『논어』 12편 <7>을 보자.

> 子貢(자공)이: 자공이
> 問政(문정)한 대: 정사를 물으니
> 子曰足食足兵(자왈족식족병)이면: 공자 말씀하시기를, "먹을 것을 족하게 하고 군사를 족하게 하면
> 民信之矣(민신지의)리라: 민이 믿을 것이다." 하시니
> 子貢曰必不得已而去(자공왈필불득이이거)인댄: 자공이 말하기를, "반드시 마지못하여 버린다면
> 於斯三者(어사삼자)에: 이 셋 중에서
> 何先(하선)이리잇고: 어느 것을 먼저 하겠습니까." 물으니
> 曰去兵(왈거병)이니라: 공자 말씀하시기를, "군사를 버리리라." 하셨다.
> 子貢曰必不得已而去(자공왈필불득이이거)인댄: 자공이 말하기를, "반드시 마지못하여 버린다면

於斯二者(어사이자)에: 이 둘 중에서
何先(하선)이리잇고: 어느 것을 먼저 하겠습니까." 물으니
曰去食(왈거식)이니: 공자 말씀하시기를, "먹을 것을 버릴 것이니,
自古皆有死(자고개유사)어니와: 예로부터 다 죽음이 있지만
民無信不立(민무신불립)이니라: 민에게 신뢰를 받지 못하면 나라를 지탱하지 못할 것이다." 하셨다.

한마디로, 식食, 병兵, 신信 셋 중 가장 정치의 기본이 되는 것은 신이라 하였음을 알 수 있다.

다음에 『맹자』를 보자.

孟子見梁惠王(맹자견양혜왕)하신대 : 맹자가 양혜왕을 만나 뵈자
王曰叟不遠千里而來(왕왈수불원천리이래)하시니 : 왕이 말하기를, 선생님께서 천리를 멀다 않고 찾아와 주셨으니
亦將有以利吾國乎(역장유이이오국호)잇가 : 역시 이 나라에 앞으로 이익을 주시려 함입니까?
孟子對曰王(맹자대왈왕)은 : 맹자가 대답하여 말씀하시기를, 왕께서는
何必曰利(하필왈이)잇고 : 하필이면 이익을 말씀하십니까?
亦有仁義而已矣(역유인의이이의)니이다 : 또한 인의가 있을 뿐입니다.
王曰何以利吾國(왕왈하이이오국)고하시면 : 왕께서 나라의 이익만 생각하시면
大夫曰何以利吾家(대부왈하이이오가)오하며 : 대부들은 어찌하면 내 집이 이로울까 생각하며,
士庶人曰何以利吾身(사서인왈하이이오신)고하여 : 선비나 서인들은 제 한 몸의 이익밖에 생각하지 않을 것입니다.
上下交征利(상하교정이)면 : 윗사람이나 아랫사람 모두 서로의 이익만 취

하게 된다면
而國危矣(이국위의)리이다 : 나라는 위태로워질 것입니다.
苟爲後義而先利(구위후의이선리)면 : 진실로 의리를 뒤로 미루고 이익만을 앞세운다면
不奪(불탈)하여는 : 모든 것을 다 빼앗지 않고서는
不饜(불염)이니이다 : 만족할 수 없게 될 것입니다.
未有仁而遺其親者也(미유인이유기친자야)며 : 아직 어질면서 그 부모를 버린 사람은 없으며
未有義而後其君者也(미유의이후기군자야)니이다 : 의로우면서 임금을 뒷전으로 여긴 사람은 없습니다.
王(왕)은 : 왕께서는
亦曰仁義而已矣(역왈인의이이의)시니 : 오직 인의만 말씀하실 것이지
何必曰利(하필왈이)잇고 : 하필이면 이익을 말씀하십니까?

즉, 선의후리(先義後利)인데, 의는 호네스툼honestum이요, 리는 우틸리타스utilitas와 대비됨을 직감할 수 있다. 키케로의 『의무론』이 서양의 『논어』로 불리는 이유이기도 하다.

결론으로, 로마인들의 생활신조는 '선한 신의에 입각하여(엑스 피데 보나ex fide bona)', '더 낫게 더 공정하게(맬리우스 아이퀴우스melius aequius)', '선한 사람들의 관계처럼 선하게 처신하라.(우트 인테르 보누스 베네 아기에르ut inter bonus bene agier)'는 로마 법조항과 소송서식에 나오는 문구에서 잘 들어나고 있다. 여기에 덧붙여 스투티움 후마니타티스studium humanitatis, 즉 인간학의 최초 교육 프로그램 수립자로서 키케로가 당대의 젊은이들에게 호네스툼을 추구하여 살라고 외쳤다는 사실을 기억해야 할 것이다.

⑧

그라쿠스 형제의 개혁:
농지분배와 곡물배급

쟝-밥티스트 글로드 유진 기욤 Jean-Baptiste Claude Eugène Guillaume (1822-1905), 그라쿠스 형제 The Gracchi, 오르세이박물관 Musée d'Orsay 소장

로마 공화국의 역사상 최대의 분수령을 이루고 있는 시대는 기원전 2세기 후반부에 속하는 그라쿠스 형제의 시대다. 공화국 몰락에서 제국의 성립으로 전개되는 혁명의 한 세기는 그라쿠스 형제의 개혁으로 그 막을 올리고 있기 때문이다.

기원전 133년의 호민관 티베리우스 그라쿠스Tiberius Gracchus는 저 유명한 농지법을 제정하여 시행하다가 정적들에 의해 타살되어 티베리스 강에 수장되었다. 형보다 9살이 젊은 동생 가이우스 그라쿠스Gaius Gracchus는 기원전 123~122년의 호민관이 되어 곡물법 등의 여러 법을 제정하여 개혁 활동을 펼치다가 역시 형의 운명과 같은 길을 밟게 된다. 그러니까 그라쿠스 형제의 개혁의 중핵은, 키케로의 지적대로, 형은 농지법이요, 동생은 곡물법이다. 형의 농지법은 농지분배 3인위원에 의해 기원전 132~129년간에 집중적으로 시행되어 큰 성과를 올렸고, 동생의 곡물법은 그것의 보충법들과 더불어 현대의 뉴딜 정책과 같은 경제 사회적 효과를 거두었다.

그런데도 그라쿠스 형제의 시대는 사료의 극심한 빈곤으로 그 내용 중 어느 것 하나 백가쟁명이 아닌 것이 없을 정도로 복잡난해하다. 더구나 지난 세기 말까지만 하더라도 신기루와 같은 설명이 많았다. 다행히 금세기 초에 들어와 인구사인 데모그라피demography, 공유지ager publicus, 로마 수도권suburbium 등등에 관한 새로운 견해의 등장으로 지난 세기의 몇 가지 주요 설명은 이제는 퇴출 위기에 몰렸다. 신기루가 걷힌 셈이다.

티베리우스 그라쿠스의 농지개혁

농지법의 내용 기원전 133년에 제정된 '티베리우스 그라쿠스의 농지법lex agraria Sempronia'의 전문은 비문이라든가 문헌상으로 전해오지 않는다. 기원전 111년의 농지법의 전문을 비롯하여 기타 잡다한 단편적인 자료와 본법의 보충법을 감안하여 그 법의 주요 관련 항목을 정리하면 대충 다음과 같다.

- 로마 시민은 누구든지 500유게라 이상의 공유지를 점유할 수 없다. 단, 자식이 있는 경우, 1인은 250유게라, 2인 이상의 경우 500유게라, 도합 1,000유게라까지 점유할 수 있다. 그 이상은 국가가 몰수한다.

- 수용된 공유지는 로마 시민에게 추첨으로 1인당 30유게라까지 농경지로 분배한다. 단 그 토지는 매년 소정의 지대를 내야 하며, 영구적으로 매각은 금지된다.

- 본법을 집행하기 위해 농지분배 3인위원을 뽑는다. 그라쿠스 형제와 형의 장인인 아피우스 클라우디우스가 선출된다.

- 소요경비는 '아탈루스의 돈에 관한 법 *lex de Attali pecunia*'을 제정, 아탈루스 3세의 페르가뭄의 유산 상속분 중 황실 재산으로 충당한다.

농지와 곡물은 동전의 표리다. 그라쿠스 형제의 민생 정책의 계획 수립과 그 수행은 곧 로마 공화국의 경제의 근간인 농업과 과잉인구의 도시 문제에 메스를 들이댔다는 의미에서 최대의 가치를 지닌다. 그래서 우리는 그라쿠스 형제의 농지개혁을 논할 때, 총체적인 면에서 다음과 같은 몇 가지 점에 유의하게 된다. 즉, 로마의 농촌 실태와 도시 로마의 경제 상태, 당면 과제들을 해결하려는 원로원의 보수, 개혁 파당의 혼합 정체적 입장과 자세, 그들의 스토아적 경제 윤리 사상의 배경, 그라쿠스 형제의 개혁의 동기와 목적, 농지 개혁의 장소는 어딘가. 이탈리아의 동맹국 빈민은 농지 분배의 혜택을 받았는가. 이탈리아의 동맹국 부유층도 농지 몰수에서 그 어떤 호의적인 조치의 혜택을 입었는가. 그라쿠스의 농지개혁 작업에 소요되는 경비는 어떻게 마련되었는가. 그라쿠스의 농지개혁에 대한 총체적인 평가는 어떻게 내릴 수 있을까. 등등이다. 여기서는 그 중 주요 사항 몇 가지만 집중적으로 다루기로 한다.

농지법의 제정 목적 그라쿠스의 농지개혁의 목적을 언급한 두 주요 사료는 아피아누스와 플루타르쿠스의 것이다. 전자는 '전사의 수적 증가'를 거론하였고, 후자는 '건전한 농민층의 부활'을 들었다. 현대 사가 중에는 콘찰로프스키가 '사회적 빈곤의 구제책'을, 라스트는 '실업자의 구제'를 들먹였다. 그러나 현대 사가 중 가장 획기적인 기여를 한 역사가를 들라고 한다면, 나는 서슴없이 보렌을 거명하겠다. 그는 미국 도시사 연구의 붐을 타고 그라쿠스 형제의 시대를 도시적 측면에서 그 경제 위기를 조명함으로써 바디안이 극찬했듯이 형제의 농지개혁을 도시의 곡물수급 문제의 해결책으로 끌어들였던 것이다.[126]

그러나 보렌의 설명에도 문제가 있다. 그는 당시 도시 로마의 사회 경제 문제는 무엇보다도 특히 도시의 곡물 부족으로 인한 곡가의 살인적 폭등으로 인한 곡물 위기였는데도 그라쿠스는 단지 작은 땅 조각을 떼어주어 도시의 과잉인구 중 일부를 농촌에 보낸다는 '안이한 해결책'을 내놓았다는 것이었다.

그렇지만 그 지적은 역사적 사실과 다소 거리가 있다. 그라쿠스의 농지개혁의 주목적은 어디까지나 도시 로마의 절박한 곡물 위기의 근본적인 해결에 두고 있었던 것이다. 따라서 형제의 일가로 구성된 농지분배 3인위원은 무엇보다도 곡물 경작이 가능한 옥토에 눈독을 들이기 마련이었고, 이왕이면 곡물 경작을 장려해 생산된 곡물들을 로마시로 긴급 수송할 항구나 강 그리고 도로망과 연계될 장소들을 물색하던 중, 그들의 눈에 쏙 들어온 것이 바로 로마 인민의 공유지기는 하나, 주로 이탈리아 동맹국들의 부유층이 차지하고 있던 선점지ager occupatorius였다. 그런데 이 선점지들이 주로 가축사육장이나 과수재배지로 이용되고 있었다. 특히 가축 사육은 기원전 2세기 전반에도 토지 경영에서 나오는 최대의 수익성을 지니고 있었기 때문이다. 이 장소들을 곡물 경작지로 변경하려는 것이 바로 농지분배 3인위원의 단 하나의 최대의 목표였다. 이를 어떻게 알 수 있는가? 이에 대한 증거로서 가장 설득력 있는 아주 귀중한 비문이 우리 앞에 놓여 있다. 바로 루카니아Lucania 지역의 폴라Polla에서 볼 수 있는 폭이 70cm인 작자 미상의 송덕비 비문이다.

> uiam fecei ab Regio ad Capuam et 나는 레기움에서 카푸아에 이르는 도로를 건설하였고
> in ea uia ponteis omneis, miliarios 그 도로 위에 모든 다리와 이정표 tabelariosque poseiuei. hince sunt 그리고 마일수가 적힌 서판들을 설치하였다. 여기서
> Nouceriam meilia LI, Capuam XXCII[II], 누케리아까지 51 마일, 카푸아까지 84 마일이다.
> Muranum LXXIIII, Cosentiam CXXIII, 무라눔까지 74 마일, 코센티아까지 123마일,
> Valentiam CLXXX, ad fretum ad 발렌티아까지 180마일, 메시나 해협의 statuam CCXXXI, Regium CCXXXVII. 입상까지는 231 마일 그리고 레기움까지는 237 마일이다.
> suma af Capua Regium meilia CCCXXI. 카푸아에서 레기움까지의 총 거리는 321마일이다.
> et eidem praetor in 그리고 내가 시킬리아의 프라이토르였을 때에 Sicilia fugiteiuos Italicorum 노예 사냥을 하여 이탈리아인들에게 속하는 conquaeisiuei redideique 917명의 도망 노예들을 붙잡아 돌려주었노라. homines DCCCCXVII. eidemque 그리고
> primus fecei ut de agro poplico 공유지에서 목축업자들을 몰아내고

70cm 넓이의 폴라의 경계표적, 저자 직촬.

aratoribus cederent paastores. 경삭자들에게 돌려주는 첫 번째 인물이 되었 노라.

forum aedisque poplicas heic fece[i]. 여기에 포룸과 공공건물들을 건설했노 라. (밑줄은 저자)

이 비문의 내용을 분석해 보건대, 첫째, 폴라가 육상 교통의 중심지였 음을 대번에 알아차릴 수가 있다. 둘째, 작자는 미상이며, 셋째, 그의 토 지 정책의 방향을 알 수가 있다. 이 중에서도 가장 중요한 것이 바로 '그 리고 나는 공유지에서 목자들을 몰아내고 경작자들에게 돌려주는 첫 번째 인물이 되었노라.'이다. 여기서 목축업자들이란 로마인도 일부 포함되었겠지만, 대부분이 이탈리아 동맹국 시민들임이 분명하며, 곧

그라쿠스 형제의 개혁: 농지분배와 곡물배급 ● 199

살펴보게 되겠지만, 경작자들이란 티베리우스 그라쿠스의 농지법의 혜택을 받아 이곳에 정착한 로마 시민들임이 틀림없다.

그런데 이 비문은 성격상 제작자가 자기 공로를 자랑하는 송덕비가 분명한데, 작자 미상이기 때문에 과연 누가 이것을 제작한 주인공인가에 대해서는 물론 학자들에 의해 열띤 공방이 행해지기 마련이었다. 지금까지 후보군에 오른 인물은 5명 정도이다.

- 르네상스 시대에서 1800년까지는 아퀼리우스M'. Aquillius (콘술, 101 BC)가 거론되었다.
- 라이나스P. Popilius Laenas (콘술, 132 BC). 이 인물은 몸젠과 그의 추종자인 힌리히스F.T. Hinrichs가 추천한다.
- 루푸스T. Annius Rufus (콘술, 128 BC). 와이즈만Wiseman이 강하게 거론한다.
- 루스쿠스T. Annius Luscus (콘술, 153 BC). 브라코Bracco의 의견이다.
- 클라우디우스 풀케르Ap. Claudius Pulcher (콘술, 143 BC). 베르브루게Verbrugghe의 생각이다.

나는 이 후보군 중에서 주인공을 형의 장인이자 농지분배 3인위원의 한 사람으로서 활동했던 클라우디우스 풀케르와 동일시하는 베르브루게의 탁견[127]에 동감한다. 더 나아가 내가 클라우디우스 풀케르를 가장 유력한 비문 제작자로 추정하고자 하는 이유는 다음과 같다.

첫째, 바로 그 송덕비가 우뚝 서 있는 폴라에서 발굴되어 현재 티베리우스 그라쿠스로Via Tiberio Graccharo의 근접 지역에 자리 잡고 있는 한 그라쿠스의 경계 표석인 키푸스cippus의 내용이 이에 대한 뚜렷한 증거다.

비문의 내용은 다음과 같다.

C(aius) Sempronius Ti(beri) f(ilius) / Ap(pius)
Claudius C(ai) f(ilius) / P(ublius) Licinius
P(ubli) f(ilius) / IIIvir(i) a(gris) i(udicandis)
a(dsignandis)

가이우스 셈프로니우스, 티베리우스의 아들/아피우스 클라우디우스, 가이우스의 아들/ 푸블리우스 리키니우스, 푸블리우스의 아들/농지분배의 사법권을 지닌 3인위원

게다가 폴라 근처인 아티나에서 발굴되어 현재 나폴리 국립고고박물관의 지하층에 소장되어 있는 그라쿠스의 키푸스의 비문 역시 거의 같은 내용으로 되어 있음을 발견하게 된다.

C(aius) Sempronius Ti(beri) f(ilius) / Ap(pius)
Claudius C(ai) f(ilius) / P(ublius) Licinius
P(ubli) f(ilius) / IIIvir(i) a(gris) i(udicandis)
a(dsignandis) / k(ardo) VII

가이우스 셈프로니우스, 티베리우스의 아들/아피우스 클라우디우스, 가이우스의 아들/ 푸블리우스 리키니우스, 푸블리우스의 아들/농지분배의 사법권을 지닌 3인위원/카르도 7(북쪽에서 남쪽으로 7번째 한계선)

아티나에서 발굴된 키푸스의 비문, 나폴리 국립고고박물관 지하층 소장 바로 이 경계표석에 분명 3인위원의 이름으로 가이우스 그라쿠스와 형제의 장인인 클라우디우스와 리키니우스의 이름이 적혀 있다. 형이 기원전 133년에 암살당하여 동생의 장인인 리키니우스가 그 자리를 이어 받았기 때문이다. 그러므로 이 루카니아 지역의 선점지 분배는 기원전 130년대임이 분명할 뿐만 아니라, 그 중 한 사람인 클라우디우스가 형의 장인으로서 폴라의 선점지도 직접 취급했다고 단정지어도 큰 무리는 따르지 않는다고 생각된다.

둘째, 무엇보다도 가장 중요한 이유로서는 라이나스(콘술, 132 BC)는 그라쿠스 형제와 농지 위원회의 정적이었을 뿐만 아니라, 루스쿠스 (콘술, 153 BC)와 루푸스 (콘술, 128 BC) 역시 그라쿠스 형제 가문의 정적이었기 때문이다. 과연 이들 중 누가 감히 로마 엘리트 귀족파인 옵티마테스의 정치, 경제, 사회적인 권력과 경제적 이해관계에 맞서 새로이 부상하는 인민파인 포풀라레스의 정책 노선에 가담하여 그들의 농지 개혁을 적극 추진하는 그 중심인물이 되려고 했겠는가!128

셋째, 여기서 아피우스 가도는 기존의 것과는 다른 의미의 것으로서 바로 이 아피우스 클라우디우스가 건설한 도로일 수도 있다.

이상의 여러 이유를 고려한다면, 폴라 비문의 송덕비 제작자는 바로 아피우스 클라우디우스임이 확실하다. 그렇다면 목축업자들을 몰아내고 그 자리에 경작자들을 정착시켰다는 것은 이곳에서 곡물 경작을 장려하여 생산된 곡물로서 로마 시민들의 빵 문제를 해결하려는 3인위원의 주요 정책 의도의 표출이 아니었을까 생각되는 것이다. 로마 시민들을 먹여 살릴 곡물 경작의 장려라는 정책 목표는 루카니아, 히르피니아Hirpinia, 아풀리아Apulia 그리고 기타의 모든, 아주 한정되어 있는 옥토에서 추구되었음이 틀림없다고 생각된다.

농지개혁의 장소 지난 세기의 후반기만 하더라도 그라쿠스의 농지개혁은 '도시 로마의 인근 토지land nearer Rome'에서 진행되었다는 설명이 거의 교과서적 위상을 차지하고 있었다. 티빌레티와 그의 충실한 추종자인 스컬라드의 설명에 의하면,[129] 그라쿠스가 원거리에는 토지가 많이 있었음에도 굳이 '도시 로마의 인근 토지'에서 노예 투입으로 경영되고 있는 대토지latifundia를 분쇄하여 토지 없는 로마 시민들에게 분배해 주어야겠다는 그의 원래의 아이디어 때문에 살해당하게 되었다는 것이었다.

그러나 금세기 초에 들어와 위처Witcher의 수도권과 특히 로제라르Roselaar의 공유지의 연구 결과, 이것은 한낱 '신기루'임이 드러났다. 그라쿠스가 '도시 로마의 인근 토지' 안에서는 무산 시민들에게 분배해 줄 공유지란 거의 없었다는 것이다. 즉, '도시 로마의 인근 토지' 안에

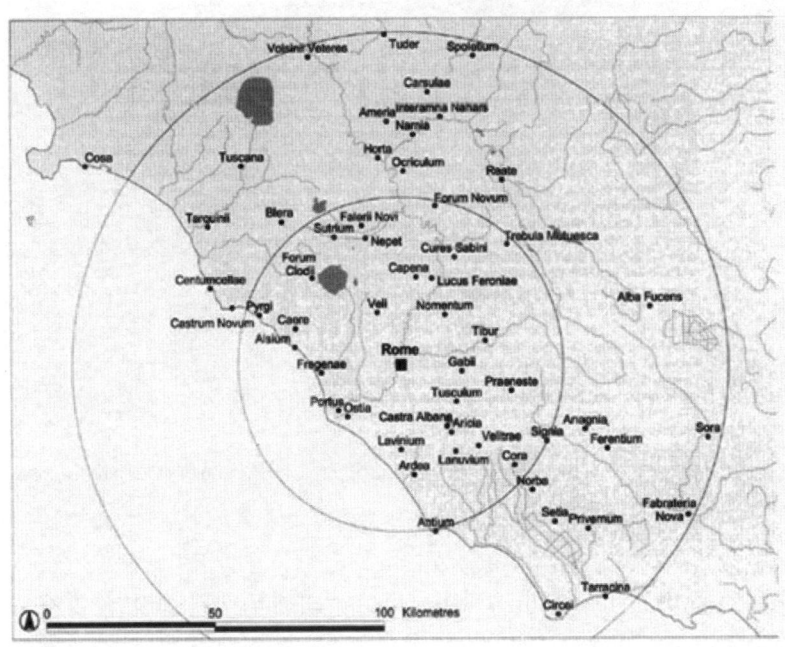

반경 50 km와 100 km 내의 로마 수도권

그라쿠스 형제의 개혁: 농지분배와 곡물배급 ● 203

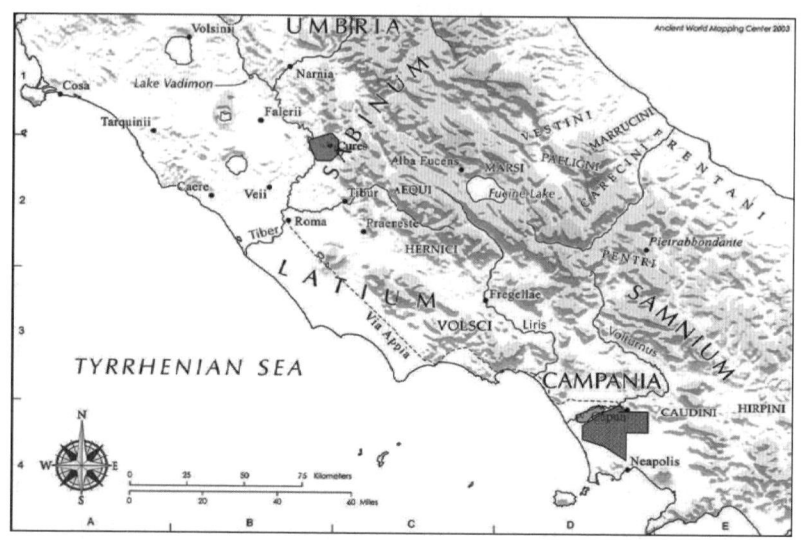

쾌이스트로 농지는 흑색 표시, 켄소르 농지는 백색 표시 지역. Roselaar, *Public Land in the Roman Republic*, p.126.

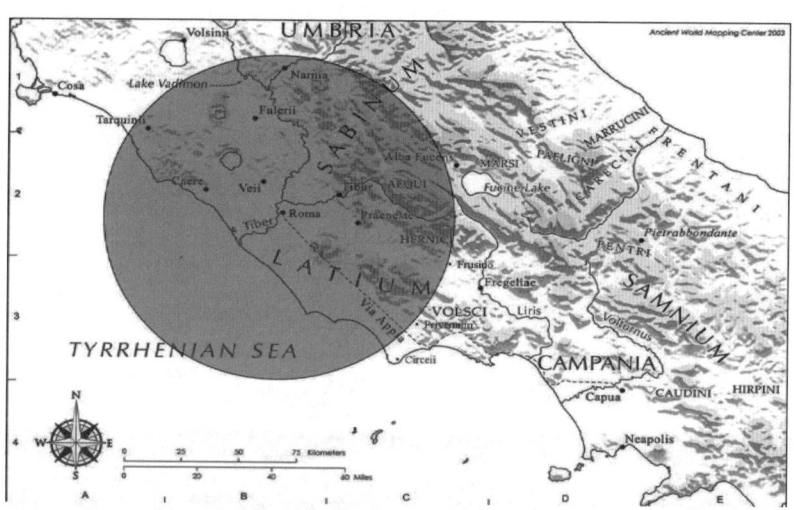

아게르 트리엔타불리스 ager trientabula가 위치했을 것으로 추정되는 50마일(74km) 경계 구역. Roselaar, *Public Land in the Roman Republic*, p.40.

공유지들이 있기는 했어도, 콰이스토르에 의해 임대된 농지인 '아게르 콰이스토리우스 ager quaestorius'와 켄소르에 의해 임대된 농지인 '아게르 켄소리우스ager censorius'는 국가가 임대료를 받고 있었는데다가(p.204 위 지도 참조), 1/3에 해당하는 농지라는 뜻의 '아게르 인 트리엔타리스불리스ager in trientabulis'(p.204 아래 지도 참조)는 좀더 특별한 이유가 있었기 때문이다. 한니발 전쟁이 한창 때인 기원전 210년에 로마는 비상시의 전쟁세인 '트리부툼 테메라리움tributum temerarium'의 명목으로 재산세를 거둔 적이 있었는데, 기원전 210년에 제2차 상환기일이 닥쳐왔으나 국고가 비어 현금으로 상환해 줄 처지가 못 되었다. 그래서 국가는 상환해 줄 전쟁세의 1/3에 해당하는 몫을 로마시 인근 50 로마 마일(74km) 내에 있는 로마 공유지를 현금 대신 할당해 주었다. 단, 이후에 현금이 필요할 경우 언제든지 농지를 반납하면 현금으로 환급해 주겠다는 조건부였지만, 그 땅들은 그야말로 비옥한 농지라 이를 내놓을 사람은 거의 전무하다시피 하였다고 한다. 바로 이러한 범주에 속하는 공유지들을 티베리우스 그라쿠스는 전혀 손을 못 댔던 것이다.

또 '도시 로마의 인근 토지'에 아무리 사유지인 '라티푼디아'가 많았다 하더라도, 이에 대해서는 티베리우스 그라쿠스가 전혀 손을 쓸 수가 없었다. 카토의 농업서에 나오는 100 유게라의 포도원과 240 유게라의 올리브 과수원은 통상 라티푼디아로 거론되지만, 이는 분명 사유지에 속했다. 그런데 티베리우스 그라쿠스의 농지법은 애초 발상부터 사유지는 손을 대지 않는다는 전제에서 시작했다. 따라서 티베리우스 그라쿠스를 주축으로 한 개혁파는 자연히 공유지 중에서도 오직 '선점지'만 농지 개혁의 대상으로 삼을 수밖에 없었다. 왜냐하면 로마는 대체로 한니발 전쟁 때에 로마를 배반하고 한니발 편에 가 붙었던 이탈리아 동맹국들의 영토를 응징 차원에서 로마 인민의 공유지로 지정하여 로마의 엘리트층과 이탈리아 동맹국 시민들에게 선점을 허용한 바 있었는데, 이는 국가가 필요하면 언제, 어디서든 얼마든지 몰수할 권리가 있었기 때문이다.

그러면 어딘가.

이탈리아 중남부의 비옥한 땅이다. 이곳들은 우선 곡물 경작 가능 지역으로 기존 도로망과도 연결되어 있어서 농지개혁의 필요충분조건이 충족되는 지역이었다. 그곳이 바로 기원전 132~129년간에 형의 정책노선을 따라 3인위원이 손 댄 루카니아/히르피니아/아풀리아(북부)와 기타 지역이었고, 기원전 123년 이래 동생의 주도로 손댄 아마 아풀리아의 다른 지역과 미지의 기타 지역이 또 있었을 것이다. 구체적으로 말해, 형의 시대는 루카니아 지역의 비옥한 타나게르 계곡(일명 디아노 계곡the Val di Diano)과 아키리스 계곡과 루카니아와 인접한 히르피니아 지역, 아풀리아의 가장 비옥한 부분인 타볼리에레 델라 푸리아the Tavoliere della Puglia의 북부 지역과 그 주변 지역들 그리고 캄파니아, 피케눔 그리고 갈리아 지역을 농지몰수/분배의 대상지로 삼았던 것이다. 이를 어떻게 알 수가 있는가.

지극히 다행스럽게도 두 종류의 기본 사료가 우리 앞에 놓여 있다. 하나는 비문이고, 다른 하나는 문헌인데, 19개의 경계 표석과 『식민시 서책Liber Coloniarum』 1/2권이다.

우선, 농지분배 3인위원의 명단이 각인되어 있는 경계 표석 19개의 출처 지도를 보자.[130]

    1 카푸아, 티파타 산, 캄파니아의 포르미스에 있는 S. 안젤로에서 발견
    2 도형 3 – 칼라티아. 아리엔조, 카포 디 콘카. 키푸스 2의 위치
    3-8 도형 5 – 시키그나뇨 델리 알부니, S. 안드레아 지구. 키푸스 3의 위치
        도형 6 – 아우레타, 마티나 지구. 키푸스 4의 위치

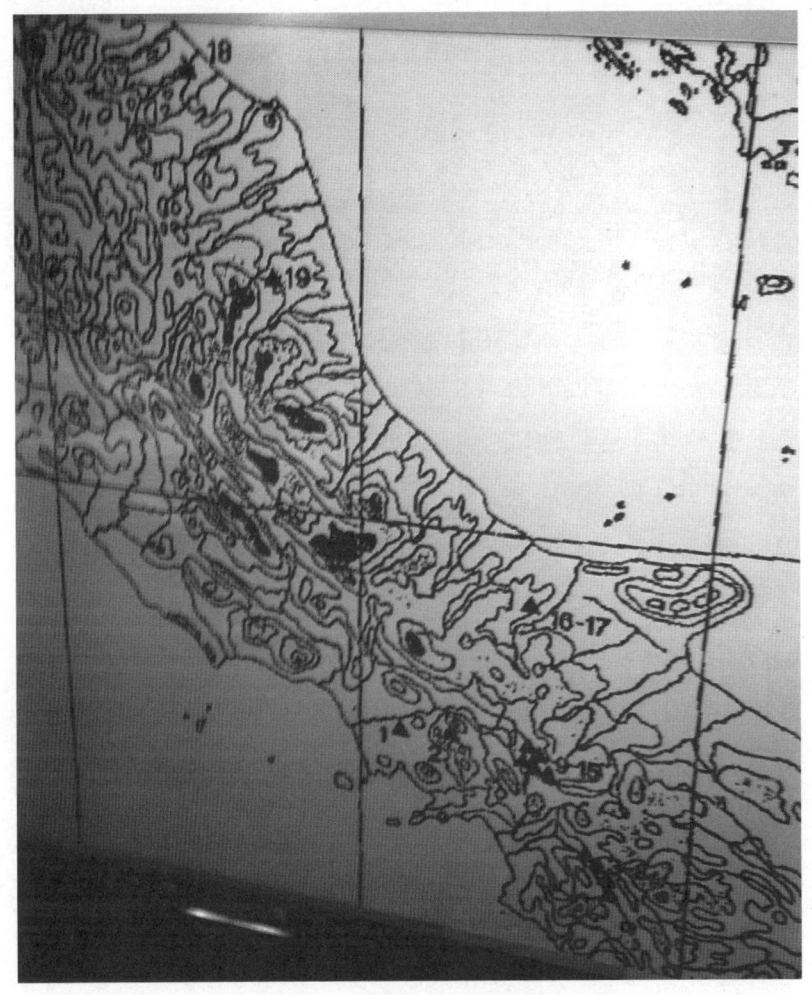

[도형. 8 – 폴라. 키푸스5와 폴라의 비문의 위치 (S. 피에트로).]

도형 7 – 디아노 계곡. 폴라, 아테나 및 살라 (5~8)의 키푸스들의 위치. 그것은 폴라의 비문을 나타냄

9–15 도형 9 – 몬텔라, 스트라톨라. 키푸스 9의 위치

도형 10 – 이르피니아 – 키푸스 9의 위치 (몬텔라)

11 – 12 (로카 산 펠리체). 중간의 키아놀레 디 누스코 (14)와 키비타 디 리오니 15)

16~17 도형 11 – 체렌차 발포르토레. 키푸스 16~17의 위치

18 도형 12 – 파노, 지오베 산. 키푸스 18의 위치

19 도형 13 – 아만돌라. 키푸스 19의 위치

[20 – 카르타고. 말가 촌락 근처 지역에서 발견된 단편적인 키푸스.]

이를 정리하면, 3~8의 6개는 루카니아 지역, 9~15의 7개는 히르피니아 지역, 16~17의 2개는 아풀리아 북쪽 지역이며, 이 밖에 1, 2는 캄파니아 지역, 18은 갈리아 지역 그리고 19는 피케눔 지역임을 알 수가 있다. 그러므로 우리의 주된 관심은 비교적 다수의 경계표석이 발굴된 루카니아/히르피니아 지역에 쏠리지 않을 수 없다. 마침 아주 최근에 이사예프Isayev가 이에 대해 매우 중요한 정보를 제공해주고 있다. 우선 이탈리아에서의 그라쿠스 토지 분배와 연계된 전부 19개의 경계 표석 중에서 6개는 옛 루카니아 지역의 디아노 계곡 내에 있는 안니우스 가도 근처인 히르피니아 바로 남쪽에서 발견되었는데, 이들의 제작 연대는 기원전 132~1년이라고 말한다. 그리고 주로 기원전 130~129년에 제작되었을 히르피니아 자체에서 발굴된 7개의 경계 표석 중에서 4개는 아이클라눔 근처의 아피우스 가도와 비교적 근접되어 있으며, 다른 몬텔라, 리오이와 누스코 근처에서 발견된 3개는 옛 콤프사에 이르는 오판토 강의 광대한 계곡을 따라 놓여 있는 지역의 남쪽 부분에서 발견되었다고 지적한다. 그리고 나서 비록 원위치에서 발견된 경계 표석들은 소수이고, 몇 개의 연대 측정은 부정확하다 할지라도, 대체적으로 그라쿠스 형제 시대의 토지분배 정책들이 적어도 이 지역에서는 부분적으로 집중되어 실시되었다고 하는 것을 보여주는 충분한 증거가 있다고 한다. 하나는 루카니아에서, 다른 하나는 히르피니아에서의 2개의 경계 표석에 집중하면 새로 건설된 도로망과 꽤 가까이 있는 인클로져의 저지

역 평야들에 위치하고 있다는 것이다.[131]

또 아풀리아 북부 지역의 농지분배에 대해서는 아주 최근에 김영채 박사에 의한 연구 결과물이 나와 우리의 지식의 폭을 상당히 넓혀 준다.[132]

그러면 이번에는 『식민시 서책Liber Coloniarum』 1/2[133]과 관련하여 살펴보기로 하자.

이 책에는 그라쿠스 토지위원의 활동들에 관한 정보가 들어 있는데, 하나는 셈프로니우스의 법에 의한 토지 분배들이고, 다른 하나는 그라쿠스의 경계 토지구획선에 의한 토지분배들이다. 이를 종합적으로 연구하여 로제라르 교수는 그라쿠스의 경계 토지구획선에 의한 토지분배들의 경우, 『식민시 서책』 I은 총 14개의 도시들이나 지역들, 즉 그루멘툼, 콘센티아, 클람페티아, 베누시아, 콤프사, 타렌툼, 리피아, 아우스트라눔, 바리움, 아레티움, 안코나, 아욱시뭄, 칼레스 그리고 베룰라이가 언급되고 있고, 『식민시 서책』 II는 콤프사, 아욱시뭄 그리고 안코나가 확인되고 있음을 보고한 바 있다.[134] 또 셈프로니우스의 법에 의한 토지 분배들의 경우, 『식민시 서책』 I은 헤르도니아, 아우스쿨룸, 아르피, 콜라티아, 시폰툼, 살라피아, 가르가누스 산, 테아눔, 아벨리눔, 아이풀라이, 수에사 아우룬카, 페렌티스, 타르퀴니이, 코르피니움, 술모 그리고 벨리투라이의 경우, 이 용어를 16차례나 쓰고 있고, 『식민시 서책』 II는 헤르도니아, 아우스쿨룸, 아르피, 콜라티아, 코르피니움 그리고 덧붙여 루케리아에 대한 정보가 확인되고 있다. 이 중에서도 특히 루카니아 지역의 그루멘툼과 아풀리아 도읍인 헤르도니아, 아우스쿨룸, 아르피, 콜라티아, 시폰툼, 살라피아, 테아눔 그리고 가르가누스 산 주변 지역의 정보는 아주 중요하다. 이 모든 것들은 다 그라쿠스 형제와 3인위원의

a 루카니아 지역(다우니아 계곡) b 그루멘툼 주변 지역 c 히르피니아 지역

토지 분배 활동들의 결과물로서 로제라르 교수는 명쾌하게 정리하고 있는 것이다.[135]

요약컨대, 그라쿠스 농지분배 3인위원의 기원전 132~129년간에 걸쳐 시행된 농지몰수/분배지역은 주로 루카니아/히르피니아/아풀리아와 기타 여러 곳의 옥토 지역인데, 이곳들은 강과 도로와 연결되었다는 점을 고려하여 정착자들이 생산한 곡물들은 도시 로마로 수송되어 도시의 곡물 위기 해소에 큰 기여를 했을 것임에 틀림없다.

이탈리아 동맹국 빈민도 그라쿠스 농지분배의 혜택을 받았는가

로마 시민들과 똑같이, 동맹국의 빈민들도 농지분배의 시혜를 입었다는 고대로부터 아피아누스의 강력한 주장[136]이, 이 문제에 대한 19세기 설명의 모델이 되었던 몸젠의 것과 중첩된다.

그리하여 그라쿠스는 호민관에 취임하자 곧 하나의 농지법을 반포할 것을 제안하였는데, 그 농지법은 어떤 의미에서는 도시 건국 387년이 되는 해, 즉 기원전 367년의 리키니우스-섹스티우스법의 갱신에 지나지 않았다. 그것에 따라서 선점되어 점유자들에 의해 무상으로 이용되었던 모든 국유지－임대된, 예를 들어 카푸아 지방과 같은, 지역은 그 법에 저촉되지 않았다－는, 그러나 <u>선점자 각인이</u> 자기 자신에 대해서는 500모르겐(즉, 유게라[137]), 그리고 아들에 대해서는 250, 그러나 전체로는 1,000모르겐을 초과하지 않게 지속적이고 보증받은 점유로 보유하거나 몰수될 부분에 대해서는 토지로 보상을 청구할 수 있게 한다는 제한 하에 국가로부터 몰수되어야 했다. 종전의 점유자들에 의해 건물과 파종과 같은 착수된 어떤 개량에 대해서 사람들은 보상 조치를 취할 것을 강구했던 것처럼 보인다. 이렇게 몰수된 국유지는 <u>추첨으로 30모르겐씩 분할하여 이를 일부는 시민들에게, 일부는 이탈리아 동맹국 시민들에게 분배해 주도록 하였는데, 자유로 처분할 수 있는 소유물로서가 아니라 매각 양도가 불가한 영대차지로서였다.</u> 그 점유자는 토지를 농경에 이용하여야 했으며, 적절한 소액의 지대를 국고에 납부하는 것을 의무화하였다. 국가 공동체의 정규 상임 관직으로 간주되고 매년 민회에서 선출되었던 3인위원회는 몰수와 분배가 그 임부로 부과되었는데, 이에 또한 어느 것이 국유지이고 어느 것이 사유지인지 법률적으로 확정하는 중대하고도 어려운 과업이 첨가되었다. 분배는 그것에 의해 매우 확대되고 이탈리아 영토로 확정하기에는 어려운 토지를 규제하게 될 때까지 무기한 진행되면서 세월을 보냈다. 리키니우스-섹스티우스법과 비교하여 셈프로니우스 농지법의 새로운 것은, 일부는 상속받은 점유자들을 위한 구절, 일부는 새로운 농지를 위해 제안된 영대 차지 농장의 질과 비매각 양도성, 일부는 무엇보다도 규제적이고 지속인 집행기구였는데, 옛 법에서 그것의 결여는 주로 그것 자체가 지속적인 실제적 적용이 되지 않았기 때문이었다.[138] (밑줄은 저자)

요점은, 농지분배 3인위원이 법정 상한선을 초과하는 선점지는 모두 몰수하여 그 땅을 농경에 이용하도록 추첨으로 30 유게라씩 분할하여 일부는 시민들에게, 일부는 이탈리아 동맹국 시민들에게 분배해 주도록 하였다는 내용이다. 사실, 몸젠의 19세기 설명의 모델에 입각한 '수혜설'은 아직도 상당한 세를 형성하고 있다.[139] 최근에는 시민이란 라틴인들을 의미하는 것이지, 이탈리아인들은 아니라는 클레본의 박사논문까지 등장하였을 정도이다.[140] 그렇지만 라틴인들도 어디까지나 로마 시민이 아닌, 이탈리아인임을 명심해야 한다.

그러나 어쨌든 금세기 초에 들어서자, 수혜설은 한낱 신기루로 밝혀졌다. 그 이유는 로마 시민만이 농지분배 대상이었음이 기원전 111년의 농지법의 법조항에 명시되어 있는데, 이를 반박할만한 논거의 제시가 불가능하기 때문이다. 형의 농지법 제정 22년 후, 동생의 농지법 제정 12년 후에 제정된 기원전 111년의 농지법의 법조항의 명시야말로 현재로서는 가장 설득력 있는 논거라고 단정 지을 수 있는 것이다. 이 농지법은 일부 훼손되기는 했지만 현재 주로 나폴리 박물관의 지하층에 청동판의 비문으로 남아 있다.

> 제3 행. 푸블리우스 무키우스와 루키우스 칼푸르니우스의 콘술 재직시(즉, 기원전 133년)에 이탈리아 내의 로마 인민의 공유지였던 것에 관해서는, 대 티베리우스의 아들인 호민관 가이우스 셈프로니우스 그라쿠스에 의해 제출된 법 즉 평민회의 결의에 따라 분배에서 금지되었던 저 토지(?)를 제외하고 … 농지분배 3인위원이 법 즉 평민회 결의에 따라서 <u>추첨을 통해 로마 시민 각자에게 허용하거나 할당했고</u>(sortito ceiui Romano dedit adisgnauit) … 너머의 토지나 장소에는 없던 저 토지나 장소(?)는 무엇이든 간에 모든 토지는 … (밑줄은 저자)

동생 가이우스 그라쿠스의 농지법은 10년 전의 형 티베리우스 그라쿠스의 농지법을 약간 수정 보완한 것에 불과하다. 그래서 이를 근거로, 꽤 오래 전에, 바디안은 그라쿠스 형제의 개혁의 회고와 전망에서, 그리고 혁명의 시작이라는 일련의 글에서 원래 그라쿠스의 농지법은

기원전 111년의 농지법. 나폴리 국립박물관 지하층 소장

농지의 분배대상이 로마 시민들에게만 국한되어 있었다는 점을 재삼 재사 강조했었던 것이다.[141]

이것은 도처에 나오는 키케로의 문집[142]에서도 그 탄력을 받는다. 로마 공화국 말기에 소위 옵티마테스의 영도자로서 연설가로서의 형제는 극찬하면서도 그들의 개혁 정책에 대해서는 아주 신랄하게 공격의 화살을 퍼부었던 키케로야말로 비교적 형제의 시대와 가장 가까운 거리에 있었던 위대한 정치가였는데, 바로 그가 로마 평민들만이 농지분배의 수혜자들임을 천명하고 있지 않는가! 그의 문헌에는 동맹국의 빈민 관련 언급이 일체 없다.

아주 최근엔 로제라르도 동맹국의 빈민은 농지 분배의 수혜자가 아니었음을 자명한 것으로 보여주고 있을 정도이다.[143]

이에 대한 나의 의견은 이러하다.

1 농지법은 로마 시민 일인당 30유게라까지 분배한다고 규정되었을 것으로 추정되고 있다. 보통 10유게라가 한 가족의 생계유지를 위한 농경지였다고 생각되고 있지만, 그라쿠스는 더 많은 곡물을 경작하여 도시

로마에 공급하려는 것이 원래의 계획이었던만큼 그 규모를 30유게라까지 확대했을 가능성은 농후하다고 본다. 그렇다면 우선 확보된 농지분배용 3,268 km², 즉 1,307,200유게라[144]가 정녕 빈곤한 동맹국 시민들에게도 개방될 정도로 여유가 있었을까 하는 의심을 떨쳐버릴 수 없다.

2 또 그라쿠스의 농지개혁은 기원전 131/130년의 센서스 상의 인구수 310,000명에 비해 기원전 125/4년의 센서스 상의 인구 수치 390,000명이어서 약 5년간에 시민 수가 무려 75,913명이라는 놀라운 증가─로마 인구사에서 보기 드문 일이다.─와 연관지어 설명되기도 한다. 그러나 이것은 다수의 피해방민의 포함, 센서스 자격 재산액의 인하, 센서스에 등재하려는 프롤레타리우스들의 열망,[145] 이 세 요소가 복합된 결과라는 것으로 이해되고 있다. 그렇다면 그 중에서도 과연 그라쿠스의 농지분배의 성과로 얼마나 많은 수의 로마 시민이 기원전 125/4년의 센서스상의 수치로 등재될 수가 있었겠는가 하는 것이다. 학자들은 대개 그 수를 최대한 15,000명으로 어림잡고 있는데,[146] 나는 이보다 훨씬 많았을 것으로 추정한다. 총 1,307,200유게라가 일인당 30유게라로 분배되었다고 고려한다면, 대충 45,000명이라는 숫자가 나오기 때문이다. 문제는 이 숫자 놀음엔 동맹국 빈민들이 끼어들 틈이 전혀 없다는 점이다.

3 게다가 그라쿠스의 농지분배의 혜택을 받은 로마 시민은 거의 토지가 없는 무산 계층이었다. 그렇기 때문에 그라쿠스는 그들에게 농기구를 마련하고 씨앗도 확보하며, 땅을 갈 황소도 구입할 영농 자금을 지급해야만 했다. 그런데 당시 국고의 재정권을 장악하고 있던 로마원로원은 농지분배 3인위원에게 일당 9오볼로스만 지급하였다. 그 외의 경비 지원은 일체 없었다. 형의 농지개혁은 태산명동에 서일필격으로 끝날 운명이었다. 때마침 페르가뭄 왕국의 아탈루스 3세가 왕국과 황실 재산을 로마 시민에게 유산으로 남겼다. 그래서 그라쿠스는 아탈루스

의 돈을 영농 기금으로 사용한다는 법을 평민회에서 통과시켰다. 실제로 황실 재산은 로마에서 경매에 부쳐 그 돈으로 방대한 규모의 농지분배 작업을 성공리에 끝마쳤던 것으로 평가되고 있다.[147] 그런데 여기서 과연 동맹국 빈민들에게도 영농자금의 지급이라는 혜택이 돌아갈만큼 기금의 여유가 있었을까. 나의 대답은 부정적이다. 이제부터 살펴 볼 다음 논의의 결말도 이러한 나의 부정적인 답변에 힘을 실어 줄 것이다.

이탈리아 동맹국 부유층도 3인위원의 농지몰수에서 어떤 혜택을 받았는가

이제껏 동맹국 부유층 시민들도 그라쿠스 형제의 농지 몰수에서 로마 부유층 시민과 똑같은 처우를 받았다는 것은 자명한 역사적 사실로 받아들여졌다. 아주 최근에 공유지 연구로 큰 각광을 받고 있는 로제라르 조차도 그러한 견해를 피력하고 있다.

> 비록 이탈리아인들이 신 그라쿠스 정착자들로서 토지를 받지는 못했다 하더라도, 그들은 사실 그라쿠스 형제에 의해 아주 관대하게 취급받았다. 이 점에서 중요한 문제는 이탈리아의 옛 점유자들 *veteres possessores* — 기원전 133년 이전에 로마의 공유지를 보유하고 있던 이탈리아인들 — 역시 로마인들과 똑같이 최대 500유게라의 공유지를 갖도록 허용되었는가의 여부이다. …… 그러므로 이탈리아의 옛 점유자들이 역시 최대 500유게라의 공유지(아마 자식들 각자에게 250유게라를 더했을 것임)의 확실한 보유를 허용받았던 것 같다.[148] (밑줄은 저자)

그러나 이는 나의 평소 생각과 다르다. 아주 최근에 기쁘게도 나의 생각과 유사한 케이 박사의 탁견이 나왔다.

주요 상실자들은 그러므로 이탈리아 동맹국 시민들이었다. 왜냐하면 기원전 133년 이후에 할당된 공유지의 상당 부분이 라틴과 이탈리아 동맹국의 경계선 내에 있었음이 명백하기 때문이다. …따라서 많은 비로마인들은 농민들과 지방 엘리트층 양자 공히 기원전 133년 이전의 점유자로서 장기간 선점했었던 토지를 탈취당했음을 의미한다.[149] (밑줄은 저자)

이 인용문에서 케이 박사는 3인위원에 의해 동맹국 부유층 시민들이 점유했던 로마 인민의 공유지 중 선점지는 몰수당했다고 분명하게 언급한다. 그러나 그는 로마 시민의 경우처럼 법규상 초과분만을 몰수당했는지 아니면 아예 그들의 선점지 전부를 수용당했는지는 명시하지 않고 있다. 그렇지만 나는 그가 은연 중 후자의 견해를 암시하고 있는 것이 아닌가 여겨진다.

이에 대한 나의 의견은 이러하다. 그라쿠스의 농지법은 로마 시민은 누구나 공유지 500 유게라 이상은 점유할 수 없되, 단, 자식이 있는 경우, 1인당 250 유게라씩 2인까지 500 유게라를 더하여 총 1,000 유게라까지 점유할 수도 있다고 규정하고 있다. 1 유게룸 *iugerum*은 한 쌍의 황소가 하루에 가는 경작 면적 단위이다. 로마인의 1 걸음, 보步(pedes=0.3048m)로 가로 240보(71m), 세로 120보(35.5m), 그러니까 28,800pedes², 즉 2,523m²(=0.002523km²)인데, 알기 쉽게 말해 0.623 acre 또는 0.25 ha이다. 우리나라의 면적 측정으로는 약 750평[150]이다. 그러므로 500 유게라는 500일간 한 쌍의 황소가 가는 면적으로서 1,261,500m², 즉 126 ha인데, 우리나라의 경우를 대비해 보자면, 약 375,000평, 그러니까 무려 약 125 정보나 되는 광대한 넓이이다. 그런데 법은 그 2배인 1,000 유게라까지 선점지 점유자들에게 법정 소유 상한선으로 규정해 점유를 합법화한다니, 이것은 실상 750,000평, 즉 250정보나 되는 그야말로 광활한 토지 점유를 허용한다는 것이나 마찬가지다. 그런데도 로제라르에 의하면 농지위원이 분배에 이용하기 위해 확보된 전체 토지 규모가 3,268 km², 즉 1,307,200 유게라이며, 만약 이를 1인당 10유게라씩 분배한다면, 그 수혜자는 130,720명이 된다는 것이다.[151] 여기서 나의 의문점은 과연 1,307,200 유게라의 토지가 이탈리아 동맹국 부유층 시민이 점유하고 있던 선점지 전부가 아니라 단지 그들의 법정 초과분만을 수용해 형성된 결과물일까 하는 것이다. 그 이유는 실제 농지의 몰수와 분배가 이루어 진 지역은 대부분이 루카니아/히르피니아 지역이었는데, 이 장소들은 거의 절대 다수가 이탈리아 동맹국 시민의 영토에 속했던만큼, 옛 선점자들 역시 거의 이탈리아 동맹국 시민의 부유 엘리트층이었을 것이기 때문이다.

그라쿠스의 농지개혁의 결과 빈곤한 수만명 로마 시민이 로마와 수도권을 떠나 농촌에 정착했고, 그들이 생산한 잉여 곡물은 로마의 곡물위기 해소에 큰 도움을 주었으리라고 생각된다.

그러나 로마는 또 한 차례 큰 곡물 위기 사태를 겪는다. 기원전 125년에 속주 아프리카에 메뚜기 떼의 농작물 침해 사건으로 도시 로마는 곡물 부족으로 시민들은 또 아사지경에 이르게 되었던 것이다. 기원전 123년 호민관이 된 가이우스 그라쿠스는 대체 어떤 대책을 내놓았을까.

가이우스 그라쿠스의 곡물 배급—세계 최초의 곡물 입법

가이우스 그라쿠스의 광범한 입법 시리즈를 보면, 그의 개혁 활동은 거국적인데다가 후대에 많은 영향을 끼쳤음을 알 수 있다. 그런데 주법이 곡물법이고, 기타의 것들은 거의 전부 주법의 보충법이라 할 수 있을만큼 곡물법의 의의는 크다. 이 법도 그 전문이 비문이나 어떤 형태로든 전해져 오고 있지 않다. 여기저기 인용되는 다수의 단편적인 지식의 정보로서만 대개 그 내용을 짐작할 수 있을 뿐이다.

곡물법의 내용 지금까지의 연구 결과 학자들의 일치된 의견은 다음과 같다.

모디우스: 높이 22cm, 직경 26cm. 기원후 4세기

- 시민권 보유가 곡물법의 혜택을 받을 수 있는 자격 요건이었다. 모든 로마 시민은 귀족 등 엘리트층을 포함하여 국가로부터 법정의 가격으로 곡물을 구입할 수 있었다.[152]

- 기원전 123년에는 곡물은 무상 배급이 아니었다. 시민들은 곡물 1 모디우스*modius* 당 6⅓ 아세스*senis et trientibus asses*의 값을 지불해야 했다.[153]

- 곡물은 로마에서 한 달에 한 번 시민들에게 판매되었다.

- 시민들은 국가의 방출 소맥을 사기 위해서는 매달 개인적으로 배급 장소에 직접 나가야 했다.

두 가지 첨언할 것이 있다.

- 곡물법은 로마시에 거주하는 시민들에게만 그 시혜를 베푼 것 같지는 않다. 로마 수도권에 거주하면서 로마에서의 곡물 배급에 참여하는 모든 시민들에게 문호를 개방했다. 그러나 비록 곡물의 배급가가 시장 가격의 약 반가 이하라 할지라도,[154] 그것이 여행비나 2~3일간의 휴무로 인한 손실을 보상할 만큼 이득이 되지는 않았던 것 같다.

- 곡물 배급은 후생이나 복지 계획의 차원에서 마련된 것이 아니었다. 우리가 아는 한, 기원전 123년에 빈민이나 대가족에 대한 그 어떤 특별 조치

도 취한 조항이 없었다.

그리고 원활한 곡물 배급을 위해 가이우스 그라쿠스는 곡물을 저장할 창고들을 건립하기 위한 창고법, 지방에서 생산된 곡물을 로마로 수송하기 위한 도로들의 신축이나 개보수 작업을 위한 도로법 등 보충법을 제정해야 했다. 그리고 곡물의 공급과 배급은 물론 이를 시행하기 위한 인프라 구축 등을 위해서는 막대한 국가 경비가 소요될 것이었는데, 그는 속주 아시아 관세법 등을 제정하여 이 문제를 근본적으로 해결하였다. 그러나 이를 검토하기 전에 우선 아주 최근에 한 역사가의 전대미문의 신 가설에 대한 검토가 필요하다.

배급대상자에 여성 포함 여성이 도시 로마에서의 곡물배급의 정규적인 수령자가 될 수 있었다는 최초의 유일한 신 학설을 제시한 역사가는 바로 네델란드 출신의 소장학자 갈렌이다.[155] 그가 출발점으로 삼고 있는 사료는 다음과 같다.

> cum primum| veni Monta|nis et numi[n]a | vidi,
>
> 내가 처음으로 몬타네시움에 와서 신들을 보았을 때에,
>
> deabus | votum vovi | ut potui, pos[u]i. |
>
> 나는 여신들에게 서약을 하였다. 나는 가급적 최선을 다해 이를 수행하겠노라고.
>
> Mallia Ae|miliana do|mo Roma fr[u]mento [p]ubli[co] cum fili[o]
>
> 로마에서 온 말리아 아이밀리아나는, 그녀의 아들과 함께 공공 곡물에 등재되어 있었는데

suo | restitui[t].¹⁵⁶

이를 복원하였다.

이것은 모에시아 속주(현재 불가리아) 변경의 몬타네시움 지역에서 19세기 후반에 발굴된 초기 로마 제국 시대에 제작된 한 비문에 적혀 있는 글이다. 그런데 갈렌 역사가는 두 번째 문장을 "로마에서 온 말리아 아이밀리아나는, 공공 곡물에 등재되어 있었는데, 이를 [그녀의 아들과 함께] 복원하였다."고 달리 해석할 수도 있다면서, 기원전 58년에 클로디우스가 곡물의 무상 배급을 법으로 정했을 때뿐만 아니라 더 소급하여 기원전 123년의 가이우스 그라쿠스의 곡물법에도 그 배급대상자에 여성이 포함되어 있었다는 논지를 펼치는 것이다.

원래 곡물 배급 대상자는 성년 남자 시민들로서 가부*pater familias*의 권한 *potestas*을 지닌 자권자로서의 시민*a male Roman citizen sui iuris*이었다. 시민은 5년마다 켄소르가 실시하는 센서스 조사에 이름이 등재되었는데, 아주 최근에 이 센서스 조사에 이름이 등재되어 있는 경우, 두 범주가 있었다는 설명이 나왔다. 이에 의하면, 우리가 알고 있는 군대 징집용의 센서스 리스트 외에 또 다른 납세용의 센서스 리스트가 있었다는 것이다. 여기에는 성년 남자 외에도 돈많은 과부와 고아의 이름도 등재되어 있었는데, 특히 과부의 경우 남자와 같은 가부의 역할을 하면서 재산권을 행사하는 자권자로서의 시민의 권한을 대행할 수가 있었다. 그래서 갈렌은 자권자로서의 과부*Viduae sui iuris*뿐만 아니라 모든 미혼 성년 여자까지도 그라쿠스의 곡물배급 대상자에 포함되었다는 신 학설을 내놓게 되었던 것이다. 이것은 데모그라피 연구사에서 역시 아주 최근에 제기된 힌의 중평가설¹⁵⁷에 맞물리면서 향후 이 학설의 검토가 필수적이 되었음을 부정할 수가 없게 되었다.

속주 아시아, 그라쿠스 형제의 개혁의 소요경비 자금조달원 그라쿠스 곡물법의 수혜 대상자가 얼마였는지 우리는 그 수를 알 수가 없다. 그러나 그 수가 기원전 63년의 150,000명에서 기원전 56년에는 300,000명으로 배가되었고, 그 후에도 기원전 46년에는 320,000명이었는데, 40년 후인 기원전 5년에도 저 숫자를 유지하였으니, 그라쿠스 시대에도 50여만의 과잉 인구의 도시 로마와 수도권에 걸쳐 아마 상당수의 시민이 곡물 배급의 혜택을 받았으리라고 추정할 수 있다.

그런데 가이우스 그라쿠스의 주법은 곡물법이었고, 창고법·도로법·관세법·반환법·켄소르 입찰법·농지법·식민시 건설법·병역법 등은 주법의 보충법 정도였다는 점은 다 아는 사실이다. 이렇듯 곡물배급 등 대규모의 국가 시책을 펼치려고 했을 때, 가장 큰 문제는 정책 시행에 소요되는 그 막대한 경비를, 그것도 '현금'을 '당장' 어떻게 마련하는가였다.

그래서 가이우스 그라쿠스는 10년 전에 형이 '아탈루스 왕의 돈에 관한 법'을 제정하여 농지 분배를 성공시켰던 것처럼, '가이우스 그라쿠스의 속주 아시아 관세법lex Sempronia

속주 아시아 관세법. 터키의 에페수스 고고 박물관 소장

portorii Asiae'¹⁵⁸을 제정하여, 곡물 배급을 성공시킨다.

로마에게는 황금 당나귀였던 지금의 터키의 40개가 넘는 항구와 육로의 세관에서 관세를 징수하도록 한 법이었는데, 이 막대한 수입원의 확보와 조세징수 청부업자*publicani*의 징수로 정책 수행을 원활하게 할 수가 있었던 것이다. 당장 필요한 거액의 현금을 마련하기 위해 속주 아시아의 세금을 징수할 수 있는 징세권을 5년간 조세징수 청부업자의 회사가 갖게 로마에서 켄소르가 경쟁 입찰을 관장하도록 하는 법도 만들었다. 속주 아시아를 희생 제물로 삼은 세계 최초의 성공적인 곡물 배급이었다.

가이우스 그라쿠스의 반환법 제정 목적 가이우스 그라쿠스는 속주 총독과 조세징수 청부업자들과의 정경유착의 고리를 끊어 로마 국고 수입을 극대화하면서도 부당하게 수탈당한 속주민을 달래기 위해서 속주 총독의 탐욕에 철퇴를 가하는 반환법을 제정하였다. 로마의 기사 신분에서 선발된 배심원의 반환법정에서 속주민에게서 부당하게 이익을 챙겼다고 기소된 전임 총독이 유죄가 확정되면, 그것의 2배를 반환해야 한다는 내용이었다.

가이우스 그라쿠스의 반환법. 나폴리 국립박물관 지하층 소장

그라쿠스 형제의 개혁 성과

이것은 당시의 정치/경제/사회/문화 등 다각도로 생각할 때 후대인의 상상을 초월할 정도로 큰 것이었다. 농지와 곡물 문제의 해결은 국고관장권을 쥐고 있던 원로원의 협조 없이는 불가능한 일이었다. 그러나 페르가뭄 유산이 굴러오는 바람에 그것은 성공할 수가 있었다. 또 친척인 소 스키피오와 극단적 보수파인 스키피오 나시카 등 정적들의 모진 박해를 받아 형제는 살해되었지만, 그들의 개혁은 친척 등 개혁파의 도움을 받아 성공할 수가 있었다. 특히 가이우스 그라쿠스의 신 국가 정책의 실시로 로마는 15년간의 경제 불황과 실업 상태에서도 벗어날 수가 있었다.

그 후 비록 농지개혁은 기원전 111년의 농지법의 개정으로 모든 공유지 관계 토지들이 사유지화함으로써 라티푼디아가 크게 활성화되었다. 하지만 가이우스 그라쿠스의 곡물법, 속주 아시아 관세법 그리고 반환법 등은 로마 원로원이 함부로 폐기시킬 수가 없어 약간의 변모를 거치면서 존속하였다. 훗날 그라쿠스 형제의 개혁 이상을 문자 그대로 실현시켰던 것이 바로 아우구스투스였음을 상기할 때, 그라쿠스 형제의 고귀한 개혁정신과 그 희생은 역사적 관점에서 아주 높게 평가되어야 할 것이다.

❾

카이사르의 암살: 얻은 것과 잃은 것

카무치니, 빈첸조 Camuccini, Vincenzo(1771-1844) 율리우스 카이사르의 죽음 The Death of Julius Caesar, 1798, 카포디몬테 국립박물관, 나폴리 Museo Nazionale di Capodimonte, Naples 소장

카이사르의 암살―어떻게 해석할 것인가

역사와 역사 해석은 다르다. 로마 공화국 말기 왕이 되려 했던 카이사르는 공화국 고수파 귀족들에게 살해되었고, 공화국을 사수하려다 죽은 키케로는 공화국의 상징으로 후세인들에게 숭앙받았다. 이것이 우리가 일반적으로 알고 있는 역사다. 그러나 19세기 독일에서 모든 것이 뒤바뀐다. 카이사르와 같은 강력한 정치 지도자가 나와 독일을 통일해주었으면 하는 국민적 염원이 로마사가 테오도르 몸젠으로 하여금 키케로를 힘없고 창백한 지식인 요설가로 그린 반면, 카이사르를 위대한 정치가로 그 위상을 바꿔 놓았다. 그렇지만 20세기 파시즘과 같은 전체주의가 대두하자, 영국의 사임경은 무솔리니를 연상하면서 카이사르나 아우구스투스를 좋지 않은 시각으로 바라보기도 하였다.

오늘날, 기원전 44년 3월 15일의 율리우스 카이사르 암살, 이 역사적 대사건을 해석하는 여러 접근 방법이 있다. 우선, 떠오르는 것이 카E.H. Carr의 '역사란 현재와 과거와의 대화'라는 공식에 따라서 가령 현재의 박정희 암살과 과거의 율리우스 카이사르 암살과의 대화 형식을 취하는 것이다. 다음으로, 순수 철학자인 가다머H.G. Gadamer와 리쾨르P. Ricoeur의 해석학적 해석을 가하는 방법이다. 전자의 『진리와 방법』과 후자의 『시간과 이야기』는 20세기 최대의 현상학과 해석학의 대저서로서 카의 방법론의 취약점을 보완하는 데 크게 기여하면서 결국엔 이 문제에 대한 정답의 이론적 기폭제가 될 수도 있다. 마지막으로, 포스트모던 시대에 등장한 그린블랏Stephen Jay Greenblatt, 1943~의 신역사주의new historicism나 다른 말로는 문화의 시학Poetics of Culture 이론을 통해 접근하는 방법이 있다. 여기서 마지막 접근 방법을 좀 더 알아보기로 하자.

1920년대에서 1960년대 초기까지 영미 문학 비평계에는 '신 비평주의

New Criticism'가 주류를 이루고 있었다. 이것은 문학 작품 자체를 역사적 진공 속에서 정독할 것을 강조하는 것으로, 시나 소설을 그 어떤 역사적 맥락context과 관련을 지으면서 읽으면 안 된다는 것이었다. 말하자면 시나 소설, 드라마 원본text을 읽을 때에, 초텍스트적인 사료인 '전기biography'에 기초해 비평하는 것을 거부하는 것이다. 이리하여 신 비평주의는 종종 인간의 의미, 문학의 사회 기능과 효과에 관심이 없는, 특히 비역사적인 것으로서 간주되기도 했다. 그래서 그린블랏은 시, 드라마 등을 주변 사회의 힘의 구조의 표현 내지, 그것에 대한 반동, 즉 교섭과 교환으로 해석하면서 '나의 깊고도 지속적인 관심은 문학과 역사의 관계에 있다.'고 강조한다. 어떠한 시라도 추호의 망설임 없이 시학으로 간주되어야 하나, 시를 단지 시학일 뿐이라고 간주하는 것은 시의 가장 중요한 면을 보지 못하는 것이다. 즉, 시가 사회역사적 컨텍스트에 의해 전달되는 방법과 시가 그것의 의미를 획득하는 방법에 대해 맹목적인 눈으로 보는 꼴이 된다는 것이다. 사실, 시를 시학 이외의 아무 것도 아닌 것으로 간주하는 것은 시를 전혀 보지 못한 소치로, 시학과 역사는 둘 다 산출의 형태를 띠는데, 그린블랏은 이것이야말로 모든 인간 활동의 영역에 고루 미치는 창조적 힘이라면서, 텍스트를 그것의 사회역사적 컨텍스트로부터 엄격하게 분리시키는 것을 신랄하게 비판했던 것이다.

나는 이에 따라 그 텍스트로서 1599년에 초연되고 1623년에 출간된 셱스피어의 『율리우스 카이사르Julius Caesar』의 3막 2장에 나오는 브루투스와 안토니우스의 카이사르 장례 연설을 비교 검토함으로써 카이사르 암살에 대한 나 나름대로의 해석을 가하려는 것이다.

카이사르의 암살-얽힌 이야기들

일반적으로 영국의 대문호는 당시 영어로 번역된 플루타르쿠스의 『영웅전』에 나오는 이야기들로 드라마를 썼다고 알려지고 있다. 따라서 카이사르 암살과 그 이후에 벌어진 사건에 대해 가장 오래된 고전 문헌인 수에토니우스(서기 69~122년)의 『12 카이사르 열전 De Vita Caesarum』에 기재되어 있는 기록을 간단히 보기로 하자.

음모자들이 경의를 표하듯이 앉아 있는 카이사르를 둘러싸고 섰다. 그러자 앞장서기로 한 킴베르 틸리우스가 뭔가 청원할 것이 있는 양 카이사르에게 좀더 다가갔다. 카이사르가 이것을 막고 몸짓으로 다음으로 미루는 순간, 토가 위로 양 어깨를 눌러 꼼짝 못하게 했다. 그러자 카이사르가 외쳤다. "폭력을 쓰려는 것이냐?" 카스카 형제 중 한 명이 얼굴을 돌린 카이사르의 목구멍 밑에 상처를 냈다. 카이사르는 카스카의 팔을 잡고 철필로 푹 찔렀다. 그리고 의자에서 벌떡 일어나려 하다가 또 한 번 칼에 찔리는 바람에 다시 주저앉고 말았다.

칼집에서 빠져나온 칼들이 사방팔방에서 자신을 노리고 달려드는 것을 보자, 카이사르는 토가로 머리를 덮어 감추고, 동시에 왼손으로 옷의 주름을 발끝까지 늘려 하반신도 감싸버렸다. 최소한 죽을 때 체면만은 지키고 싶었던 것이다.

이리하여 23군데나 칼에 찔렸지만, 맨 처음 찔릴 때 딱 한 번 신음 소리를 냈을 뿐, 그 후에는 아무 소리도 내지 않았다. 다만 어느 전언에 따르면 자신을 덮치는 마르쿠스 브루투스에게 "너마저, 내 아들아! καὶ σύ, τέκνον"했다고 한다.

카이사르는 모두 도망쳐버린 뒤에 잠시 숨이 끊어진 상태로 쓰러져 있다가 겨우 가마에 눕혀졌다. 그리고 한 쪽 팔을 축 늘어뜨린 채 세 명의 노예에 의해 운반되어 집으로 돌아갔다.

의사 안티스티우스의 진단에 따르면 그렇게 많은 자상 가운데 치명적인 것은 두 번째로 가슴을 찔린 것뿐이라고 했다.

음모자들은 처음에는 카이사르의 시신을 옮겨 티베리스 강에 던져 버린 뒤 재산을 몰수하고 그의 법률을 무효화시킬 예정이었지만, 콘술 안토니우스와 기병대장 레피두스가 두려워 계획을 단념했다……

그는 로마 인민에게 공원 부지로 티베리스 강변의 그의 정원과 각자 300 세스테르케스씩 유증했다.

브루투스. 국립로마박물관 소장품

여기에 몇 가지 첨언할 것이 있다. ① 에우트로피우스Eutropius에 의하면, 암살에 60여 명 이상의 원로원 의원이 참가했다고 한다. ② 카이사르의 마지막 말인 헬라스어 너마저, 아들아! 뜻인 "καὶ σύ, τέκνον"은 대문호에 의해 라틴어 "Et tu, Brute? 너마저, 브루투스!"로 바뀐다. ③ 암살 직후 킨나는 "자유다! 해방이다! 참주는 죽었다!"고 외치면서 거리를 달렸다. ④ 유언장의 내용은 오직 수에토니우스의 기록에만 나오는데, 섹스피어는 카이사르의 유언장 공개 때 로마 평민 각자에게 75 드라크마씩 주기로 했다면서 작품의 클라이막스로 사용하지만, 드라크마는 헬라스 화폐 단위이므로, 로마 화폐 단위인 300 세스테르케스로 해야 맞다.

카이사르의 암살-장례 연설들

그러면 이제 섹스피어의 『율리우스 카이사르』, 3막 2장의 대본[159]을 보기로 하자. 과거 우리나라에서 대문호의 작품 중 가장 먼저 번역된 것이 바로 이 작품이다. 1914년에 정노식은 최초로 3막 2장 중 「쑤루타스의 웅변」(학지광 3호)을 발표했는데, 이는 국치 직후인 점에 유의해야 한다. 그 뒤에 춘원 이광수는 1926년 1월 1일자 동아일보에 「줄리어쓰 씨서」, 3막 2장 전문을 번역해서 실었다.[160] 지금껏 이 작품의 여러 번역본이 나왔지만, 나는 그래도 춘원의 이 번역문이, 몇 군데 오역이 눈에 띄지만, 그래도 대문호의 원작의 의도를 가장 잘 나타내고 있다고 생각한다. 그리고 1979년에 BBC 방송이 방영한 드라마 중에서, 브루투스 연설과 그 후의 안토니우스의 연설을 직접 듣는 시간을 갖는 것이 좋을 것 같다.[161]

그러나 역시 브루투스 연설의 백미는 아마 이런 대목일 것이다.

–Not that I loved Caesar less, but that I loved
Rome more. Had you rather Caesar were living and
die all slaves, than that Caesar were dead, to live
all free men?

로마의 평민 군중들은 브루투스의 연설을 듣고 감동한 나머지 카이사르 나쁜 놈, 잘 죽였다! 브루투스 만세를 부른다. 그러나 잠시 후 안토니우스의 연설

카이사르 시신을 가리키며 열변을 토하는 안토니우스

을 듣고 나서는 태도가 돌변한다. 위대한 카이사르를 죽인 놈들이 누구냐? 그놈들을 때려 잡자며 암살자들의 집으로 몰려간다. 왜? 안토니우스는 어떤 연설을 했길래?

Here is the will, and under Caesar's seal.
To every Roman citizen he gives,
To every several man, seventy-five drachmas.
Moreover, he hath left you all his walks,
His private arbors, and new-planted orchards
On this side Tiber. He hath left them you

And to your heirs forever–common pleasures
To walk abroad and recreate yourselves.
Here was a Caesar! When comes such another?

안토니우스. 바티칸박물관 소장

카이사르의 암살-자유냐, 빵이냐

섹스피어의 『율리우스 카이사르』의 3막 2장에서는 카이사르의 암살 연설에서 브루투스는 '자유'를, 안토니우스는 '돈과 웰빙well-being'을 각기 강조하였지만, 종국에는 안토니우스의 승리로 마감되었음을 알 수가 있다. 이제 텍스트를 컨텍스트와 결부하여 살펴보기로 하자.

당시 로마 공화국에는 두 부류의 정치가 집단이 있었는데, 엘리트파라고 할 수 있는 '옵티마테스'와 평민파인 '포풀라레스'이다. 둘 다 대개 귀족 출신들이지만, 전자는 주로 '원로원'을 정치 무대로 삼은 것에 반하여, 후자는 '지역구 평민회'를 중심으로 정치 활동을 하였다.

한니발 전쟁 때만 하더라도 로마 원로원은 공화국의 정치를 성공리에 잘 이끌었다. 그러나 기원전 130년대에 들어서자, 공화국은 내부적으로 시민들의 민생 문제, 즉 농지/곡물/군제대 후 보상 등등의 매우 심각한 상황에 처하게 되었다. 그렇지만 옵티마테스는 사유 재산은 신성하다느니 빈자와 부자가 공존해야 한다는 기하학적 평등사상을 내세워 부자 무세無稅를 주장하였다. 그러다 보니 그들은 결국 국고가 고갈된다는 명분을 내세워 시민의 민생 문제 해결에 시종일관 수수방관적인 태도를 견지하게 되었다. 이에 참다못한 그라쿠스 형제가 호민관이 되어 최초의 포풀라레스로서 본격적인 민생 문제를 해결하려고 하였다. 그러자 정책불임증을 앓고 있던 옵티마테스는 형제를 암살하는 방책을 선택했다. 그 뒤 로마 공화국은 마리우스/술라/제1-2 차 삼두정치의 정치 기복을 겪으면서 마침내 카이사르의 암살에 이른 것이다.

그런데 여기서 일단 브루투스의 '자유'가 의미하는 바가 무엇인가를 알아둘 필요가 있다. 그에게 국가는 '레스 푸블리카res publica', 즉 공공물 또는 '레스 포풀리res populi', 즉 인민물이었으니, 한마디로 로마 공화국은 로마 인민의 공통의 재산인데, 인민을 대표하는 것은 곧 로마 원로원이므로, 국가는 로마 원로원 의원들의 공통 재산이라는 것이다. 따라서 로마 원로원은 국가를 자의적으로 처분할 수 있는 '자유', 즉 리베르타스libertas를 독점하고 있었는데, 카이사르가 종신 독재관이 되고 왕관을 쓰려고 하자 그를 죽임으로써 상실했던 바로 그 리베르타스를 찾아야 한다는 명분을 내세웠던 것이다. 그러므로 엄밀하게 말해 킨나와 특히 브루투스가 내세운 리베르타스는 그들의 것이지, 결코 로마 평민들의 '자유'는 아니었다.

이와는 반대로, 안토니우스는 평민들의 관심사인 먹는 문제와 잘 사는 문제 해결을 위해 카이사르가 얼마나 고심했는가 그리고 그의 직인이 찍힌 유언장의 공개를 통해 그와 같은 로마 시민을 위한 위대한 정치가는 또 다시 나타나지 않을 것이라는 내용의 연설을 함으로써 암살자들을 패망의 길로 걷게 하는 전기를 마련했던 것이다.

카이사르의 암살-얻은 것과 잃은 것

카이사르의 암살의 최대 수혜자는 옥타비아누스였다. 그는 카이사르의 양자로서 로마 제국이라는 최대 유산을 두 손에 거머쥐게 되었다. 로마의 일반 시민이 잃은 것은 약간의 정치적 권리였을 뿐, 무엇보다도 민생, 더 나아가 평화를 얻었다. 반면에 암살자들이 얻은 것은 카이사르의 시신일 뿐, 모든 것을 잃었다. 그들의 귀중한 '자유'와 재산, 심지어 목숨까지 잃었다.

여기서 지상 최고의 정체라고 극찬받았던 로마 공화국이 왜, 어떤 이유로 사멸하게 되었는가라는 의문이 떠오르게 된다. 옥타비아누스는 20세도 안 되어 40세가 되어야 올라갈 수 있는 최고 정무관인 콘술이 되었다. 기원전 44년 3월 15일 카이사르 암살 이후, 특히 그해 9월부터 옥타비아누스가 콘술이 되는 기원전 43년 8월 간에 옥타비아누스와 정치적 제휴를 하고 있었던 키케로는 충절어린 공화국 살리기 운동에도 불구하고, 그 뜻을 이루지 못했으니, 한마디로 운명의 여신인 튀케Tyche가 공화국을 버렸다고만 하기에는 그 무엇인가 심각한 요인이 있었던 것이다.

⑩

로마 공화국의 몰락:
키케로 최후의 정치 실패

파벨 스베돔스키Pavel Svedomsky, 1849-1904의 「키케로의 머리를 만지작거리는 풀비아」. 안토니우스의 처 풀비아가 안토니우스를 탄핵한 필리피카Philippicae의 연설문 속에서 자신을 극도로 우롱했던 키케로의 잘린 머리를 만지면서 환희에 차 있는 모습. 로마 공화국 역사의 최후의 상징이다.

그라쿠스 형제의 개혁이 남긴 국가 과제

일단 그라쿠스 형제의 개혁은 대성공이었다. 그러나 10여 년이 지난 후 이른바 '기원전 111년의 농지법'의 제정으로 그라쿠스 형제의 농지개혁은 일대 타격을 받게 된다. 왜냐하면 이 농지법의 제정으로 트리엔타불라trientabula는 말할 것도 없고, 그라쿠스 형제가 분배해준 농지와 엘리트 시민층elite cives의 법정 상한선 내의 점유 토지를 포함한 모든 공유지는 사유지로 되기 때문이다. 따라서 형제의 농지법에서 규정한 농지의 매각 금지 조항은 사라지게 되었다. 그 결과 노예 투입의 라티푼디아 경영이 베버의 말대로 '국가적 경제 형태'를 이루게 되었고, 심지어 소 플리니우스는 라티푼디아가 이탈리아를 망쳤다고 극언까지 할 정도로 기원전 1세기에 로마의 농지 경영의 대변혁이 일어났다. 그렇지만 특히 동생의 곡물법, 속주 아시아 관세법, 반환법 등은 원로원 반대파에 의해 완전 폐기되지 않았다.

문제는 그라쿠스 형제의 암살 이후 로마 시민의 민생 문제, 즉 농지, 곡물, 부채 그리고 군 제대 병사들의 생계 보장 등을 어떻게 해결해야 하는가가 국가의 당면과제로 떠올랐다는 사실이다. 로마 공화국이 제국으로 넘어가는 혁명의 일세기는 마리우스의 병제 개혁, 그와 술라의 권력 투쟁 그리고 뒤이어 폼페이우스, 카이사르, 키케로 등이 등장하면서, 제1/2 차 3두정치를 거쳐 결국 아우구스투스의 제국이 수립되는 과정을 거친다. 여기서는 우선, 카이사르 사후 마케도니아에 주둔했던 그의 군대의 향배, 특히 옥타비아누스가 제2차 로마 진군을 하여 콘술이 되는 격동기의 로마 원로원의 정치, 공화파와 카이사르파의 군대 동향 그리고 키케로의 최후의 공화국 살리기 시도와 그 실패를 조명함으로써 로마 공화국이 왜, 어떻게 사멸하게 되는지 살펴보고자 한다.

원로원파 대 평민파

로마 공화국 시대에는 현대적 의미의 정당이란 존재하지 않았다. 원래 세습귀족에다가 여기에 첨가된 관직 귀족 출신들이 가문의 정치적 성향과 친소 관계에 따라 붕당의 성격을 지닌 당파를 형성하고 있었다. 그런데 그라쿠스 형제 시대에 이르면 원로원을 정치 무대로 삼아 정치를 하고자 하는 옵티마테스와 새로이 지역구 평민회를 중심으로 정치를 하려는 포풀라레스로 나뉜다. 그라쿠스 형제는 최초의 포풀라레스였다.

그러면 먼저 키케로를 통해 옵티마테스부터 살펴보기로 한다.

> 그들은 국가정책을 주도하는 자들과 그들의 지도를 받는 자들을 포함하고 있습니다. 그들은 그 앞에 원로원에 들어갈 수 있도록 문이 열려져 있는 매우 큰 신분(기사신분)을 포함하고 있습니다. 그들은 자치읍과 농촌 지역에 살고 있는 로마인들을 포함하고 있습니다. 그들은 사업가들을 포함하고 있습니다. 피해방자유민들 역시 옵티마테스 가운데에 있습니다. 되풀이하자면 이 계층은 광범위하게 퍼져 있고 다양하게 구성되어 있습니다. 그러나 오해를 피하기 위해 전 계층은 다음의 몇 마디로 요약·정리될 수가 있을 것입니다. 천성이 범죄형이거나 악의적이 아닌, 혹은 가정문제 때문에 광기를 부리거나 속 썩이지 않는 사람들 모두 옵티마테스입니다. 그러니까 마음이 곧고 건전하며, 안락하게 지내는 자들이 여러분께서 옵티마테스의 부류라고 부르는 자들이라는 이야기가 되는 셈입니다. 국정을 펴 나갈 때에 이들의 소원, 이익과 원칙들에 입각하여 일하는 자들은 옵티마테스의 대표자라 불리고 있고, 그들 스스로는 옵티마테스 중 가장 영향력이 큰 사람, 가장 뛰어난 시민, 국가 지도자들로서 믿고 있습니다.[162]

물론 키케로가 여기서 옵티마테스의 성원을 너무 지나치게 확대해서 규정하고 있는 것은 사실이나, 요컨대 원로원의 사전재가를 받아, 다시 말해 '원로원과 함께 원로원을 통해' 정책을 수행하는 것이 옵티마테스이다.[163]

키케로는 조타수인 옵티마테스가 공화국이라는 배를 몰고 가야 할 목적지에 대해서 이렇게 언급하고 있다.

> 그렇다면 국가라는 배의 키를 잡고 항해하는 저들 앞에 놓여 있는, 그들이 눈을 똑바로 뜨고 지켜보면서 나갈 항로를 제대로 잡아 줄 표적은 무엇일까요. 그것은 바로 건전하며 선하고 번영하는 모든 사람에게는 가장 좋고 바람직한 것이니, 즉 otium cum dignitate인 것입니다.[164]

오티움 쿰 디그니타테에 대해서는 그것이 오티움 otium(질서 또는 평화)과 디그니타테스 dignitates(존엄)의 합성어인만큼 자구에 따른 여러 해석이 나와 있다. '소요로부터의 평화와 자유',[165] '존엄과 더불어 평화',[166] '우리 시대의 평화와 정부 존중'[167] 등이다. 그러나 나는 그것을 원로원의 존엄에 입각한 강력한 공화국 체제하에서 소요가 전연 없어 안정과 질서가 잡힌 평화로운 상태로 보고자 한다. 좀 더 설명하자면, 키케로는 정치형태에는 왕정, 귀족정, 민주정이 있는데, 이 세 정치형태가 혼합되어 균형을 취하는 소위 '제4의 정부형태'가 최상의 정부형태라고 하며, 이것이 바로 로마 공화국이라고 언급하였다. 그리고 나서 그는 이와 같은 가장 이상적인 로마 공화국이 최초의 포풀라레스인 그라쿠스 형제의 개혁 시도로 손상을 입었다고 보고, 항상 그라쿠스 형제 이전의 안정된 상태로 돌아갈 것을 그의 정치이념으로 삼았다. 그러므로 오티움 쿰 디그니타테는 원로원의 존엄에 의거, 안정과 질서가 잡혀 불화와 소요 같은 것이 일체 없었던 그라쿠스 형제 이전의 이상국가인 로마 공화국을 의미한다고 보아야 할 것이다. 이후부터는 편의상 '존엄을 지닌 질서'로 표기하고자 한다.

그러면 존엄을 지닌 질서는 어떤 것들을 토대로 해서 이루어졌는가.

> 이제 이 존엄을 지닌 질서는 우리의 지도자들이 생명 자체의 위험을 무릅쓰고서라도 보호하고 방어하지 않으면 안 되는 다음과 같은 주춧돌들과 구성물들을 지니고 있습니다. 즉, 종교의식religiones, 복점auspicia, 정무관의 권한potestates magistratuum, 원로원의 권위senatus auctoritas, 법들leges, 조상 전래의 관습mos maiorum, 재판iudicia, 사법iuris dictio, 신의fides, 속주들 provinciae, 동맹국들socii, 통치권의 위광imperii laus, 군사res militares, 국고 aerarium인 것입니다.[168]

이 모든 것은 정치적·사회적 현상태를 유지하는 데 집약되어 있다. '소요를 일으키는' 법안들을 막는 데 교묘하게 이용될 수 있는 것이 종교의식과 복점이요, 윤리적인 성격을 강하게 띠고 있는 신의는 재산소유권에서 본질적인 것이었다. 정무관의 권한은 말할 것도 없고 특히 원로원의 권위, 속주와 동맹국, 군사나 국고 어느 것 하나라도 국가 안정에 긴요치 않은 것이 없다.

그런데 이 존엄을 지닌 질서라는 항구를 향해 갈 때 폭풍우를 일으키는 자들이 간혹 나타난다.

> 그처럼 큰 시민단 내에는 여러 종류의 사람이 있게 마련입니다. 즉 죄를 의식하기 때문에 벌을 두려워하며 혁명과 통치의 변화를 추구하거나, 타고난 일종의 혁명적 광기 때문에 시민간의 불화와 소요를 발생시키거나, 또는 재정궁핍 때문에 그들 자신의 파멸보다는 오히려 대재난을 원하는 자들이 있는 것입니다. 이들과 같은 사람들이 그들의 사악한 목적들을 위해 일할 조언자와 지도자들을 찾아내는 바……[169]

이들이 바로 포풀라레스이다. 그들은 '대중을 기쁘게 하는 것이라면 무엇이든지 말하고 행하고자 하는 자들'로서, '민중에게 인기 있는 안들'을 제안함으로써 대중을 만족시키고자 하는 자들이다. 따라서 포풀라레스란 '인민과 함께 인민을 통해', 즉 지역구 평민회를 통해 정책을 추구하는 자들이다.[170]

여기서 옵티마테스와 포풀라레스의 정치 특성이 극명하게 나타난다. 포풀라레스는 원로원을 무시하고 토지와 곡물의 분배안이나 채무자의 구제안을 제안하는 경향이 있었고, 반면에 옵티마테스는 재산소유권이나 국가경제의 이름으로 이를 저지하는 경향을 띠고 있었다.[171] 다시 말하자면 포풀라레스는 토지분배, 곡물배급, 부채말소, 군제대보상과 같은 안을 들고 나옴으로써 소위 강풍과 폭우를 몰고 온다는 것인데, 옵티마테스는 이러한 고난을 극복하고 존엄을 지닌 질서라는 항구에 도달하도록 노력해야 한다는 것이다.

> 공화국에 폭풍우가 일어났을 때, 국가라는 배의 키를 잡았다고 여태까지 주목을 받아 왔던 옵티마테스는, 내가 바로 지금 말한 저 주춧돌들과 구성물들을 하나도 손상시킴이 없이, 그들의 항로를 제대로 잡아 주고 저 존엄을 지닌 질서의 항구에 도착하기 위하여 그들의 모든 기술과 전력을 다해 지켜보고 투쟁해야 할 것입니다.[172]

그때에 원로원은 바로 '기사신분equites'의 도움을 받아야 한다.

> 원로원은 국가의 수호자, 감독자, 방어자로서 설치되었습니다. 그들은 정무관들이 이 신분의 구성에 의해 지도받으며 마치 이 대협의체의 대리인처럼 활동해 주기를 바랐습니다. 더욱이 원로원 자체는 바로 그 다음에 오

는 신분(기사신분)의 위세가 첨가되어 더욱더 지지를 받게 되고……. [173]

즉, 옵티마테스는 원로원의원 신분과 바로 그 아래의 기사신분이 가장 견고한 화합의 유대로 결속되어 포풀라레스와 투쟁해야 한다는 것이다. [174] 이렇게 키케로가 '양 신분의 화합 concordia ordinum'을 강조하는 것은 무엇보다도 국가의 안정이 재산을 소유하고 있는 양 신분에게 필요했기 때문이다.

> 선한 시민들은 우선 태어난 그 순간부터 선하게 되지만, 그 다음부터는 재산이 그들을 돕습니다. 국가가 안정되어야 하는 것은 모든 선한 사람들에게 이익이 되는 것이지만, 더 분명한 것은 그것이 재산가들에게 이롭기 때문입니다. [175]

따라서 그들은 토지분배, 곡물배급, 부채말소 그리고 군제대보상과 같은 빈민 구제책들을 제시하면서 이러한 방안을 수락하지 않으면 폭력을 행사하겠다고 위협하거나 실제로 폭력을 행사함으로써 풍랑을 일으키는 포풀라레스에 대항하여 투쟁하지 않으면 안 되었다.

그러면 왜 옵티마테스는 포풀라레스의 민생정책에 반대 입장만 취했을까? 대답은 아주 간단하다. 그들은 무세無稅로서 거기에 소요되는 막대한 경비를 부담하지 않으려고 했기 때문이다. 이러한 실리를 챙기기 위해 그들은 두 가지 명분을 내세웠다. 바로 '사유재산권은 신성하다.'라는 이념과 '불평등이 곧 평등이다.'라는 이념이었다.

> 정의의 제1차 임무는 어떤 사람이 다른 사람을 부당하게 대하지 않는 한 해치지 않게 하는 것이고, 그 다음으로는 사람들로 하여금 공익을 위한 공동소유물과 그들 자신의 사유재산을 이용토록 하는 데 있다. [176]

여기서 공익을 위한 공동소유물이란 속담에 잘 나타나고 있듯이 물, 불, 정직한 상담임은 말할 것도 없다.[177] 그런데 특히 주목을 끄는 것이 국가 존재의 제1차 목적이 시민의 사유재산을 보호하는 데 있다는 사실이다.

> 국가의 행정을 맡고 있는 사람은 모든 사람 각자가 자기에게 속한 것을 소유케 하며, 개인의 사유재산의 모든 권리가 국가의 법률에 의해 침해당하지 않도록 제1차적 배려를 해야 한다.[178]

이렇듯 키케로는 국가의 제1차 임무가 시민의 사유재산 권리를 보호하는 데 있다고 강조하는데, 그것은 말할 것도 없이 부자, 즉 귀족신분과 기사신분이 자신들의 재산을 침해받지 않으려고 정당화한 것이다.

다음은 키케로에게서 매우 중요한 의미를 띠고 있는 사상으로 불평등이 곧 평등이라는 것이다.

> 모든 권력이 인민의 수중에 있을 때에는, 비록 인민이 그 권력을 정의롭고 온건하게 행사한다 할지라도, 그 결과로 나타난 평등 그 자체는 불평등한 것이다. 그 까닭은 그것이 신분과 등급에 따라 생기는 존엄의 차가 있음을 전연 허용하지 않기 때문이다.[179]

이것은 소위 '기하학적 평등'(비례적 평등)의 내재적·외연적 원리에 입각한 것으로서 플라톤과 아리스토텔레스에게서 정치사상을 물려받은 키케로에게는 너무나 당연한 것이었다. 재산에 따라 귀족과 기사, 평민의 경우 보병 1등급에서 5등급까지 신분과 등급 차가 있어야 그것이 평등하다고 하는 이 논지는 현대인으로서는 이해하기 힘드나 고대인들에게는 자명한 형평의 원리였다. 따라서 귀족과 기사 그리고 부유한 평민이 재산이 없거나 있다 하여도 조금밖에 없는 시민들을 통치해야 한다는 원로원의 기본 입장도 이러한 맥락에서 이해된다.

그러기에 키케로는 가난한 시민들에게 재산을 분배하는 것에 대해 반대하는 입장을 취하였다. 왜냐하면 그것은 '신성한 사유재산권'과 '불평등의 공정한 법'을 침해할 뿐만 아니라, 더 나아가서는 국가 토대를 허물어뜨리는 것으로까지 간주되기 때문이다.

> 필리푸스가 호민관직에 있을 때 그의 농지법안을 제출하면서 제시했던 정책은 파멸적인 것이었다. 그렇지만 그의 법안이 폐기되었을 때, 그는 쾌히 패배를 인정하고 지극히 온건한 태도를 취했다. 그러나 그 법안에 대해 행한 공중연설들에서 그는 종종 포풀라레스임을 드러냈고, 심한 경우에는 "나라 안에 조금이라도 재산을 소유하고 있는 사람은 2천 명도 못 된다." 한 적도 있었다. 저 연설은 무조건 비난받을 만하니, 그것은 재산의 평등한 분배를 조장하기 때문이다. 그렇다면 저것보다 더 파멸적인 정책이라고 상상할 수 있는 것이 있을까. 왜냐하면 시민공동체인 공화국에서 국세를 마련하는 주목적은 각자의 사유재산의 제 권리를 보장해 주는 데에 있기 때문이다.[180]

위와 같은 재산의 평등한 분배보다도 더 파멸적인 정책은 없다고 하는 키케로의 생각은 좀더 구체적으로 다음의 예문들에서 나타난다.

> 그러나 포풀라레스임을 자처하면서 토지 점유자들을 그들의 가정에서 내쫓기 위해 농지법들을 통과시키고자 하거나, 채무자들에게는 빚진 돈을 경감시켜 주어야 한다고 제안하는 그들은 공화국의 주춧돌을 깎아 없애고 있다. 첫째, 그들은 화합을 깨뜨리고 있으니, 화합이란 일부에게서 탈취한 돈이 다른 사람들의 수중으로 들어갈 때에 있을 수 없다. 둘째, 그들은

형평을 깨뜨리고 있으니, 형평이란 사유재산권이 존중되지 않는다면 깨지고 만다. 왜냐하면 내가 앞서 말했듯이, 각자가 자유로이 방해받지 않고 자기 자신의 특정재산을 관리할 수 있도록 보장해 주는 것이 시민공동체인 도시의 특수 기능이기 때문이다.[181]

로마 시민 가운데에는 재산이 있는 사람과 없는 사람이 공존해야만 화합과 형평이 이루어지며 공화국의 토대는 굳건해지는 것이다. 따라서 재산이 공평하게 분배되면 화합과 형평이 깨지는 동시에 국가 토대가 허물어진다는 것이니, 즉 토지분배와 부채말소 같은 것들을 통해서이다.

재산이라곤 전연 가지고 있지 않았던 사람이 수년간 또는 심지어 수세대에 걸쳐 타인의 재산이었던 토지들을 취하게 된다든지, 전에 토지들을 소유했던 사람이 졸지에 그것을 잃게 된다는 것이 어떻게 공정하다는 말이냐.[182]

이렇듯 토지분배의 부당함을 지적해 마지않는 키케로는 부채말소를 순전히 강도질과 같은 것이라고 음성을 높이기까지 한다.

사람들은 한푼도 없이 순전히 남의 재산을 갖고 살아가려고 하는가. 왜? 내가 집을 사거나 지어 가지고 경비를 들여 유지해 나가는 때에, 당신은 내 동의도 없이 그 집에서 잘살아 보려는 작정이시오? 어떤 사람에게서 그에게 속한 것을 빼앗아서 소유주도 아닌 다른 사람에게 주어 버리다니 이것이 강탈이 아니고 무엇이오, 당신은 내 돈으로 농장을 사가지고 그 농장을 소유하고 있는데, 나는 내 돈을 회수하지 못하고 있다는 말 외에 부채말소(새 장부들)에 대해 도대체 무슨 말을 할 수 있겠소.[183]

지금까지 살펴본 것을 재차 요약해 보면 다음과 같다. 로마 시민 가운데에는 반드시 재산이 있는 사람과 없는 사람이 공존해야 한다. 그래야만 조화와 형평이 이루어지며 공화국의 기초도 튼튼해진다. 즉, 원로원 귀족신분과 그 밑을 받쳐 주는 기사신분 그리고 트리부니 아이라리이 신분과 같은 부유한 평민층을 포함한 전 이탈리아의 유산계층과 재산이 없거나 있다 해도 조금밖에 없는 평민들, 이렇게 신분과 등급의 차가 있어서 형평을 이루는 것이다. 만약 토지분배나 부채말소를 통해 재산이 분배되어 신분과 등급의 차가 없어지면, 이것은 곧 형평의 원칙에 위배되는 것이며, 평등에 입각한 '계서적 사회구조' 역시 깨지는 것이다. 요컨대 재산이 공평하게 분배되면 조화와 형평이 깨지고, 동시에 국가 토대는 허물어지고 만다.

이 같은 논리는 결국 재산을 소유하고 있는 소수의 상층 계급이 자기들이 거의 독점하다시피 하고 있는 재산을 재산이 없거나 있다 하더라도 조금밖에 갖고 있지 않은, 다수를 점하는 일반 시민들에게 분배해 주지 않으려고 하는 그들의 목적을 정당화시키는 논리라고 한마디로 규정할 수가 있다. 즉, 재산이 있는 부유계층이 재산이 없는 사람들에게 토지를 분배해 주거나 부채를 말소시켜 주지 않으려고 사유재산권은 신성하다, 불평등이 곧 형평의 원칙에 합당하다, 또는 그것들이 공화국의 기초를 허물어뜨린다는 등의 이론을 내세웠다고 볼 수 있다.

이와 같이 소유자들의 신성한 재산권과 불평등의 공정한 법을 수호하는 것이 국가 토대를 굳건히 하기 위해서라는 기본 입장을 내세워 원로원 내의 옵티마테스는 국가의 토지분배, 곡물배급, 부채말소와 같은 사회경제적 제문제를 해결하려 하기커녕, 오히려 이러한 문제들을 들고 나오는 포풀라레스의 활동을 저지하는 경향마저 띠고 있었다.

이러한 원로원의 옵티마테스의 기본 입장은 병사들의 제대시 제대 후의 생활근거로서 돈이나 토지와 같은 보상을 해주지 않으려 했다는 데에서도 나타난다. 주지하는 바와 같이 로마 공화국에서는 시민군제도를 채택하였다. 비시민인 부녀자, 어린이, 외국인, 노예 들은 군대에 동원될 수 없었고, 17세에서 60세까지의 전 성년남자, 즉 시민만 병사로서 동원되었다. 그러므로 병사는 제대하는 그 순간부터 시민이다. 따라서 시민에게 토지를 분배해 주려 하지 않았던 원로원 내의 옵티마테스가 제대보상을 해주지 않으려 했다는 것은 하등 이상할 것이 없다. 한 걸음 더 나아가 포풀라레스인 장군이 병사들을 제대시키면서 토지를 할당해 주려고 했을 때에 원로원이 반대입장을 취했음은 물론이다. 예를 들어 기원전 62년 말에 동방에서 승리를 거두고 돌아온 폼페이우스가 제대병들에게 토지를 분배해 줄 것을 원로원에 제안한 바 있었다. 그러나 당시 소 카토의 영도하에 있던 원로원은 이 제의를 완고하게 거부하였고, 그 결과 폼페이우스는 카이사르와 손을 잡고 제1차 삼두정치를 성립시켰다.

결국, 정치이론기 기게로에 의해 대변되는 원로원 내 옵티마테스의 보수적 정치전통의 사상을 간단히 정리하여 제시하면 다음과 같다. 즉, 공화국이라는 배를 조타수인 옵티마테스는 소요가 없는, 안정과 질서가 잡혀 있는 항구에 가닿도록 해야 한다. 항해중에 토지분배, 곡물배급, 부채말소 그리고 병사들의 제대보상과 같은 폭풍우를 몰고 오는 포풀라레스가 간혹 있다. 이때 원로원 의원과 기사, 양 신분은 화합하여 키잡이 옵티마테스를 도와 포풀라레스가 일으키는 폭풍우 속을 뚫고 나가야 한다. 그리하여 저 권위를 지닌 질서라는 항구에 가닿아야 한다. 물론 이것은 지난한 일임에는 틀림없지만, 사유재산의 권리는 신성하다든가, 불평등이 곧 평등이라든가, 심지어 국가 토대를 공고히 하기 위해서라는 정당한 구실을 내세워 각자 자신의 재산을 지켜야 한다. 이

때 특히 요청되는 것이 원로원 의원과 기사, 양 신분의 화합이다. 왜냐하면 언제 어디서 재산이 없거나 있다 해도 조금밖에 가지지 못한 평민들이 포풀라레스의 선동하에 '폭력'을 행사하여 재산을 뺏으려 들지 모르기 때문이다.

이상과 같은 원로원의 정치전통에 따라 군복무에 대한 제대보상은 행해지지 않았다. 그리하여 제1차 삼두정치 시대와 카이사르의 집권시에는 돈으로 군대가 움직이게 되었다.

이제 카이사르는 암살되었다. 브루투스와 카씨우스 등 암살자 그룹은 공화국의 자유를 위해 카이사르를 암살했다. 원래 공화국이란 공공물, (인민의 물건)을 뜻한다. 즉, 국가는 로마 시민이 공통적으로 소유하는 물건인 까닭에 국가에 대해 로마 시민 전체가 공통으로 책임져야 한다는 것이다. 그러나 로마 시민을 대표하는 것은 어디까지나 원로원 귀족신분이기 때문에 결국 공화국이란 원로원 귀족들의 공동 소유물이고, 따라서 그들만이 공동책임을 지고 있다는 것이 원로원 의원들의 고정관념이었다. 따라서 공화국의 '자유'라는 개념은 원로원 의원들이 마음대로 관직을 독점하고 국가를 통치할 수 있다는 의미에서 '원로원의 권위'에 입각한 원로원 귀족들의 자유이다.[184] 키케로는 비록 암살자 그룹에 끼지는 못했지만 카이사르 암살자들이 의사당 밖으로 뛰어나오면서 '키케로'라고 외쳤다는 점에 큰 의미가 있다. 20년 전 콘술직을 놓고 키케로와 경합을 벌였다가 실패하자 카틸리나는 토지분배, 부채말소 등을 내걸고 비합법적으로 국가권력을 탈취하려 하였다. 이 카틸리나의 음모를 사전에 저지함으로써 키케로는 국부라는 칭호를 받았다. 따라서 그는 카이사르가 암살된 후에 공화국의 상징이었다.

그러나 이제 로마 공화국의 운명은 카이사르 암살 이후 강풍과 폭우를 몰고 온 포풀라레스 장군들과 그의 군대의 손아귀에 놓이게 된다. 카이사르 사후 로마 공화국의 장래는 안토니우스, 레피두스, 옥타비아누스 등 카이사르 파 장군들과 그들의 군대에 달려 있었다. 기원전 49년 내란이 발발한 이래 공화국은 카이사르뿐만 아니라 그의 군단 병사들에게도 유명무실한 존재였다. 수에토니우스의 말대로, 공화국은 '실체와 형태는 없고 오직 이름뿐'이었던 것이다.[185] 국가의 군대란 더 이상 존재치 않았고, 군대가 소위 '국가 속의 국가'로 막강한 힘을 보유하게 되었다.[186] 특히 카이사르 사후에 병사들은 장군과의 사사로운 '개인적 관계'에 따라 충성하고 배신도 하였다.[187] 그렇기에 장군들은 군대라는 도구를 취급하는 에이전트들이라기보다는 오히려 군대에 의해 조종되는 단순한 도구들이었으니,[188] 한마디로 '장군들 자신은 군단들의 손바닥 안에서 옴짝달싹 못 했다'.[189]

그런데 흔히 카이사르 사후 로마 정치의 향방에 결정적으로 영향을 끼친 것은 군대라고 하지만, 실상 구체적으로 언급하면 극소수의 카이사르 파 군대였다. 카이사르파 군대라고 할 때 카이사르 암살시 카이사르의 정규군으로 있던 '현역병veterani'과 이미 카이사르에 의해 제대되어 토지를 할당받아 농촌에 정착해 있다가 다시 징집된 '재소집병evocati'의 두 범주가 있다. 카이사르 살해 당시 현역병 군단은 전부 34개 내지 36개가 있었지만[190] 이중 마르스·제4 양 군단만이, 재소집병 군단으로는 옥타비아누스의 제7·8과 레피두스의 제6·10군단만이 원로원의 정치와 직접 관련되어 있었다.

그렇기에 우선, 마르스 군단과 제4 군단이 왜 안토니우스 진영에서 이탈하여 옥타비아누스 측으로 넘어가며, 옛 제7·8 군단 병사들이 무슨 이유로 옥타비아누스를 따라 제1차 로마 진군을 하게 되는가 하는 점을 밝혀 보기로 한다.

카이사르 사후 그의 마케도니아 주둔 군단들의 향배

기원전 44년 12월 20일에 옥타비아누스와 정치적으로 제휴하고 있던 키케로는 원로원에서 행한 제3차 안토니우스 공격연설에서 마르스 군단의 장거에 대해 이렇게 극찬해 마지않았다.

> ……우리는 마르스 군단에 대해 침묵을 지킬 수가 없습니다. 왜냐하면 일찍이 마르스 군단보다 더 용감했던 사람이 단 한 사람이라도 그 누구가 있었으며, 좀더 국가에 우호적이던 사람이 어디에 있었단 말입니까? 사실, 마르쿠스 안토니우스를 로마 인민의 적이라고 규정하였기 때문에, 그 군단은 광분해 날뛰는 그의 동맹자가 될 것을 단연 거부했던 것이고, 시민 학살과 국가 파멸을 노리고 있고, 또 그것 외에는 아무것도 하려고 하지 않은 일개 콘술을 저 군단은 포기했던 것입니다.——만약 그를 실질적인 콘술이라고 판단했다면, 군단은 확실히 그를 저버리지는 않았겠지만 말입니다.[191]

이뿐만이 아니다. 며칠 전에 이미 키케로가 데키무스 브루투스에게 보낸 서한의 내용을 보면,[192] 마르스 군단의 본을 딴 제4군단에 대해서도 그들은 자기들의 콘술을 국적으로 낙인찍고 공화국을 방어하기 위하여 최선을 다했다고 찬양했다. 마르스 군단과 제4군단은 대체로 이탈리아 출신으로 구성되었다는 것 외에는 별로 알려진 것이 없다. 다만 제3군단은 전쟁 신이나 군신으로 숭배받는 마르스Mars라는 별명을 지닌 '마르스 군단Legio Martia'으로 항상 호칭되었다는 점을 고려할 때, 이 군단이 지니는 중요성을 짐작할 수가 있다.

그러면 키케로는 왜 이렇듯 마르스 군단과 제4군단을 극찬했을까. 도대체 마케도니아 군단이라고 하는 그들의 정체는 무엇인가.

카이사르는 파르티아를 원정하기 위해 자기 휘하의 6개 정규군단을 마케도니아에 주둔시켰다. 그러나 카이사르가 살해되자 마케도니아에 주둔하고 있었다고 하여 '마케도니아 군단들'이라고 불렸던 막강한 정규군단들을 누가 장악하게 되느냐가 카이사르 파 장군들의 최대 관심사가 되었다. 왜냐하면 그들을 손에 넣는 자가 발로 로마 정치를 좌지우지하는 가장 유리한 고지를 점령하게 될 것이기 때문이었다.

그런데 카이사르가 살해된 후에 카이사르 암살자 그룹의 대표자로서 마르쿠스 브루투스와 카씨우스 그리고 카이사르 파로서는 유일하게 콘술로 남게 된 안토니우스와 기병대장 레피두스 쌍방 간에 화의和議가 이루어진다. 이때 조건은 카이사르 암살의 책임을 묻지 않는 대사면을 행하는 반면, 이른바 카이사르의 문서acta Caesaris를 법률상 효력이 있는 것으로서 인정한다는 것이었다. 그래서 그 문서에 의거, 기원전 43년에 마케도니아 총독은 마르쿠스 브루투스, 시리아는 카씨우스, 갈리아 키살피나Gallia Cisalpina는 데키무스 브루투스Decimus Brutus가 총독으로 가게 되어 있었다. 그런데 카이사르 암살 직후부터 원로원 내의 암살자 그룹에 대해 유화정책을 취해 오던 안토니우스는 6월 1일을 기해 돌연 원로원의 의사를 무시하고 자신의 독자노선을 추구하기에 이른다. 그리하여 카이사르의 유언장에는 분명히 마르쿠스 브루투스가 총독으로 가게 되어 있는 마케도니아 속주를 6월 5일 지역구 평민회의 결의에 부쳐 자기 자신의 속주로 만들고 마케도니아 군단들을 완전 장악하였다. 그리고 나서 데키무스 브루투스에게 자신의 마케도니아 속주와 그의 갈리아 키살피나 속주를 맞바꾸자고 제의하였다. 이것은 말할 것도 없이 장차 로마를 지배하려면 해외속주를 차지하는 것보다는 오히려 북부 이탈리아 내에 있는 속주를 자기 것으로 삼는 것이 훨씬 유리하다고 판단했기 때문이었다. 그러나 데키무스 브루투스는 이 제의를 단연 거부한다. 그러자 안토니우스는 데키무스 브루투스가 있는 무티나(현재 모데나) 성을 공격하기 위해 마케도니아 군단들에게 다음과 같이 명령을 내렸다. 즉, 카이사르의 사망으로 공석이 된 콘술직에 보궐선거를 통해 당선이 되어 시리아 속주에 가게 될 돌라벨라에게 1개 군단을 양도하고, 1개 군단은 계속 마케도니아에 잔류하되, 그 나머지 4개 군단은 즉각 이탈리아의 브룬디시움 항구에 와 대기하고 있으라는 것이었다. 그리하여 10월 중순경에 마르스 군단, 제2 군단, 제35 군단은 먼저 브룬디시움 항에 와 있었고 선편 때문에 제4 군단은 도항 중이었다.[193]

안토니우스는 10월 9일 미리 마케도니아 군단들을 맞이하기 위하여 자신의 친위대와 종달새 군단Legio Alaudae을 이끌고 부룬디시움으로 떠났는데, 이때 그의 처 풀비아도 동행한다. 그러나 안토니우스는 이들 마케도니아 군단 병사들의 환영을 받지 못하자, 군기를 엄정히 한다고 하면서 군단 병사들의 하급 지휘관이라 할 백인대장 3백여 명을 처형하고 그들에게 동해안을 따라 아리미눔에 가 대기하고 있으라고 명령하였다. 그리고 그 자신은 11월 15일 이전에 로마로 귀환했다. 그런데 중대 문제가 발생한다. 북상 도중에 마르스 군단은 11월 24일에 안토니우스 진영을 이탈하여 옥타비아누스의 진영인 알바로 넘어갔고, 그로부터 약 4일 후인 28일에 이번에는 뒤따라오던 제4 군단 병사들 역시 마르스 군단의 본을 따서 옥타비아누스 측으로 넘어가는 극적 사건이 잇따라 일어났던 것이다. 이것은 안토니우스의 군세의 약화를 의미함은 물론 군대다운 군대를 보유하지 못하고 있던 옥타비아누스가 카이사르가 남긴 현역병으로 이루어진 정규군단을, 그것도 2개나 지휘하게 됨으로써 로마 정계에서는 이제 무시하지 못할 존재로 부상하게 되었음을 뜻한다.

그러면 왜 마케도니아 군단 중 마르스 군단과 제4 군단은 안토니우스 진영에서 이탈하여 옥타비아누스 측으로 넘어가게 되었을까. 로마 정규군단 중 군단 규모로서 야전군사령관에게 항명하고 집단 이탈한 사례는 이들이 최초의 경우이므로 더욱더 관심의 대상이 된다. 또 무슨 이유로 제2 군단과 제35 군단은 안토니우스 진영에 그대로 남아 있게 되었는가.

이에 대해서는 고대 사가들은 물론 현대 사가들까지도 완전히 다른 두 가지 설명을 하고 있기 때문에, 우선 이 문제의 해명이 필요하다.

아피아누스는 안토니우스가 카이사르 암살자들에게 카이사르의 죽음에 대해 마땅히 복수를 해야 했음에도 불구하고, 그들을 고소하지 않았기 때문에 안토니우스 진영에서 이탈하였던 것이라는, 소위 '피에타스 카이사리스pietas Caesaris, 카이사르에 대한 연민의 정'이라는 정치적 동기로 설명하고 있다.

> 한편 5개 마케도니아 군단 중 4개 군단은 브룬디시움에서 안토니우스와 만났다. 그들은 카이사르 살해자들을 고소하지 않았다는 이유로 그를 비난했다. 그들은 박수갈채도 없이 그를 연단으로 인도하고 우선 이 문제에 대한 해명부터 요구한다고 넌지시 암시하였다. 안토니우스는 그들의 침묵에 격분하였다.[194]

이와는 반대로 디오 같은 사가는 그들의 이탈 동기를 옥타비아누스가 안토니우스보다도 더 많은 '돈'을 주겠다고 약속한 데서 찾고 있다.

> ……안토니우스는 브룬디시움에 있는 병사들에 의해 처음에는 친절하게 영접받았다. 왜냐하면 그들은 그에게서 카이사르(옥타비아누스)가 그들에게 제시하였던 것보다 더 많은 것을 받아낼 수 있으리라고 기대했기 때

문이다. 그도 그럴 것이 그가 그의 경쟁자보다 훨씬 많은 것을 소유하고 있다고 그들은 믿었으니 말이다. 그렇지만, 그가 단지 1인당 1백 드라크마(1백 데나리우스)를 주겠다고 약속했을 때 그들은 고함을 질렀지만, 처가 보는 앞에서 백인대장들과 다른 병사들을 처형하라고 명령함으로써 그들을 복종시켰다.[195]

현대 사가들 역시 이 두 갈래의 해석 중 한 가지를 취해 이 문제를 설명하려는 경향이 있다. 발저는 이렇게 말한다.

> 모든 카이사르 파 군부대와 재소집병의 주목적은 카이사르의 죽음에 대한 복수이다. 이 목적을 위해 그들은 싸우며 로마로 진군할 각오를 다졌다.[196]

이와는 반대로 드루만은 이러게 주장한다.

> 군단들은 최고 입찰자(옥타비아누스)를 결정했고 안토니우스가 너무 적은 액수를 제시했을 때 이탈에 대한 하나의 구실을 저 비난(카이사르의 죽음에 대한 복수를 하지 않았다) 속에서 찾았다.[197]

사실상, 2개 마케도니아 군단 이탈의 주원인이 카이사르에 대한 연민의 정 때문이었느냐, 아니면 돈 때문이었느냐는 엄격하게 구분할 수 있는 성질의 것이 아닐지도 모른다. 기원전 44년 3월 15일 카이사르의 갑작스런 죽음으로 장차 정치적 상황이 어떻게 변할는지 모르는 상태에서 그들의 최고 야전군 사령관이 살해되었다는 소식을, 그것도 로마가 아닌 마케도니아에서 듣는 바로 그 순간에 마케도니아 군단들은 일단 그의 죽음에 대한 복수의 일념에 불타 있었으리라 쉽게 상상된다. 그러나 시간이 지남에 따라 사람들은 보통 사자의 죽음에 대해 점차 망각하는 경향을 띠게 마련이므로, 이 경우도 역시 예외는 아니었을 것으로 일단 단정을 내리기 쉽다. 그러나 문제는 카이사르 사후에 그의 유언장에서 밝혀진 대로 어린 옥타비아누스가 그의 양자로서 카이사르 가문의 후계자가 되었을 뿐만 아니라, 계속 군단 병사들에게 자기를 도와줄 것을 호소해 왔다는 데에 있다. 즉, 옥타비아누스는 늦어도 이미 9월부터 마케도니아에 계속 주둔하고 있는 군단 병사들의 막사에 장사꾼으로 위장한 밀정들을 침투시켜 병사들과 섞여 그들 중 가장 대담한 자들에게 공작활동을 펴면서 비밀리에 전단을 배포하도록 했었다.[198] 그런데 바로 그 마케도니아 군단들이 브룬디시움에 도착하여 대기상태에 있자, 그는 다시 공작을 하게 되는데 이에 대해서는 니콜라우스가 잘 설명해 주고 있다.

> 그는 정보에 뛰어난 그의 추종자 몇 사람을 브룬디시움에 보내 그들이 방금 막 마케도니아에서 온 병사들을 자기편으로 삼을 수 있는지 알아보며, 병사들이 아버지 카이사르를 기억하여 그의 아들을 배반하지 말도록 촉구하게 했다. 그는 그의 신진자들에게 지시하기를 만약 그들이 공개적으로 그들의 목적을 달성할 수 없다면, 이 사실을 전단에 기록하여 도처에 뿌려 사람들이 그것을 주워 읽어 볼 수 있도록 하라고 하였다.[199]

이와 같이 옥타비아누스는 자신의 심복들로 하여금 구두나 문서로 카이사르에 대한 경모심을 최대한 불러일으켜 장차 어느 경우에도 존경했던 옛 야전군 사령관의 아들을 포기하지 말도록 촉구했다. 여기까지 보면 마케도니아 군단들의 이탈이 연민의 정 때문이라는 정치적 설명은 설득력이 강하다. 그러나 곧이어 니콜라우스는 다음과 같이 적고 있다.

> 또 그는 그들을 자기편에 가담시키기 위해 전단의 나머지 여분에 자기가

권력을 장악하게 될 때는 그들이 받을 수 있게 되리라는 희망사항을 가득 써서 약속을 하였다.[200]

즉, 옥타비아누스는 전단 여백에 물질적 보상을 해주겠다는 사항으로 가득 채워 그들을 매수하려고 했던 것 같다. 이 경우 뒤에서 살펴보겠지만, 옥타비아누스가 캄파니아의 여러 지역에서 재소집될 노병들에게 주기로 했던 최고 금액, 물경 5백 데나리우스—군단병 1년 봉급[201]의 두 배를 약간 상회하는 금액—가 적혀 있었다. 또 10월 9일에는 안토니우스가 브룬디시움으로 떠났는데, 4개 마케도니아 군단을 돈으로 매수하여 확실히 자기편으로 끌어들이고 로마로 가서 공화파 귀족들의 목을 조이려는 것이 안토니우스의 목적이었다는 키케로의 서한을 고려해 볼 때,[202] 여기서도 돈 때문에 2개 마케도니아 군단이 안토니우스를 뒤로 하여 옥타비아누스 측으로 넘어가지 않았겠는가 하는 심증을 갖게 한다. 브룬디시움에서 마케도니아 군단들의 반란과 그 뒤에 발생한 이탈이라는 극적인 국면을 고려해 볼 때에, 무엇보다도 1인당 1백 데나리우스씩 주겠다고 한 안토니우스보다는 5배나 되는 5백 데나리우스씩 제공하겠다는 옥타비아누스의 물질적 보상이 지니는 매력이 그들로 하여금 자기 사령관을 배반하게끔 하였던 것이 아닐까.

더욱이 연민의 정 때문이라는 정치적 설명은 다음과 같은 치명적인 논리상의 약점을 지니고 있다고 생각된다. 즉, 안토니우스는 카이사르 암살 직후부터 5월 말까지는 카이사르 암살자 그룹에 대해 유화정책을 펴왔지만, 6월 1일을 기해 자신의 독자정책을 추구했다. 그리고 7월에는 데키무스 브루투스에게 자신의 속주 마케도니아와 갈리아 키살피나 속주를 맞바꾸자고 했으나, 그 제의를 거부당했다. 그리하여 안토니우스는 카이사르의 제2의 양자 후보자였으며, 카이사르 암살자 중 한 사람인 데키무스 브루투스를 공격하기로 결심하였다. 그리고 바로 이 공격에 그는 마케도니아 군단 전 병력을 투입하고자 했던 것이고, 이를 병사들에게 분명히 밝혔다. 그런 후 그는 그들에게 명령을 내려 동해안을 따라 아리미눔을 향해 북상하라고 했다.

한편, 당시 옥타비아누스의 정치적 입장은 어떠했는가. 옥타비아누스는 마케도니아에 머물러 있다가 카이사르 암살에 대한 소식을 듣자 로마로 돌아오게 되는데, 도중에 키케로와 만난 일이 있었다. 그때 원로원 내의 정치세력을 이용하고자 했던 옥타비아누스와 안토니우스를 치기 위해 옥타비아누스를 이용하기를 원했던 키케로 사이에 정치적 제휴가 이루어졌다. 그러던 중 안토니우스가 브룬디시움을 향해 출발하자 옥타비아누스는 캄파니아로 가 양부 카이사르에 의해 제대 정착하고 있던 노병들을 돈으로 매수·모집하여 약 3천의 병력을 끌고 제1차 로마 진군을 하여 포룸을 점령하였다. 포룸에서 그가 밝힌 정치적 소신을 아피아누스는 다음과 같이 보고하고 있다.

> 카누티우스가 먼저 시민에게 안토니우스를 공격하는 연설을 하였다. 그 뒤에 옥타비아누스도 시민에게 자기 아버지와 그 자신이 안토니우스의 손에서 고통당했던 사실을 상기시키고, 그 이유 때문에 자신을 보호하기 위해 이 군대를 재소집하였다고 했다. 그는 소신을 밝혀 모든 일에서 국가의 충실한 종복임을 천명하고, 예측치 못한 현 비상사태 하에서 안토니우스와 대결할 만반의 준비태세를 갖추었다고 말했다.[203]

옥타비아누스가 연설을 마치자 그를 따라왔던 재소집병들은 동요를 일으켜 대부분 일단 귀향하게 되는 중대 사태가 벌어지게 되는데, 이것에 대해서는 뒤에 별도로 언급하기로 하겠다. 그런데 문제는 그와 같이 옥타비아누스가 원로원에 충성을 바치는 종복이 되어 안토니우스와 싸우겠다는 뚜렷한 정치적 소신과 입장을 밝히는 것이 언제인가 하는 시기문제이다. 그것은 안토니우스가 로마에 없던 때인 기원전 44년 11월 10일이었는데,[204] 그 후 이 중대한 사태 발전에 대한 소식을 마케도니아 군단 병사들이 못 들었을 리 없다. 그런데 마르스 군단이 북상 도중 안토니우스 진영에서 이탈하여 옥타비아누스 측으로 넘어간 것이 언제인가. 이미 지적했지만 그것은 그보다 거의 14일이나 지난 뒤인 11월 24일이다. 이 엄연한 사실을 정치적 동기로는 전연 설명할 수가 없다. 즉 안토니우스가 카이사르의 죽음에 대한 복수를 하지 않았기 때문에 마케도니아 군단 병사들이 안토니우스를 비판하게 되었다고 하는 정치적 동기와 안토니우스가 한때 카이사르의 제2의 양자 후보이자 카이사르 암살자 중 한 사람인 데키무스 브루투스를 공격하기로 결심하였던 바로 그 순간에 그를 저버리고, 특히 키케로를 통해 카이사르 암살자들과 관계를 맺으면서 안토니우스와 정면 대결할 뜻을 이미 분명히 밝힌 적이 있는 옥타비아누스에게로 그들이 넘어간다는 집단 이탈행위는 결코 일치하지 않는다. 결국 그들의 '언행의 불일치'는 마르스 군단과 제4 군단 병사들이 파에타스 카이사리스 때문이 아니라 바로 더 많이 주겠다는 돈 때문에 안토니우스 진영에서 이탈했다는 것 이외에 아무런 결론도 끌어낼 수 없다.

그러나 이 결론에 대해서는 다음과 같은 의문이 제기될 수도 있다. 즉 카이사르가 죽을 때까지 약 4개월간 옥타비아누스는 에피루스의 아폴로니아에 체류하고 있었는데, 이때에 그는 마케도니아 주둔군 중 적어도 아카이아에 머물고 있던 2개 군단과 만난 일이 있었다. 이 2개 군단은 마르스·제4 양 군단일 가능성이 있는데, 그렇다면 그때 이들이 옥타비아누스와 했던 약속 때문에 안토니우스를 저버리고 옥타비아누스 측으로 간 것이 아니겠느냐 하는 것이다.

사실, 카이사르를 따라 파르티아 원정에 가담하기 위해 아폴로니아에 와 있다가 어머니가 인편으로 보낸 서신에서 양부가 살해당했다는 것을 알고, 일단 이탈리아로 돌아가 후일을 기약하기로 했던 옥타비아누스는 자기를 찾아온 마케도니아 주둔군 일부 대표와 만난 적이 있었다. 그때의 사정을 니콜라우스는 이렇게 설명해 주고 있다.

> 군대에서 적지 않은 수의 기병과 보병, 군지휘관과 백인대장, 그리고 다른 많은 사람들이 그들 자신의 이익을 위해서가 아니라 옥타비아누스를 위해 봉사하겠다고 왔다. 그런데 그들은 옥타비아누스에게 무기를 잡을 것을 권하고 카이사르의 죽음을 복수하기 위하여 그를 야전군 사령관으로 모시며 다른 사람들도 그렇게 하도록 설득하겠노라고 약속했다. 옥타비아누스는 그들을 칭찬했지만 현재로서는 도움을 필요로 하지 않는다고 했다. 그렇지만 복수를 하려고 할 때는 그들을 부를 것이며, 그때를 위해 만반의 준비태세를 갖추라고 요청하였다. 그리하여 그들은 이것에 의견 일치를 보았다.[205]

앞서 인용문의 후반에 나오는 내용과 마르스·제4 양 군단의 반란과 이탈을 직결시켜 돈 때문이라기보다는 다른 요인 때문에 그러한 결과가 나타나지 않았겠는가고 성급하게 추론할는지도 모른다. 그러나 이와 같은 유의 추론은 분명히 잘못된 것이다. 그것은 10월의 마케도니아 군단의 반란사건 현장으로 되돌아가서 살펴보면 명백하게 드러난다.

안토니우스가 브룬디시움에 도착하여 군단 병사들에게 1인당 1백 데나리우스씩을 제공하겠다고 하자, 병사들의 반응은 어떠했는가. 그들은 안토니우스의 인색함에 고소를 금치 못하고, 그가 격분하자 소란을 피면서 뿔뿔이 흩어졌다. 이에 대한 전말을 옥타비아누스를 통해 알게 된 키케로가 푸테올리에서 아티쿠스에게 보낸 기원전 44년 11월 2일이나 3일자 서신을 보면 더욱 생생하다.

> 그들은 안토니우스의 보상금을 거절했고, 그(옥타비아누스)가 말하는 바로는 안토니우스에게 욕설을 퍼붓고 여전히 연설하는 그를 뒤에 남겨 둔 채 떠나 버렸다고 합니다.[206]

그러자 안토니우스는 크게 격분하여 즉각 처 풀비아가 보는 앞에서 3백 명의 선동자들을 선별해 내어 즉결 처형함으로써 반란을 진압시켰다. 그러면 군법에 따라 처형된 3백 명의 선동자들은 어떤 사람들일까. 한 가지 분명한 사실은 제4 군단 병사들은 당시 도항 중이라 브룬디시움에는 없었다. 따라서 그들은 마르스 군단일 가능성이 높다. 이 점은 키케로의 언급에서 분명히 밝혀진다. 그는 제3 차 안토니우스 공격연설에서 안토니우스는 브룬디시움에서 "가장 용감하며 가장 선한 사람들을 3백 명씩이나 살해했다"고 하고 있으며,[207] 그 후 제13 차 공격연설에서는 분명히 안토니우스가 '마르스 군단의 선별된 백인대장들'을 처형했다고 못 박고 있다.[208]

이와 같이 즉결 처형된 마르스 군단의 백인대장 3백 명이 이전에 마케도니아 주둔시 옥타비아누스에게 가서 도움을 주겠다고 한 바로 그 사람들과 동일인인지 아니면 그 일부인지 확인할 수는 없지만, 대체로 같은 유의 사람이 아닌가 한다. 그렇다면 마케도니아 주둔시 옥타비아누스의 뒤를 따르겠다고 했던 사람 중 상당수가 이번 사건을 계기로 많이 희생되었다고 보아야 당연할 것이다. 게다가 안토니우스는 자신의 심복 부하들로서 자리를 채웠으며, 한 걸음 더 나아가 소요에 참여한 것으로 알려진 몇몇 백인대장들을 제대시키고 역시 자신의 심복들로 충원했다. 더욱이 제4 군단의 이탈은 재무관 에그나툴레이우스Lucius

Egnatuleius의 지휘하에 이루어졌는데, 그가 안토니우스의 심복 부하였다는 사실을 상기할 필요가 있다.[209]

그렇다면 돈이라기보다는 이전의 약속 때문에 마르스·제4 양 군단 병사들이 안토니우스를 배반하고 옥타비아누스 진영으로 넘어갔다는 설명은 설득력이 전연 없다. 이미 인용한 바 있듯이 그들은 마케도니아에 주둔하고 있었을 때 카이사르 암살 소식을 듣고 옥타비아누스에게 가서 분명하게 그들 자신의 이익을 위해서가 아니라 카이사르의 죽음을 복수하기 위해 옥타비아누스를 따르겠다고 했고, 이를 위해 후일을 기약했다는 사실과 카이사르 암살자의 한 사람인 데키무스 브루투스를 공격하겠다는 안토니우스를 버리고 장차 국가의 충실한 종복이 되어 안토니우스와 정면 충돌하겠다고 나섰던 옥타비아누스에게 갔다는 사실은 상충된다. 요컨대 카이사르 죽음에 대한 복수를 외쳤던 그들의 말과 카이사르 암살자를 공격하겠다는 안토니우스 진영에서의 그들의 집단이탈은 일치하지 않는다. 따라서 전의 그들과 옥타비아누스의 약속 때문이라는 사실을 강조하면 할수록 그만큼 더 파에나스 카이사리스 때문이었다는 발상은 설득력을 잃는다. 결국 안토니우스가 반란 선동자들을 다수 처형하거나 제대시키고 그 자리에 자신의 심복 부하들을 앉혔고, 제4 군단 지휘관 역시 그의 심복이었음에도 불구하고 그들마저 안토니우스의 신의를 배반했다고 하는 사실은 양 군단 병사들의 전체 의사가 그랬던 것이고, 따라서 군단 병사들은 옥타비아누스에게 무엇인가 큰 것을 기대하고 있었던 것이 아니었나 하는 생각을 들게 한다.

사실, 마르스·제4 양 군단 병사들이 안토니우스를 버리고 옥타비아누스에게 갔다는 사실은 우리가 보통 생각하는 일반론의 경우와는 정반대임을 보여준다. 옥타비아누스는 카이사르의 양자이긴 하나 만 19세의, 안토니우스와 마르쿠스 브루투스가 즐겨 불렀던 일개 '소년'으로서 군지휘에는 경험이 전연 없었다. 이에 반해 안토니우스는 당시 가장 유능한 백전노장이었다. 카이사르 암살자들에게 복수를 하려면 무엇보다 먼저 요청되는 것이 강력한 카이사르파의 결속과 이에 따른 통일 전선의 구축이므로, 최고 사령관으로서는 안토니우스 외에 그 누구도 고려의 대상이 될 수 없었다. 일반상식으로 대개 반란을 일으키고 이탈하는 군부대는 최강의, 그래서 최후의 승리가 예상되는 장군에게로 가는 것이 보통이다. 그런데도 양 군단이 안토니우스를 뒤로 하고 옥타비아누스 진영으로 찾아갔다는 데에 중요한 의미가 있다. 그들은 장차 안토니우스의 군부대와 불가피하게 접전해야 할 것이라는 점도 예상했을 것이다. 따라서 그들의 집단이탈은 하나의 큰 모험이었음에 틀림없다. 그들은 분명 옥타비아누스에게 장차 큰 것을 얻어 낼 수 있으리라는 기대감에 충만해 있었다. 게다가 그들의 눈에는 옥타비아누스가 허약하게 여겨졌던 게 사실이다. 그는 군기를 엄하게 잡을 결단성이 없는, 어디까지나 만만하게 보이는 19세의 풋내기 소년이었다. 그 때문에 그는 더욱더 양 군단 병사들의 매력의 대상이 되었던 것 같다. 그들은 장차 물질적 보상 면이라든가 정치적인 면으로든 간에 얼마든지 쉽게 그에게 압력을 가해 자신들이 원하는 돈과 토지를 얻어낼 수 있지 않겠는가 생각했을 것이다. 그런데 안토니우스의 경우는 어떤가. 브룬디시움에서 반란이 일어났을 때 그는 선동자들을, 그것도 3백 명이나 단호히 처형함으로써 군기가 엄정함을 보여 주어, 안토니우스에게 그대로 남아 있어 보았자 앞으로 별 소득이 없지 않겠는가 하는 생각도 들게 했을 것이다. 요컨대, 역설적일지는 몰라도 군사령관이 약하게 보이면 보일수록 그만큼 더 큰 물질적 보상을 기대할 수 있지 않겠는가 하는 판단도 한 요인으로 작용했던 것 같다.[210]

그러면 마케도니아 군단 중 제2, 제35 군단은 왜 안토니우스에게 그대로 남아 있었을까.

소요를 일으켰다가 안토니우스에 의해 선동자들이 즉결 처형된 이후에 브룬디시움에서 마케도니아 군단 병사들의 동향은 어떠했는가. 아피아누스의 보고에 따르면 옥타비아누스의 밀정들은 그 소요사건을 처음부터 끝까지 목격하고 나서 가능한 한 많은 전단을 만들어 전 병영에 뿌렸다고 하는데, 거기에는 안토니우스가 얼마나 돈에 인색하며 잔인한지, 이에 반해 옥타비아누스는 얼마나 관대하며 온후한가 하는 말과 암살당한 카이사르의 기억을 되살려 옥타비아누스가 제공하는 선물을 받을 것을 촉구하는 글이 쓰여 있었다.[211] 이를 본 안토니우스는 즉각 정보 제공자에게는 상을 내리겠으며 선동자들은 가차없이 처단하겠다고 하면서, 밀정들을 색출해 내려고 애썼으나 허사로 끝나고 말았다. 병사들이 그들을 은닉시키고 있다고 믿었으며, 또 그렇기 때문에 안토니우스는 격분했던 것이다.[212]

그러나 옥타비아누스가 캄파니아에서 각기 5백 데나리우스씩 제공하면서 제대병들을 재소집하고 있다는 소문을 후에야 듣게 된 안토니우스는 그의 군단 병사들을 더 화나게 할 수는 없었다. 그는 군단들과 화해하는 길만이 최상책이라고 생각하여 다시 병사들 앞에 다가가 이렇게 말했다.

> 본관이 귀관들에게 주라고 명령했던 1백 드라크마(데나리우스)는 안토니우스의 재산에 비하면 너무 보잘것없는 금액이므로, 본관의 하사금이라 할 수 없는 것입니다. 그것은 보상금 전액이라기보다는 오히려 우리의 첫 대면을 기리기 위한 하나의 작은 선물에 불과합니다.[213]

그러나 그는 말만 이렇게 했을 뿐, 구체적으로 1백 데나리우스에 얼마를 더 보태어 줄 것인지를 명백하게 밝히지 않았다. 원래 옥타비아누스로부터 5백 데나리우스씩 주겠다는 확약을 받고 안토니우스는 그보다 더 부자이므로 훨씬 많은 액수를 받을 수 있으리라고 환상의 나래를 펴 큰 기대를 했다가 겨우 1백 데나리우스라는 말을 듣자 소요를 일으켰던 그들이 아닌가. 그런 그들에게 액수를 구체적으로 정확하게 밝히지 않고 오직 더 주겠다고 말만 함으로써 안토니우스는 최대의 실책을 범했던 것이다. 따라서 군단 병사들의 마음은 이미 안토니우스를 떠나 있었다고 해도 과언이 아니다.

기원전 44년 11월 24일 옥타비아누스를 국적으로 선포하기 위해 원로원의사당에 들어서자마자 안토니우스는 아리미눔으로 북상하고 있던 마르스 군단이 옥타비아누스가 있는 알바 푸켄스Alba Fucens로 갔다고 하는, 그로서는 가장 충격적인 소식을 들었다. 즉각 원로원회의 소집일을 11월 28일로 연기하고 자신은 마르스 군단을 회유해 보고자 곧장 알바로 갔으나, 성벽 위에서 화살이 비 오듯 쏟아져 접근조차 못 하고 되돌아와야 했다.[214] 여기서 끝난 것이 아니다. 28일 원로원회의를 열기도 전, 이번에는 제4 군단이 마르스 군단의 본을 따 옥타비아누스 측을 지지하기로 했다는 소문이 날아 들어왔다.[215] 이에 경악한 안토니우스는 황망히 원로원의사당으로 가 긴급한 안건부터 처리하고는 곧장 나머지 2개 군단, 즉 제2·35 군단이 대기상태에 있는 티부르Tibur로 달려갔다. 도착 즉시 안토니우스는 그들의 장엄한 사열, 뒤이은 충성의 선서를 받고 그때까지도 남아 준 충직한 병사들에게 그제야 대결단을 내려 옥타비아누스가 제공했던 것과 똑같은 5백 데나리우스를 지불해 주기로 하여 그들의 집단이탈을 예방했다.[216] 요컨대 나머지 제2·35 군단 병사들이 안토니우스 진영에 그대로 남아 있게 한 결정적 요인으로 작용했던 것은 역시 그가 옥타비아누스와 똑같이 주겠다고 한 돈 때문이었다. 바꿔 말하면, 만약 안토니우스가 그런 약속을 하지 않았더라면 그들 역시 마르스·제4 양 군단의 뒤를 따랐을 가능성이 매우 컸으리라고 생각한다.

옥타비아누스의 제1차 로마 진군

기원전 44년 10월 9일 안토니우스가 로마를 떠나 브룬디시움을 향하자, 옥타비아누스 역시 불안하여 그대로 있을 수만은 없었다. 안토니우스가 마케도니아 군단을 이끌고 로마로 돌아오면 자신의 앞날도 끝장이라는 생각을 하게 된 그는 양부 카이사르가 암살당하기 직전 제7·8 군단의 고참 노병들을 제대 정착시키면서 건설했던 캄파니아 식민시에 피신하는 것만이 유일한 안전책이라고 믿었다. 그리하여 10월 중순경 친한 친구들의 전송을 받으면서 로마를 떠나 우선 제7 군단 병사들이 제대하여 정착하고 있는 칼라티아Calatia로 향했다.

칼라티아에 도착하자마자 옥타비아누스는 주민들로부터 그들의 은인인 카이사르의 아들로서 영접받았으며 최고의 영예를 누렸다. 그 다음날 그는 그들에게 전후사정을 모두 이야기하고 나서, 아버지 카이사르가 부당하게 살해된 것과 그 자신도 안토니우스에 의해 얼마나 많은 모함을 받았는지 모른다고 하면서 옛 병사들에게 도와줄 것을 호소하였다. 그가 연설할 때 전연 듣지 않으려고 하는 자도 있었지만, 대부분의 사람들은 카이사르의 아들로서의 모든 권리를 찾을 수 있도록 수단과 방법을 다하여 도와주겠다는 결의를 표명하였다. 그러자 옥타비아누스는 그들을 자기 집에 초대하여 각자에게 5백 데나리우스씩 주었다.[217] 그 다음날 쿠리아회를 소집한 자리에서 그들에게 식민시를 건설해 주었고 영예와 지위를 누리게 했던 카이사르를 기억할 것을 상기시키면서, 그 자신도 자기의 손으로 양부에 못지않은 은혜를 베풀겠노라고 약속했다. 안토니우스보다는 오히려 자기 자신이 그들의 도움을 받고 그들의 힘과 무기를 사용하게 하는 것이 더 적절하다는 점을 강조하였다. 그들은 열광한 나머지 그를 도와주겠다고 하면서 만약 필요하다면 그와 함께 고통과 위험을 감내하겠다고 외쳤다. 이에 옥타비아누스는 그들의 열의를 찬양하고 자기를 따라 이웃 식민시로 동행해 줄 것과 호위해 줄 것을 요청하였다. 이 제의를 기꺼이 받아들인 그들은 무장을 하고 그를 호위하며 다음 식민시인 카실리눔Casilinum으로 갔다.

옛 제8 군단 병사들이 정착하고 있던 이곳 카실리눔에서도 역시 옥타비아누스는 칼라티아에서 보낸 것과 같은 일정을 보내게 된다. 카이사르에 못지않은 은혜를 베풀겠다고 하면서 도와 달라고 요청하는 옥타비아누스를 5백 데나리우스씩 받은 옛 제8 군단 병사들은 기꺼이 따르기로 하고, 다른 식민시들을 거쳐 로마로 가겠다고 했다.[218]

이렇듯 제7·8 군단 병사들을 자기편으로 삼았다는 사실을 옥타비아누스는 원로원의 힘을 빌리기 위해 밀접한 관계를 맺고 있었던 키케로에게 11월 1일 편지로 알려주었다. 키케로는 또 이 사실을 친구 아티쿠스에게 전해 주고 있다. 그 다음날 아티쿠스에게 보낸 서신에서 키케로는 이렇게 증언하고 있다.

> 11월 1일 오후에 나는 옥타비아누스에게서 편지 한 통을 받았습니다. 그는 큰 계획을 준비하고 있습니다. 칼라티아와 카실리눔의 제대 고참병들을 자기편에 끌어들였습니다. 이것은 전혀 이상하지가 않습니다. 그는 그들 각자에게 5백 데나리우스씩 주고 있으니까요. 분명히 그는 안토니우스와 전쟁을 치를 뜻을 품고 있습니다. 그래서 나는 2, 3일내로 우리 측도 무장하게 될 것으로 알고 있습니다. 그러나 우리 측에서 누가 그를 따르려고 할

까요? 그의 이름과 나이를 고려해 보십시오.²¹⁹

이와 같이 칼라티아와 카실리눔에서 과거 역전의 제7·8 군단 용사들을 소집한 옥타비아누스는 다시 삼니움 지방으로 가서 칼레스, 테아눔, 카푸아 등을 차례차례로 방문하여 지원자들을 재소집하였다. 그리고 나서 그는 장차 어떻게 하면 좋을지 망설였던 것 같다. 이 역시 키케로의 서한에서 자세히 알 수 있다.

> 지금 그는 나에게, 처음의 예를 들어 카푸아나 이 근처 어디서건 비밀회담을 했으면 하고 요청했습니다만 — 비밀리에 행해질 수 있다고 그가 생각한다면 유치한 것입니다. 그래서 나는 이것이 필요치도 않고 가능하다고도 보지 않는다고 적어 보냈습니다. 그는 자기 친구인 케키나라는 사람을 보냈는데, 그가 갖고 온 정보란 안토니우스가 종달새 군단(제5 군단)과 함께 로마를 향해 전진하고 있으며 여러 읍에서 돈을 징수하고 군기를 휘날리면서 군단을 진군시키고 있다는 내용이었습니다. 그는 나의 조언을 듣고자 했습니다. 즉 재소집된 3천 명의 병력을 이끌고 로마로 진군해 나갈 것인지, 카푸아를 장악하고 안토니우스의 북상로를 봉쇄해야 할 것인지, 현재 아드리아해를 따라 행군하고 있는 3개 마케도니아 군단에게 가 합류할 것인지, 이 경우 그는 3개 군단이 자기편이 될 것으로 희망하고 있는데 이 세 가지 방책 중 어느 것이 최상책인지를.²²⁰

실제로 옥타비아누스의 이 문의에 대해 키케로가 조언을 했는지, 또 그가 그 조언을 그대로 받아들였는지는 알 수가 없지만 분명한 것은 그가 병력을 이끌고 제1안대로 로마로 진군했다는 사실이다.

그때의 병력 수가 얼마인지는 확실히 알 수가 없다. 위의 인용문에 나타나 있는 대로 3천 명인지, 아니면 아피아누스의 보고처럼 1만 명인지[221] 재소집된 병사들 수에 관해서 이렇듯 사료들의 보고에 큰 차이가 있다. 그러나 전자의 3천 명 정도에 가까운 수가 아니었는가 한다. 왜냐하면 키케로가 분명히 언급하고 있듯이 옥타비아누스 자신이 3천 명이라고 제시하고 있는데다가, 내란으로 심한 타격을 받은 재소집 군단 병력을 그것이 아무리 2개 군단 병력이라 하더라도 1만 명이라고 큰소리치는 것은 잘못되었을 가능성이 높기 때문이다. 내란기에는 1개 군단의 병력 수가 그전처럼 6천 명이 아니라 대개 4천 명으로 편성되어 있었음을 상기할 때 더욱 그렇다. 그러나 당시에는 충분히 무장되어 있지도 못했고 정규군단으로서 재편성되지도 않은 상태에서 단지 옥타비아누스의 호위대로서의 역할을 하게 되지만, 그 3천 병력이 지니는 의미는 대단히 큰 것이다. 그 다음해 초에 하급 지휘관들의 복귀와 때를 같이하여 어엿한 제7 군단과 제8 군단으로 재편되는 모체가 되기도 하지만, 우선 당장 안토니우스의 부재를 틈타 옥타비아누스의 제1차 로마 점령이 실현되었다는 데서 주목할 만한 것이다. 어쨌든 옥타비아누스와 그의 호위대가 로마에 입성하자 안토니우스의 적인 호민관 카누티우스가 그들을 영접했다. 그리고 나서 이미 언급한 바와 같이 11월 10일 포룸에서 옥타비아누스는 원로원에 충성을 바쳐 안토니우스와 싸우겠다는 결의를 분명하게 밝혔다.

그러자 그들의 즉각적인 반응은 어떻게 나타났을까. 이에 대해서는 아피아누스가 상세히 보고하고 있다.

> 그가 이와 같이 말하고 모임을 해산시킨 후에(안토니우스와 옥타비아누스의 동맹을 지지하기 위해 또는 후자, 즉 옥타비아누스의 단순한 호위병으로서 살해자들을 벌하기 위해 왔던) 반대 의견을 지닌 병사들은, 과거 그들의 장군이었으며 현재는 콘술인 안토니우스에 대한 선전포고에 크게 놀랐다. 그들 중 상당수는 그들의 무기로써 무장을 해야지 다른 무기로는

의무를 수행할 수 없다고 하면서 무장할 수 있도록 집에 돌려보내 줄 것을 요청하였다. 다른 자들은 속마음을 귀띔해 주기도 하였다. 사태가 기대와는 반대 방향으로 돌아가자, 옥타비아누스는 당황하여 어찌할 바를 몰랐다. 그렇지만 힘에 의해서라기보다는 설득으로 그들을 고용하기를 바라면서 요구들을 다 들어주어 상당수를 무장을 하도록 하고 다른 자들은 집으로 되돌려보냈다. 그는 실망한 빛을 감추면서 모인 모든 사람들을 칭찬한 후, 선물을 주면서 앞으로 더욱 많은 것을 보상해 주겠다고 하였다. 왜냐하면 그들을 병사라기보다는 오히려 아버지의 친구로 여기고 있기 때문이라고 하였다. 이 말을 한 후에 그는 1만 명 중 단지 1천 명 또는 숫자상에 관한 설명들은 다른데, 아마 3천 명 정도에게 감동을 주어 그의 곁에 남아 있도록 하였다. 그러자 나머지는 출발했지만⋯⋯.[222]

이상의 내용을 요약해 본다면, 옥타비아누스는 자기가 새로 맞이한 군대 병사들의 기분을 전연 고려하지 않고, 카이사르의 제대병들에게는 야전군 사령관인 콘술 안토니우스에 대해 전쟁선언이나 마찬가지인 연설을 한 것인데, 이에 대해 그들은 명백히 또는 암시적으로 반대의사를 표명한다. 그리하여 그들은 오직 자신들의 무기로만 싸울 수 있기 때문에 무장을 해야 한다는 핑계를 내세워 돌아가게 해달라고 요구한다. 그러나 크게 당혹한 옥타비아누스는 그들의 요구를 들어주면서 마지막으로 한번 더 얼마인지는 모르지만 새로 보상금을 주고, 달콤한 말로 특별보상금을 약속함으로써 그들 중 일부를 그대로 남게 했다. 그런데 이 인용문에는 1만 명 중 단지 1천 명 또는 3천 명 정도가 남아 있게 된다고 하지만 이미 지적한 바 있듯이, 3천 명 중 많아야 고작 1천 명 정도만이 그것도 새로 보상을 해주고 특별보상금을 주겠다고 약속하니 남아 있겠다는 의사표시를 하지 않았나 생각한다.

나머지 병사들이 옥타비아누스를 버리고 떠난 이유는 무엇일까. 우선 머리에 떠오르는 것은 카이사르의 양자인 옥타비아누스를 도와 카이사르의 죽음에 대한 복수를 하려고 따라왔다가 오히려 옥타비아누스가 원로원 편에 서서 안토니우스와 결전을 벌이겠다고 한 말에 충격을 받고 되돌아간 것이 아니겠는가. 다시 말하면 그들은 카이사르에 대한 연민의 정 때문에 그의 양자를 따라왔던 것인데, 그 양자가 오히려 카이사르 암살자의 한 사람인 데키무스 브루투스를 치겠다고 하는 안토니우스와 싸우겠다고 하니, 그들로서는 배신을 당한 것이 아니고 무엇이냐는 생각에 그를 떠난 것으로 설명할 수 있다.

여기까지 보면 그들은 확실히 옥타비아누스의 일관성 없는 언행 때문에 그를 떠났다는 정치적 설명은 지극히 논리정연하여 허를 발견하기란 쉽지 않다. 더욱이 처음에는 떠나겠다고 하던 자 중 거의 3분의 1이나 옥타비아누스가 제시한 새 보상과 달콤한 말에 현혹되어 그대로 남아 있겠다고 했는데도, 전연 동요되지 않은 채 그를 떠났다는 사실을 염두에 둘 때 더 그렇다.

그러나 그 다음 계속되는 아피아누스의 인용문을 더 읽어 내려가는 순간 정치적 설명이 얼마나 취약한 것인가를 느낄 수 있다. 가히 이런 유의 문제에 대해서는 쐐기를 박을 정도의 치명타라 할 수 있다.

> 그러나 곧 그들은 농사의 노고와 군복무 소득, 옥타비아누스의 말들, 자기들의 소원 청취, 그리고 그들이 과거 그에게서 받았고 앞으로 받으리라고 희구했던 것들을 떠올렸다. 변덕스런 대중이 그러하듯이 그들은 후회하며 그에게 얼굴을 나타낼 구실을 만들어 자신의 무기로 무장을 하고 돌아왔다.[223]

'그러나 곧', 이렇게 아피아누스가 약간 조롱하는 투로 보고하고 있듯이, 진정 그들은 농사의 고통과 군복무로부터 얻게 될 이익금과 옥타비아누스의 약속, 그들의 요구에 대한 관대함, 그들이 이미 받았거나 앞으로 받고자 원하는 옥타비아누스의 제시물들을 생각했다. 그리하여 그들은 마음을 바꾸어 구차한 핑계를 들어가면서 이미 옥타비아누스가 로마를 떠나가 있던 라벤나를 향해 다시 모여들었다. 따라서 파에타스 카이사리스도 작용했지만, 그보다 오히려 물질적 보상 때문에 그들은 다시 옥타비아누스를 찾게 되었다고 최종 결론을 내려도 무방하다고 본다. 그렇기에 10월 중순에 옥타비아누스가 캄파니아로 향할 때에 수레에다 상당한 액수의 돈을 가득 채워 끌고 갔다는 니콜라우스의 증언[224]은 결국 그가 바로 이러한 병사들의 약점을 노려 금전으로 매수하려 한 것이었음을 알게 한다.

이상에서 카이사르 사후 카이사르 파 군대는 현역병이건 재소집병이건 간에 파에타스 카이사리스라기보다는 오히려 돈이 그들의 진로를 결정하는 큰 요인으로 작용했다는 논지를 살펴보았다. 4개 마케도니아 군단 중 마르스·제4 양 군단은 5백 데나리우스씩 주겠다는 옥타비아누스 편을 든 반면에, 사태 추이를 관망하던 제2·제35 양 군단은 역시 5백 데나리우스씩 주겠다고 하는 안토니우스 진영에 그대로 머물게 되었다. 물론 캄파니아의 칼라티아, 카실리눔 등지에 있던 제대병들이 옥타비아누스의 호위대로 따라 나섰던 것 역시 파에타스 카이사리스도 작용했지만 주로 그가 현금으로 주었던 5백 데나리우스 때문이었다.

그런데 여기서 매우 흥미로운 사실을 하나 발견하게 된다. 즉, 그 후 이 5백 데나리우스라는 액수가 계속 병사들의 호감을 사며 장군들이 서로 남의 군단 병사들을 빼내 오려는 공작을 벌일 때 공정가격으로 이용된다는 사실이다. 기원전 44년 12월에 옥타비아누스는 마르스·제4 양 군단 병사들에게 각각 5백 데나리우스씩 더 주면서, 승리하는 날에는 놀랍게도 1인당 5천 데나리우스의 보상금을 지급하겠다고 약속한다.[225] 그리고 안토니우스 역시 기원전 43년에 공화파인 아시니우스 폴리오 C. Asinius Pollio 휘하의 제28 군단 병사들에 대해 만약 자기의 캠프로 오면 그날로 당장 각기 5백 데나리우스씩 줄 것이며, 승리하는 날에는 자신의 병사들에게 지급하는 것과 똑같은 액수의 돈을 주겠노라고 제의하는가 하면, 레피두스도 폴리오 휘하의 제30 군단 병사들을 같은 조건으로 매수하려 한다.[226] 기원전 43년 5월 데키무스 브루투스가 키케로에게 보낸 서신에는 옥타비아누스 휘하의 병사들이 '가능한 한 많은 보상'을 원하고 있다고 적고 있을 정도로[227] 카이사르 사후 병사들의 마음은 대체로 돈에 매료되어 있었다.

군대 내에서 병사들의 전체 의사를 대변하면서 중재자로 나선 것은 사병 지휘관인 백인대장들이었다.[228] 병사들의 소망과 '단체정신 esprit de corps'의 실질적인 대변자인 그들이야말로 군단의 핵심적인 존재로서 군대정책의 입안 내지는 수행자였다. 원래 하급 지휘관이긴 하지만 다년간 전방에서 복무했기 때문에 군사적인 면에서 능력 있고 경험이 많을뿐더러 모든 군사작전을 수행할 때에 군사령관에게 접근이 가능했던 백인대장들은 특히 승전과 보상에 관심이 많았다. 그들은 사병의 급료보다 5배나 더 받고 있었는데다가 특별상여금이나 전리품 배당시에는 많은 몫을 차지했으며, 다른 부수입도 심심찮게 생겼다. 바로 이 백인대장들이 적극적으로 앞장서서 군단의 의사를 정확히 표시했다. 이미 살펴보았듯이 마케도니아 주둔시 군단 대표로서 백인대장들이 옥타비아누스를 찾아와 도움을 주겠다고 자청했던 것이나, 브룬디시움의 반란시 안토니우스가 3백 명의 선동자들을 선별해 즉결 처형했는데, 바로 그들이 백인대장들이었다는 사실을 보더라도 충분한 예증이 되리라 보여진다.

카이사르 사후 카이사르 파 군대는 대체로 군대 자체의 독자적인 정책이라고 할 수 있는 군대정책 프로그램을 갖고 있었다. 슈미트헨너가 매우 정확히 지적하고 있듯이,[229] 그들의 프로그램은 매우 단순했으니 돈, 토지 그리고 평화였다. 현역에 복무하는 자들은 돈을, 이미 토지를 소유하고 있는 자들은 그것이 자기 재산이라고 하는 확실한 보장을, 그리고 아울러 평화, 즉 카이사르 파 군대끼리의 적대행위의 중지를 요구하였다.

공화국의 상징인 키케로가 로마원로원의 정치 주도하다

기원전 44년 6월 1일을 기해 카이사르 암살자들의 눈치를 보며 유화 몸짓을 취하던 안토니우스가 그의 독자 노선을 추구하는 바람에 로마 정국은 예상치 못했던 방향으로 흘러가게 된다. 암살자 그룹의 지도자인 마르쿠스와 카씨우스는 생명의 위협을 느낀 나머지 각자 후일도 기약할 겸 동방으로 피신하게 된다. 키케로 역시 아들이 있는 헬라스의 아테나이를 향해 떠난다. 그리하여 로마에는 공화국을 이끌어갈 정치지도자의 부재 현상이 나타난다. 공화국은 풍전등화風前燈火의 운명이었다.

그러나 운명의 여신인 튀케는 수수빙관하지 않았다. 키케로가 배를 타고 동방으로 향할 때, 역풍을 불게 하여 돌아오게 하였는데, 그것도 두 차례나였다. 그래서 키케로는 할 수 없이 8월 말에 로마시에 입성하게 된다.

원래 마르쿠스 브루투스와 가이우스 카씨우스는 카이사르 암살자 구룹에서 키케로를 제외시켰었다. 그것은 첫째, 그가 순수 귀족 출신이 아닌, 기사 신분equites 출신인데다가, 둘째, 40대인 자신들과는 달리 그는 60대의 고령이라는 이유에서였다. 그래서 키케로는 자신이 카이사르 암살 파티에 초대받지 못했던 것을 내내 아쉬워하며, 만약 자기가 그 자리에 있었다면 단연 안토니우스마저 제거하였을 것이라고 한탄하였었다. 드디어 안토니우스가 농지법을 제정하여 그의 추종자나 부하 병사들에게 토지를 분배해 줌으로써 정치세력을 확대시켜 나감을 보고, 포풀라레스인 이 안토니우스만 제거하면 공화국은 다시 살아날 수 있다는 확고한 정치적 신념을 재확인하게 되었다. 그리하여 그는 9월 2일 유명한 제1차 필리피카 연설을 시작으로 그 다음 해 4월까지 14차례에 걸쳐 안토니우스를 공격하는 포문을 열면서 로마원로원의 정치를 주도하게 되는 것이다.

그러나 문제는 안토니우스의 농지정책을 언제 어떻게 무효화시키느냐 하는 것이었다. 원로원 내의 카이사르 암살자 그룹과 특히 키케로는 협의하여 안토니우스에 대한 대공세 일자를 그 다음해 초로 잡고 때가 오기만을 기다렸다. 왜냐하면 기원전 43년 1월 1일을 맞이해 콘술 안토니우스는 임기가 끝나 일개 사인으로 돌아가고, 원로원의 지시에 따를 판사Caius Vibius Pansa와 히르티우스Aulus Hirtius 두 사람이 신임 콘술로 활동할 수 있게 되었기 때문이다.

아니나 다를까, 마침내 기원전 43년 1월 1일을 맞이해 공화국의 키를 잡게 된 로마원로원은 심기일전하면서 안토니우스와 그의 군대를 파멸시키기 위해, 종전과는 완전히 다른, 포풀라레스적 신군대정책 등을 수립, 수행하게 된다. 이하 수차의 원로원회의의 결의사항을 따라 그 경과와 결과 등을 살펴보기로 하겠다.

기원전 43년 1월 1-4일간의 원로원의 결의사항 일개 사인이 된 안토니우스가 갈리아 키살피나 총독 데키무스 브루투스의 무티나성을 봉쇄, 포위망을 좁혀 가고 있고, 옥타비아누스는 이 안토니우스를 치러 무티나로 가던 기원전 43년 1월 1일, 카이사르의 문서에 의거 새 콘술이 된 판사와 히르티우스는 삼엄한 경계하에 카피톨리움 언덕의 유피테르 신전에서 국사에 관해 원로원 의원들의 의견을 듣고 있었다. 2일부터는 화합의 신전에 모여 4일까지 열띤 분위기 속에서 계속된 이 원로원 회의에서는 특히 카이우스 카이사르, 즉 옥타비아누스에 대해 앞으로 '프로프라이토르'의 임페리움을 보유하도록 결정하였다. 그리하여 옥타비아누스는 드디어 로마원로원이 인정하는 합법적인 야전군사령관이 되었다. 또 원로원은 '그의 군대'에 관해서도 중대한 사항들을 결의했는데, 이에 대해서는 유일한 중요 사료인 제5차 필리피카 연설문이 있다.

연초에 키케로가 제안하여 원안 그대로 의결된 내용이 담긴 이 연설문 중에서 옥타비아누스와 그의 군대에 관한 결의사항을 편의상 크게 두 부분으로 나누어 보면 다음과 같다. 첫째, 율리우스 카이사르가 칼라티아와 카실리눔에 제대 정착시켰던 병사들 중에서 옥타비아누스가 1인당 5백 데나리우스씩 주고 다시 징집해서 편성한 이른바 재소집 고참노병군단인 제7·8 군단에 관한 사항과 둘째, 특히 브룬디시움에서 반란을 일으킨 후에 곧 안토니우스 진영에서 이탈하여 옥타비아누스측으로 넘어온 마르스 군단과 제4 군단 병사들에 관한 사항이다.

그러면 먼저 재소집한 제7·8 군단 병사들에 관한 결의사항부터 보기로 하자.

> 신관이며 프로프라이토르인 카이사르(옥타비아누스)의 지도력에 자신을 맡겨 로마 시민의 자유와 우리 신분(원로원)의 권위를 지켜 왔고, 또 지금

도 지키고 있는 재소집 고참 노병들은 그들의 자식과 더불어 병역 면제를 받는 것, 카이우스 판사와 아울루스 히르티우스 중 1인이거나 2인 모두 좋다고 생각한다면 재소집 고참 노병들에게 분배해 주기 위해, 제대병들이 정착해 왔던 식민시들에서 율리우스법을 위반하면서 불법 점유되고 있는 토지가 어떤 것인가를 조사하는 것, 그리고 캄파니아 토지에 관해서는 그들(콘술)이 개별적으로 조사하여 재소집 고참 노병들의 권익을 증대시켜 줄 한 가지 방안을 강구해 내는 것 등등은 원로원의 기쁨이다.[230]

이 인용문에는 불분명한 문구가 눈에 띄는데, 즉 재소집 고참 노병들에게 분배해 주기 위해 제대병들이 정착해 왔던 저 식민시들에서 율리우스법을 위반하면서 불법 점유되고 있는 토지다. 여기서 '재소집 고참 노병들에게 분배해 주기 위해'에서의 재소집 고참 노병들은 물론 옥타비아누스의 2개 재소집 고참 노병군단, 즉 제7·8 군단 병사들이다. 그런데 그 다음에 나오는 '제대병들이 정착해 왔던 저 식민시들'에서의 그 제대병들은 누구를 가리키는 것일까. 그들은 안토니우스가 자기 휘하의 고참 노병들을 제대 정착시켰던 바로 그 사람들이 아닌가 한다. 이에 대해서는 후일 "물질적 보상에 관해서는 적당하다고 생각하신다면 안토니우스와 함께 있었던 저 고참 노병들의 토지는 우리 두 사람(데키무스 브루투스와 옥타비아누스)이 할당해 주어야 한다는 귀하(키케로)의 의견을 적으시기 바랍니다." 하는 데키무스 브루투스가 키케로에게 보낸 서신이 있었는데,[231] 여기서 안토니우스와 함께 있었던 저 고참 노병들의 토지들 운운하는 이야기로 보아, 본문의 제대병들이라고 하는 것은 안토니우스의 제대병들이었음에 틀림없다. 또 나에게는 '율리우스법을 위반하면서 불법 점유되고 있는 토지'라고 하는 구절에서의 그 토지 또한 바로 앞서 인용한 데키무스 브루투스의 편지 속에 나오는 '안토니우스와 함께 있었던 그 고참 노병들의 토지들'과 일치하는 것이라고 생각된다. 그 후 5월 13일에 구성된 것이긴 하지만, 10인위원회의 "10인은 안토니우스의 통치 하에서 (토지를 포함하여) 어떤 것이든 받은 사람이 누구이건 간에, 즉시 그 사실을 기록하여 알려야 한다고 공고하고, 이에 불복하는 자는 그 누구를 막론하고 (의법처단하겠다고) 위협했다."고 하는 아피아누스의 구절이 있는데,[232] 여기서 다음과 같은 시사를 얻을 수 있다. 즉, 연초 원로원의 결의에서는 기원전 59년의 율리우스 카이사르의 농지법을 위반하면서 불법 점유되고 있는 안토니우스의 제대병들의 토지는 원래 2인의 콘술이 몰수하여 옥타비아누스의 재소집 고참 노병들에게 할당해 주기로 되어 있었지만, 이들 콘술의 참전과 전사로 인해 그 시행이 보류되어 오다가, 그 일을 계속 추진하기 위해 10인위원회가 구성되었던 것이 아니냐는 것이다. 다시 말하자면 10인위원회가 모든 진상을 조사하고, 부정한 방법으로 이루어진 소유관계를 해소시키고, 몰수한 토지를 옥타비아누스 병사들에게 할당하도록 그 기능이 성문화되었던 것이 아닐까, 이렇게 일단 추측해 보고자 한다.

그렇다면 결국 이 문제에 대한 명쾌한 해명은 기원전 44년 4월과 6월에 각각 제정된 안토니우스의 농지법 자체에 대한 분석에서 이루어져야 한다.

안토니우스가 직접 관계하여 제정한 농지법은 두 가지가 있는데, 하나는 안토니우스의 농촌식민시건설법 Lex Antonio de coloniis in agros deducendis 이고, 다른 하나는 안토니우스의 식민법 Lex Antonia colonia 으로 2인의 콘술인 안토니우스와 돌라벨라가 제정한 농지법이다. 전자는 기원전 44년 3월 17일 원로원의 결의를 시행하기 위해 제대병들의 정주에 관해 규정한 것으로, 5월에 안토니우스가 직접 캄파니아와 삼니움을 여행하는 길에 카실리눔에 들러 그 곳에 식민시를 건설하기 위해 마련한 법령이다. 후자는 6월 1일에 안토니우스와 돌라벨라가 같이 농지법을 제정하고 안토니우스의 동생이며 호민관인 루키우스 안토니우스를 위원장으로 한 7인 위원회를 구성하여 안토니우스의 고참 노병들에게 토지를 분배해 주기 위한 법령을 말한다.[233]

연초에 키케로는 이 두 농지법에 의거, 실시된 농지분배의 성과를 무효화하자고 제안했던 것이니, 그것은 두 농지법이 도대체가 '폭력에 의해, 그리고 아우스피키움들을 위반하며' 통과되었기 때문이라는 것이다. 즉 폭력의 난무와 합법적인 종교 절차를 밟아 제정되지 않았기 때문에 그 법들은 시민에 대해 법적 구속력이 없다는 것이다.[234] 그리하여 키케로의 제안은 그대로 의결되었다.

사실, 기원전 43년 2월 3일 키케로가 안토니우스를 공격하는 제8차 필리피카 연설시에 "그(안토니우스) 자신과 돌라벨라가 주었던 토지들은 계속 소유토록 해야 합니다. 즉, 조상들이 우리의 곡창이라고 생각했던 캄파니아와 레온티니의 토지들을"이라는 원로원의 결의에 대한 안토니우스의 요구사항을 참조해 볼 때,[235] 연초에 안토니우스와 돌라벨라의 농지법은 폐기되었음이 확실하다. 그리고 5월 안토니우스가 카실리눔에 식민시를 건설했다고 하는데, 원래 이곳에는 이미 카이사르에 의해 식민시가 건설되어 있었다. 그러므로 후일 키케로가 안토니우스가 식민시를 또 건설했다고 하는 점은 분명 위법이라고 크게 분노를 터뜨린 것으로 보아,[236] 율리우스법을 위배하면서 불법 점유되고 있는 토지들 운운하는 키케로 자신의 언급은 바로 이를 두고 한 말임에 틀림없다. 또 이 점은 안토니우스의 이 식민 활동에서 토지를 분배받아 크게 이익을 본 사람이 바로 앞서 7인 위원회의 위원이라고 밝힌 바 있는 카포와 삭사라고 사료들이 입을 모아 말하고 있는 것으로도 알 수 있다.[237] 이렇듯 부당하게 안토니우스에 의해 수행된 농지정책을 무효화시켜 원로원은 몰수한 토지들을 바로 옥타비아누스의 재소집 고참 노병군단인 제7·8 군단 병사들에게 할당해 주도록 결정하였다.

다시 한번 옥타비아누스의 제7·8 군단 병사들에 관해 원로원이 의결한 내용을 간추려 보면 첫째, 그들은 자식과 함께 병역 면제를 받는다. 둘째, 2인의 콘술 중 1인 또는 2인 모두 좋다고 한다면 옥타비아누스의 재소집 고참 노병들에게 분배해 주기 위해 안토니우스의 제대병이 정착해 왔던 식민시들에서 율리우스 카이사르의 농지법을 위반하면서 불법 점유되고 있는 토지가 어떤 것인가를 조사한다. 셋째, 캄파니아 토지에 관해서는 콘술들이 개별적으로 조사하여 옥타비아누스의 재소집 노병들의 이익을 증대시키기 위해 한 가지 이용방안을 강구한다는 것 등이다.

그러면 이번에는 마르스 군단과 제4 군단 병사들에 관해서 원로원이 결의한 사항들을 보기로 하겠다.

> 마르스 군단과 제4 군단에 관해 그리고 원로원의 권위와 로마 인민이 자유가 그들에게는 가장 귀하고 또 중했기 때문에, 콘술인 카이우스 판사와 아울루스 히르티우스와 결합하여 그들의 이름 밑에 병적을 올린 제2 군단과 제35 군단의 병사들에 관해, 그들과 그들의 자식들이 갈리아와 이탈리아에서 소요사태가 일어나는 경우를 제외하고 병역에서 면제받는 것은 원로원의 기쁨이다. 전쟁이 끝나면 이 군단들이 제대하는 것, 신관이며 프로프라이토르인 카이우스 카이사르가 저 군단들의 병사들에게 개인적으로 약속했던 돈의 액수가 얼마이건 간에 그들에게 지급되어야 한다는 것, 콘술인 카이우스 판사와 아울루스 히르티우스 중 1인 또는 2인 모두 좋다고 한다면 사적으로 개인의 경제적 손실을 끼치지 않고 분배될 수 있는 토지를 찾아보는 것, 그리고 저 병사들에게 즉 마르스 군단과 제4 군단 병사들에게 그들(콘술들)이 병사들에게 준 선물과 토지할당에서 일찍이 채택되

었던 방법 중에서 가장 충실한 방법으로 선물을 주고 토지를 할당하는 것 등은 원로원의 기쁨이다.²³⁸

앞서 글에서 관심을 끄는 것은 물질적 보상에 관해 '신관이며 프로프라이토르인 카이우스 카이사르가 저 군단 병사들에게 개인적으로 약속했던 돈의 액수가 얼마이건 간에 그들에게 지급되어야 한다.'는 대목이다.

반란을 일으키고 옥타비아누스측으로 넘어온 마르스 군단과 제4 군단 병사들은 12월에 들어서자 실상 극도로 불안한 상태에 처하게 되었다. 옥타비아누스는 말하자면, 카이사르의 양자이긴 하지만 실제로는 만 19세의 청년으로 정규관직이라고는 하나도 보유하지 못한, 어디까지나 일개 사인에 불과했다. 토지를 소유해 보겠다는 그들의 열망은 옥타비아누스의 원로원과의 일이 순조롭게 진행되지 않는다면 한낱 헛된 환상으로 끝나고 말 가능성이 깊다. 게다가 그들이 안토니우스를 배반하고 떠났을 때, 안토니우스는 앞으로 무슨 일이 벌어지더라도 자신을 배신한 저 2개 군단만은 절대로 받아들이지 않겠다는 확고한 결의를 표명한 바 있었다. 또 실제로 데키무스 브루투스의 병사와 옥타비아누스의 재소집 고참 노병들에게 상호이해를 위해 사절을 보냈을 때에도 마르스 군단과 제4 군단만은 그 대상에서 제외시켰다. 이와 같이 안토니우스에게 복귀할 길은 사실상 차단된 형편이었기에 그들에게 선택의 여지라고는 전연 없었다. 따라서 불안은 가중되었다. 이를 알아챈 옥타비아누스는 이에 대한 보상으로서, 특히 옥타비아누스 자신이 사인으로는 보증해 줄 수 없었던 토지할당의 대상으로서 1인당 5천 데나리우스—이 액수는 연봉의 22배를 약간 상회하는 거액이다—씩 주겠다고 약속하지 않을 수 없었고, 이렇게 후한 선물로서 그는 마르스 군단과 제4 군단 병사들을 자신에게 꽉 붙들어매두었다.[239] 그런데 바로 이 엄청난 돈을 그것도 국고에서 지급해 주겠다고 원로원이 결의함으로써 이 보너스 지급을 공식적으로 보증한 셈이었다.[240]

그 다음에 '콘술인 카이우스 판사와 아울루스 히르티우스 중 1인 또는 2인 모두 좋다고 생각한다면 사적으로 개인의 경제적 손실을 끼치지 않고 분배될 수 있는 토지를 찾아보는 것'이라는 문구가 나온다. 이것은 종전 후의 제대 시를 대비하여 병사들에게 공급할 토지를 확보해 두기 위한 것으로 1인 또는 2인의 콘술 모두 좋다고 한다면 사인의 경제적 이익을 염두에 둔다는 것이다. 즉 일반 시민들의 토지는 일체 몰수하지 않고, 별도로 병사들에게 할당해 줄 토지를 찾아낸다는 의미이다. 그리고 덧붙여 원로원은 안토니우스 휘하의 2개 마케도니아 군단, 즉 제2 군단과 제35 군단 병사들에게도 만약 2월 1일 이전에 그에게서 이탈한다면 면죄될 것이며, 콘술의 군대에 편입된다면 그들도 옥타비아누스의 군단병들과 똑같은 보상을 받게 될 것이라고 약속했다.[241]

다시 한번 마르스 군단과 제4 군단 병사들에게 원로원이 약속한 내용을 간추려 보면 다음과 같다. 그들과 그들의 자식들은 특수한 경우를 제외하고는 병역에서 면제받을 것이다. 전쟁이 끝나면 제대하게 될 것이다. 그리고 1인당 5천 데나리우스씩 국고에서 지급받게 될 것이다. 특히 일반 시민에게 개인적으로 경제적 손실을 끼치지 않고 종전의 방법 중에서 가장 충실하고 효과적인 방법으로 병사들에게 나누어 줄 토지들을 별도로 마련하겠다는 것 등이다.

그러면 옥타비아누스의 군대에 대해 원로원이 취한 조치들이 의미하는 바는 무엇일까.

이미 고찰했듯이 원래 원로원은 로마 시민에 대한 국가의 토지분배, 곡물배급, 부채말소 그리고 특히 병사의 제대 시 보너스 지급과 같은 현실문제에 대해서는 극히 냉담하였다. 사유재산의 제권리는 신성하다든가, 시민간의 신분차나 재산등급의 차와 같은 불평등이 공정한 법이라든가, 앞으로 살펴보겠지만 심지어 국고가 감당할 수 없다는 등의 이유에서였다. 그렇기 때문에 이때까지 군단 병사들에게 돈과 같은 보너스 지급이 원로원의 자발적인 의사에 따라 약속된 경우는 전연 없었다. 그런데 기원전 43년 연초부터 원로원은 지금까지의 군대정책을 과감히 버리고 병사들에게 돈과 토지 등 보너스 지급을 약속하였다. 왜 그랬을까. 다음과 같은 이유에서였다. 무엇보다도 우선 데키무스 브루투스의 무티나성을 포위하여 점점 압축해 들어가고 있는 안토니우스를 이기려면 당장 옥타비아누스의 군대에 의지할 수밖에 없었는데, 바로 그 군단 병사들이 비상한 관심을 쏟고 있었던 것은 돈과 토지였다. 그렇기 때문에 군단 병사들의 돈과 토지를 소유하겠다는 욕망을 최소한도로 만족시켜 주어야 할 필요성을 피부로 느끼게 되었다. 그리하여 원로원은 마침내 병사들을 부유하게 하는 일에 뛰어들었다. 더욱이 여기서 한 가지 분명하게 밝혀 둘 것은 종전에는 탐나는 군단들을 놓고 장군들이 돈만을 뿌렸는데, 연초부터 공화파 원로원 의원들, 특히 키케로는 종래의 금전매수 이외에 또 하나의 새롭고 곧 결정적 요인으로 작용하게 될 '토지 제공 약속'을 다급하게 첨가시켰다는 점이다. 이 얼마나 보수적 성향을 지녀온 원로원의 아이러니인가![242]

그러면 옥타비아누스의 군단 병사들에게 토지와 돈을 주겠다고 약속함으로써 원로원과 키케로가 노리고 있던 진정한 정책 의도는 무엇이었을까.

첫째, 원로원이 군단 병사들의 물질적 이익을 대변해 줄 진정한 보호자로 등장하고자 했다는 점이다. 즉 원로원은 병사들에게 돈과 토지를 지급해 주겠다고 약속함으로써 병사들의 관심을 사는 게임에서 자신들이 제1의 보호자가 되는 반면, 옥타비아누스를 제3의 동반자로 밀어내려는 것이었다. 왜냐하면 원로원이 옥타비아누스 휘하의 마르스·제4 양 군단 병사들에게 콘술인 히르티우스 지휘 하에 들어가라는 명령을 내렸기 때문이다. 이렇게 해서 원로원은 옥타비아누스 휘하의 군단 병사들과 직접 거래를 트는 데에 성공함으로써 그 중간에 끼여 있는 옥타비아누스를 어느 정도 소외시킬 수가 있었다. 특히 어느 쪽이건 돈과 토지를 많이 주는 데로 가는 성향이 짙은, 즉 최대의 물질적 이익만을 추구하며 정치에는 무관심한 마르스 군단과 제4 군단에게는 일단 성공적이었다. 최소한도 옥타비아누스에게서 마르스 군단과 제4 군단 지휘권을 히르티우스에게 이양시키는 데 성공함으로써 원로원은 양 군단 병사들만은 옥타비아누스 진영에서 분리시켰다. 물론 이러한 성과가 사라지게 된 것은 4월에 두 사람의 콘술이 전사했기 때문이다.

둘째, 원로원이 안토니우스의 제대 고참병들의 토지를 몰수하여 옥타비아누스의 재소집 제7 군단과 제8 군단 병사들에게 주기로 의결한 것은 바로 카이사르파 군대의 이간을 획책하기 위해서였다. 앞서 지적했듯이 원로원은 옥타비아누스와 그의 군대의 지지를 얻기 위해서는 그들이 간절히 열망하는 토지를 주어야만 했으며, 이에 필요한 토지를 바로 안토니우스의 농지정책을 무효화하는 데서 구하려고 했다. 그리고 한 걸음 더 나아가 안토니우스에 의해 특혜받은 병사들에게서 토지를 몰수함으로써 그들의 생계의 근거를 뿌리째 뽑아 버리고자 했다. 뿐만 아니라 안토니우스의 병사들로 하여금 그에 대해 원망과 불신감을 품게 함은 물론, 앞으로 어떤 장군의 병사들도 그를 따르지 못하도록 하는 등 정치적 고려에서 수행했다. 이 조치로 안토니우스파는 급소를 찔린 격이었다.

셋째, 원로원은 단지 마르스 군단과 제4 군단 병사들에게만 각각 국고금으로 5천 데나리우스씩 지급해 주겠다고 약속함으로써 옥타비아누스 군대 내의 분열도 획책했다. 즉 이와 같은 약속은 옥타비아누스에 의해 직접 재소집된 제7·8 양 군단 병사들에게는 하나의 모욕이었다.[243] 옥타비아누스 자신도 안토니우스 진영에서 이탈한 2개 군단만이 5천 데나리우스라고 하는 엄청난 보너스를 지급받는다는 사실에 불만을 나타냈다.[244] 특히 마르스 군단과 제4 군단은 그 후 곧 원로원의 명령에 따라 콘술 히르티우스에게 넘어간다. 결국 원로원의 정책 의도대로 콘술 히르티우스의 지휘 통제 하에 들어간 마르스·제4 양 군단 병사들과 옥타비아누스 밑에 그대로 남아 있게 된 제7·8 양 군단 병사들 간에는 틀림없이 거리감이 생겼을 것이다.

결론적으로 연초에 원로원이 취한 조치들로 인해 옥타비아누스는 군부대 병사들의 눈에 미미한 존재로 비쳐졌음에 틀림없다. 또한 원로원만이 장차 병사들의 물질적 소망을 가장 성실하게 들어줄 수 있는 실제적인 힘과 가능성을 지니고 있다고 인식되었을 것이며, 안토니우스 또한 약자로 전락되었다. 이와 같이 키케로와 원로원은 본래 그들이 노렸던 대로 같은 카이사르파인 옥타비아누스 군대와 안토니우스 군대 간의 분열을 획책함으로써 어부지리로 정책효과를 얻었다.

연초에 원로원회의가 끝난 뒤 콘술 히르티우스는 안토니우스를 치러 무티나성으로 향했다. 이때 그가 원로원의 명령에 따라 옥타비아누스로부터 마르스 군단과 제4 군단을 인수받아 지휘하게 되었음은 물론이다. 그리고 3월 말에는 콘술 판사 또한 그 동안 모집한 신병 4개 군단을 이끌고 합세함으로써 로마의 합법적인 야전군사령관 히르티우스, 판사 그리고 옥타비아누스 이렇게 3인이 안토니우스군과 대치하였다.

기원전 43년 4월 21일의 원로원의 결의사항 첫 접전은 4월 15일 포룸 갈로룸Forum Gallorum에서 있었는데, 여기서 안토니우스는 패하고 만다. 히르티우스 휘하에 들어간 마르스· 제4 양 군단의 공이 컸다. 이 승전 소식이 로마에 전해지자 4월 21일 시 프라이토르인 코르누투스가 원로원회의를 소집하였는데, 여기서 키케로는 안토니우스를 공격하는 마지막 제14차 필리피카 연설을 하였다.

먼저 그는 안토니우스와 그의 일당은 국적으로 선포되어야 한다고 요구하고, 이어서 야전군사령관인 옥타비아누스, 판사, 히르티우스 세 장군과 그들의 병사가 세운 공적이 매우 크므로 국가는 이들에게 감사의 표시로서 전례가 없는 일이긴 하지만 50일간의 축제를 베풀어 달라고 제안하였다. 또 그는 많은 전사자들을 위해 기념비를 세워줌으로써 영예를 수여하자고 했다. 그리고 무엇보다도 이 전투에서 공이 큰 마르스 군단과 제4 군단에 대해 그는 다시 한번 더 빛나는 찬사로써 그들이 안토니우스 진영을 이탈한 것에 대해 언급하고, 한때 로마를 위해 세계를 정복했던 병사들과 비교까지 했다.

> 과거 포에니 전쟁, 갈리아 전쟁 그리고 이탈리아 전쟁시에 영광스럽고 위대한 많은 군대가 있었지만, 그러나 이들 중 누구에게도 이런 유의 영예가 수여되지 않았습니다. 여러분들로부터 우리는 가장 큰 선물을 받았기 때문에 가급적 더 큰 것을 주었으면 하는 것이 우리의 바람입니다.[245]

그러나 아무리 무제한으로 그들에게 영예를 돌린다 해도 병사들이 요구하는 근본 문제는 결코 해결될 수 없었다. 무엇보다도 그들이 바라는 것은 영예가 아니라 돈과 토지 바로 그것이었기 때문이다. 이렇듯 그들의 최대 관심사가 돈과 토지였으므로, 원로원은 부득이 연초에 의결했던 약속을 재차 반복하지 않을 수 없었다. 그리하여 전쟁이 끝나면 그 약속 이행이 다시금 기대되었다. 전사자들의 경우 그들의 가족이나 친척이 보상을 받도록 결정되었다.[246]

로마의 원로원 의사당에서 이러한 안건들이 의결되던 바로 그날 무티나성을 공격하던 안토니우스는 또 패해 알프스로 후퇴하였다. 그러나 이 전투에서 콘술 판사가 전사하고, 15일의 포룸 갈로룸 전투에서 부상을 당했던 콘술 히르티우스마저 사망하였다. 결국 이 두 차례의 전투로 로마는 최고 통치자들을 잃어버렸다.

기원전 43년 4월 26-7일간의 원로원의 결의 사항 이러한 소식이 로마에 날아들자 4월 26일에 원로원회의가 소집되었다. 27일까지 계속된 이 회의에서 안토니우스와 그의 일파는 국적으로 선포되고 데키무스 브루투스에게는 개선식을 약속하지만, 옥타비아누스에 대해서는 일체 언급이 없었다. 군대에 대한 영예 수여문제도 4월 21일의 제안과 똑같았고, 다만 한 가지 첨가된 것은 마르스 군단과 제4 군단 병사들은 축제일에 평화를 상징하는 올리브 나뭇가지를 지녀도 좋다는 결정이었다. 그리고 콘술들의 군대 지휘권, 구체적으로 판사의 4개 신병 군단과 히르티우스가 끝까지 지휘했던 마르스 군단과 제4 군단의 명령권은 데키무스 브루투스에게 위임해야 하며, 옥타비아누스에게는 지금까지 콘술의 최고 지휘권 하에 있었던 것과 같이 앞으로도 오직 총사령관인 데키무스 브루투스의 지휘 하에서 안토니우스 섬멸작전에 참가해야 한다는 명령이 하달되었다. 대승을 거두는 데 혁혁한 공을 세운 병사들에게는 마지막으로 또다시 보상이 약속되었다. 이때 시선을 끈 것은 이 약속이 데키무스 브루투스의 병사들에게까지 확대되었다고 하는 사실이다. 이에 대한 한 가지 매우 귀중한 시사를 카씨우스 디오의 다음과 같은 구절에서 얻을 수 있다.

> 그(데키무스 브루투스)와 함께 포위당했던 병사들에 대해 그들(원로원)은 다음과 같이 포고했다. 즉 그들은 찬양받아야 하며 전에 카이사르(옥타비아누스) 사람들에게 약속했던 것과 같은 다른 모든 보상들을 해주어야 한다. 비록 이 부대들은 승리에는 아무것도 공헌하지 못하고 단지 성벽 위에서 바라보기만 했다 해도.[247]

즉, 브루투스의 병사들에게 '전에 카이사르 사람들에게 약속되었던 것과 같은 모든 다른 보상물들'이 약속되었다. 구체적인 보상금 지급과 토지할당에 대해서는 데키무스 브루투스가 에포레디아에서 키케로에게 보낸 5월 24일자 서한이 밝혀 주고 있다.

> 금전보상에 관해 원로원은 조급하게 굴지 말고 재정상태를 전부 검토한 후에 그 문제를 분명히 결정할 것이라는 점을 그들에게 확신시키기 바랍니다. 원로원이 토지를 할당해 주기로 투표로써 결정한 4개 군단에 관해서는 본관이 아는 바로는 술라가 몰수했던 토지와 캄파니아 토지에서 많은 것을 이용할 수 있으리라고 생각됩니다. 본관의 의견으로는 토지는 군단 병들에게 똑같은 몫이나 추첨을 통해 할당되어야 할 줄 압니다.[248]

이 편지는 후일 원로원의 약속 불이행으로 옥타비아누스 군대의 불평이 노골화되자 이를 들어주라는 충고의 내용이 담긴 것으로서, 이를 통해 보상금 지급문제에 대한 원로원의 공식적 견해가 무엇인지를 알 수 있다. 여기서 데키무스 브루투스는 옥타비아누스의 제7·8 양 군단 병사들의 금전보상 요구에 대해 원로원은 다만 천천히 재정상태를 고려한 후 보상금의 지급액수와 그 시기를 결정하도록 제안하고 있다. 그러므로 5월 24일까지도 금전 선물에 대해 원로원은 여전히 미결정 상태에 있었다는 사실이 이 편지에 드러나 있다.

토지할당 건은 그 지급대상이 4개 군단이라고 언급하고 있으므로 이 문제에 대한 검토가 필요하다. 기원전 43년 1월 초 원로원의 결의를 상기해 볼 때, 처음 우리의 머리에 떠오르는 것은 혹시 이 4개 군단이라고 하는 것이 옥타비아누스 진영의 4개 군단, 즉 제7·8 군단, 마르스 군단, 제4 군단 들이 아닐까 하는 것이다. 그러나 앞서 인용한 바 있는 5월 24일자 데키무스 브루투스의 편지를 보면, 옥타비아누스 진영의 제 7·8 군단은 그 편지 구절의 초입부에서 '고참 노병들'이라고 하는 타이틀 하에 취급된 반면, 그 뒤에 '4개 군단'이라고 하는 새 범주를 도입하고 있다. 그리고 5월 24일자 편지에 대한 키케로의 6월 4일자 답장 "4개 군단과 귀하 두 사람(데키무스 브루투스와 옥타비아누스)에 대한 토지할당에 관해 쓴 편지에서 제안된 귀하의 계획들과 조인에 본인은 진심으로 동의하는 바입니다……"를 보면,[249] 4개 군단에 대한 토지할당은 옥타비아누스와 데키무스 브루투스 두 사람이 했으면 하는 것으로 되어 있다.

이러한 두 가지 점으로 미루어 보아 원로원이 일단 마르스 군단과 제4 군단 그리고 데키무스 브루투스의 2개 고참 노병군단, 이렇게 4개 군단에게 무티나 전투에서 세운 공을 인정하고, 토지를 주어 정주(定住)를 허락하자는 결정을 내리지 않았나 생각된다. 물론 토지는 술라가 몰수했던 것과 캄파니아에 많이 있는데, 이것을 군단병들에게 동일한 몫이나 추첨으로 분배해 주되, 분배만은 야전군사령관인 옥타비아누스와 데키무스 브루투스 자신 이렇게 두 사람이 하자고 제안했던 것이 아닐까? 결론으로 데키무스 브루투스의 2개 군단 병사들은 확실히 보상금 지급을 약속받지는 못했지만, 마르스·제4 양 군단 병사들과 똑같은 자격으로 토지할당의 약속만은 받았던 것 같다.

원로원의 명령을 받은 옥타비아누스는 즉각 이를 거부하는 답장을 로마로 보냈다. 그 내용을 보면 안토니우스를 추격할 수도 없고 데키무스 브루투스에게 마르스·제4 양 군단을 보낼 수도 없는데, 그 까닭은 병사들이 명령을 이행치 않기 때문이라는 것이다. 그러므로 그는 무엇보다도 먼저 병사들에게 약속한 보상금을 지급하고 토지를 할당해 주라고 요구하였다. 아울러 그는 이 약속들이 걸려 있는 전쟁은 종식되어야 한다는 그의 입장도 밝혔다. 빠르면 5월 10일경에 로마에 도착했을 이 편지를 보고, 원로원은 5월 13일에 회의를 긴급 소집했다.

기원전 43년 5월 13일의 원로원의 결의 사항 회의가 열리자 원로원의 원들은 옥타비아누스의 요구를 받아들여 매우 중요한 두 사항을 결의했다. 첫째, 마르스 군단과 제4 군단 병사들에게 각각 2천5백 데나리우스씩 지급해 주기로 한다.[250] 둘째, 그 외 병사들의 토지할당 문제를 해결하기 위해 10인의 원로원의원으로 구성된 위원회를 결성하기로 한다.

그런데 5월 13일이라는 원로원 회의 날짜에 대해 우선 언급할 필요가 있는데, 그것은 이 중요한 사건의 시대적 배열이 단순하지 않기 때문이다. 아피아누스는 첫눈에 매우 설득력 있는 논리에 따라 사건들을 이렇게 구성하고 있다. 기원전 43년 5월 29일에 안토니우스와 레피두스의 제휴가 이루어졌다. 이 소식이 로마에 알려진 6월 10일 이후 궁지에 몰린 원로원은 또다시 옥타비아누스를 향해 도움을 청하지 않을 수 없었다. 이를 재빨리 감지한 옥타비아누스는 원로원이 병사들에게 했던 전의 약속들을 이행하라고 요구했다. 그리하여 원로원은 회의를 소집, 현실을 감안하여 보상금을 반액으로 삭감하고 10인위원회를 구성하게 되

었고, 이 사실을 직접 통고해 주기 위해 원로원 사절단을 옥타비아누스 진영에 급파하였다.[251]

그러나 아피아누스는 원로원이 안토니우스에 대해 공포에 떤 나머지 옥타비아누스와 다시 손을 잡으려고 시도했다는 자신의 테제를 납득시키기 위해 사건의 시대 배열에서 중대한 오류를 범하게 되었다고 지적하지 않을 수 없다. 즉, 그는 원로원의 보상금 삭감에 대한 결의를 6월에 있었던 것으로 처리했을 뿐만 아니라, 이미 5월에 행해진 결의들도 6월에 있었던 것처럼 꾸며 놓았던 것이다.[252]

원로원 회의 날짜가 5월 13일이라고 추정하는 논의는 데키무스 브루투스가 키케로에게 보낸 5월 21일자 서신에 대한 검토에서 출발하는 것이 좋을 듯하다.

> 귀하께서는 제일 먼저 본관이 원로원에 보내는 급송문서를 읽으시고 고칠 데가 있으면 고쳐 주시기 바랍니다.[253]

여기서 알 수 있듯이 데키무스 브루투스는 키케로에게 보낸 서한에다 원로원에 보내는 급송문서를 동봉해 보낸 것이 확실하다. 그 내용이 무엇인지는 키케로의 5월 29일자 답신에서 알 수가 있다.

> 친애하는 브루투스여, 10인과 젊은 카이사르의 영예 수여에 대한 본인의 계획과 제안들이 귀관의 동의를 얻고 있다는 사실에 본인이 얼마나 기뻐하는가를 귀관이 알면 놀라실 것입니다.[254]

5월 21일에 데키무스 브루투스가 키케로에게 보내는 서신에는 10인에 대해서는 단 한마디의 언급도 없었으므로, 그가 동시에 원로원에게 보내는 급송문서에서 10인위원회에 관해 언급했을 가능성이 크다. 그런데 방금 인용한 키케로의 답신으로 미루어 보건대, 데키무스 브루투스는 원로원에 대해 자기가 10인에 들지 못했다는 데에 불만을 토로했음이 분명하다. 그렇기에 키케로는 그 점이 자기 생각과 똑같다고 기뻐한 것이다.

그런데 여기서 두 편지가 씌어진 날짜를 따져 보자. 브루투스의 5월 21일자 편지에 대한 키케로의 답신이 5월 29일에 씌어진 것으로 보아, 두 사람간에 편지가 닿는 데 8일이 소요되었다는 계산이 나온다. 그렇다면 처음에 원로원의 결의에 따라 10인위원회가 설치되었고, 여기에 데키무스 브루투스가 빠졌다는 내용의 키케로의 편지는 5월 21일보다 8일 전인 5월 13일에 썼다는 이야기가 된다. 다시 말하면 5월 13일에 10인위원회의 구성에 대한 원로원의 결의가 있었고, 이 결의에 따라 10인의 위원이 선출되었는데, 여기에는 데키무스 브루투스가 빠졌다. 그래서 즉각 키케로는 이 사실을 데키무스 브루투스에게 편지를 써서 알려주었을 것이고, 이에 대한 답신이 5월 21일자 데키무스 브루투스의 원로원에게 보내는 급송문서였으리라. 또 이에 대한 기케로의 답변이 5월 29일자 편지에 제시되었던 것이 아니냐는 결론이 자연스럽게 도출된다. 이 결론은 또 5월 24일에 에포레디아에서 데키무스 브루투스가 키케로에게 보낸 서신에 의해서도 지지되고 있다.

> 그들이 격분한 주된 이유는, 그들이 말하는 바로는 카이사르도 본관도 10인위원 가운데서 찾아볼 수 없다는 것입니다.[255]

옥타비아누스 진영에서는 그 두 사람이 10인위원에서 탈락되었다는 사실에 병사들이 크게 분노하고 있다는 보고가 데키무스 브루투스에게 가닿는 데 약 5일이 걸렸다고 본다면, 5월 19일에 옥타비아누스 진영 내의 병사들이 그 사실을 알았다는 이야기가 된다. 만약 10인위원에 옥타비아누스가 빠졌다는 보고가 로마에서 여기 옥타비아누스 진영까지 전해지는 데 6일이 걸렸다고 가정한다면, 원로원 회의 날짜 역시 5월 13일이 된다. 따라서 5월 29일에 안토니우스와 레피두스의 군대 연합이 이루어졌다는 소식이 로마에 알려진 6월 10일 이후에 원로원 결의가 있었다는 아피아누스의 서술은 분명 잘못된 것이다. 벨레이우스와 카씨우스 디오 역시 안토니우스와 레피두스의 제휴 이전에 원로원 사절단이 옥타비아누스 진영을 방문하는 것으로 서술하고 있어, 이 점은 일치한다. 다만 그들은 4월 27일 원로원 결의가 있은 직후 10인위원회가 설치되어 옥타비아누스 진영에 파견된 것처럼 사건의 경과를 구성하고 있다는 점에서 오류를 범하였다.[256] 나에게도 원로원 결의는 6월이 아니라 레피두스 군대와 안토니우스의 제휴가 이루어지기 전인 5월 13일에 있었던 것으로 이해된다. 왜냐하면 카이사르파 장군 두 사람이 연합을 했다고 하는 사실을 원로원이 알고 있었다면, 과연 그들이 옥타비아누스를 완전히 무시하며 그의 군단 병사들에 대해 고압적인 자세를 취할 수 있겠는가 하고 생각되기 때문이다.

그러면 마르스 군단과 제4 군단 병사들에게 5천 데나리우스씩 주기로 연초에 의결했고, 그 후 4월 21일, 26~27일의 원로원 회의 때마다 반복해서 재삼 확인했던 결정을 원로원은 왜 반액인 2천5백 데나리우스로 삭감했을까 하는 문제를 고찰해 보기로 한다.

그것은 한마디로 기금 부족으로 인한 것이었다.[257] 이미 언급한 바 있는 금전보상 건은 재정상태를 고려하여 미결로 남겨 두라는 데키무스 브루투스의 5월 24일자 편지도 이 사실을 암시해 주고 있다. 다시 말해 국가의 재정형편상 부득이 취해진 조치였다. 이 문제는 장차 상론하기로 하고, 이제부터는 10인위원회에 대해서 살펴보기로 하겠다.

원래 연초에 원로원은 안토니우스의 고참 노병들이 율리우스 카이사르의 농지법을 위반하면서 불법 점유하고 있던 토지들을 빼앗아 옥타비아누스의 제7·8 양 군단 병사들에게 분배하며, 특히 마르스 군단과 제4 군단 병사들에게는 일반시민에게 경제적인 손실을 끼치지 않고 제대시에 별도로 할당해 줄 토지들을 확보하도록 의결하고, 그 일을 2인의 콘술에게 맡겼으나 그 시행이 참전으로 보류되었다. 4월 21일 전후하여 콘술들은 전사하였지만, 승전 소식이 로마에 알려지자 원로원은 4월 26~27일의 회의에서 데키무스 브루투스의 2개 고참 노병군단 병사들에게까지도 토지를 할당해 주기로 결정을 내렸다. 그러나 콘술의 보궐선거가 실시되지 못했기 때문에 최고 정무관인 콘술은 궐위된 상태에 있었다. 따라서 특별히 토지분배를 수행해야 할 비상기구의 설치가 필요하였고, 이에 원로원은 10인위원회를 구성하였다. 그 위원으로서는 키케로를 포함하여 10인의 원로원의원이 선출되었다.

여기서 특히 지적하고자 하는 것은 이 10인의 원로원의원으로 구성된 위원회가 안토니우스의 제대 고참 노병들이 불법 점유하고 있던 토지들을 몰수하는 특수권한을 보유하고 있었고, 몰수한 토지들을 옥타비아누스의 재소집 고참 노병군단인 제7·8 양 군단 병사들에게는 물론, 그의 마르스 군단과 제4 군단, 그리고 데키무스 브루투스의 2개 고참 노병군단 병사들에게까지 분배해 줄 임무가 주어졌다는 사실이다. 이것은 연초에도 그랬지만 안토니우스파가 원로원에 의해 또다시 치명타를 얻어맞은 격이다. 즉 안토니우스의 추종자들은 농경지를 상실할 것이며 반대로 옥타비아누스의 고참 노병들은 이 조처로 이득을 얻게 될 것이었다.

원로원 내의 카이사르 암살자 그룹이 10인위원회의 구성 명단에서 야전군사령관인 옥타비아누스와 브루투스를 뺐다는 데에 큰 의미가 있다.

> 그들(옥타비아누스 진영 병사)이 말하는 바로는 카이사르도 본관(데키무스 브루투스)도 10인위원 가운데에서 찾아볼 수 없으며, 귀하(키케로)와 귀하의 친구들이 토지문제의 모든 것을 좌지우지했다는 사실입니다.[258]

이 인용문에 나오는 '귀하의 친구들'이란 말할 필요도 없이 카이사르 암살자 그룹을 지칭하는 것이다. 그리고,

> ……귀 양인에 의한 토지할당에 관해 본인은 진심으로 귀관의 조언에 동의하는 바입니다. 그 이유 때문에 본인은 동료들 중 누군가가 토지문제에 관한 협의를 주도하겠다고 입맛을 다시고 있었을 때에, 본인은 그 의도를 무산시켜 귀 양인이 전권을 장악하도록 전체 문제를 원점으로 되돌리곤 했습니다.[259]

이 6월 24일자 키케로의 서한에 나오는 '동료들'도 카이사르 암살자 그룹을 뜻한다. 이상에서 알 수 있는 것은 카이사르 암살자 그룹이 10인 위원회를 완전 주도하고 있었다는 사실이다.

그렇다면 원로원이 10인위원회를 결성하게 된 궁극적인 정책의도는 무엇인가?

한마디로 말하여 원로원이 옥타비아누스의 군단 병사들과 직접 거래를 트기 위해 원로원과 군대 그 중간에 끼여 있는 옥타비아누스를 정치에서 완전히 제거하려한 것이다. 그들은 토지분배에서만은 옥타비아누스를 소외시키려 했기 때문에 10인위원에 야전군사령관이 끼는 것을 사전에 방지했던 것이다. 오직 10인의 원로원의원으로 위원회를 구성하여 직접 군단 병사들에게 토지를 분배해 주고자 획책한 것이다. 이것은 원로원이 아직도 공화국을 자의로 지배할 수 있다는 그 자체의 힘

에 대한 과신—사실은 무능력해졌음에도 불구하고—그리고 여기서 나오는 비타협적인 정치적 입장의 표시라고 할 수가 있다. 왜냐하면 원로원 내의 특히 카이사르 암살자 그룹은 옥타비아누스와 타협이 가능했을 터인데 그를 완전히 소외시키려 했기 때문이다.

5월 13일의 결의를 통고해 주기 위해 원로원 사절단이 옥타비아누스 진영으로 갔다. 도착시기는 준비와 여행이 14일간이 걸린다고 보아 5월 27일경으로 추정된다.[260] 길을 떠날 때 이들에게 내려진 원로원의 명령은 옥타비아누스에 대해 특별한 모욕을 담고 있었다.

> 원로원은 심지어 카이사르 군대에 파견된 사절들에게 그들의 장군을 동석시키지 말고 병사들과만 협상을 벌이도록 훈령을 내리기까지 했다.[261]

사령관 옥타비아누스의 불참하에 원로원 사절단은 병사들을 만났다. 이 자리에서 사절단은 특히 안토니우스를 버리고 왔던 2개 옛 마케도니아 군단, 즉 마르스·제4 양 군단 병사들에게 조언한다. '희망을 옥타비아누스 단 한 사람에게 걸지 마라, 우리 원로원이 있지 않으냐, 원로원만이 영구적인 힘을 보유하고 있다, 그러니 우리 말대로 데키무스 브루투스의 캠프로 가라, 거기서 귀관들은 약속된 돈을 받게 될 것이다.' 하였다.[262]

결국 원로원은 토지를 분배하는 데서 옥타비아누스를 제외시키는 것에 만족하지 않고, 한 걸음 더 나아가 차제에 그를 병사들의 보호자로 더 이상 등장할 수 없게 하고자 했다. 이 점을 분명히 해두기 위해 옥타비아누스를 소외시키고 직접 병사들과 결합하는 것이 적절하다고 원로원 의원들은 생각했다. 그러나 병사들은 원로원의 명령을 단호하게 거부하였다.

기원전 43년 5월 29일 레피두스 군대와 안토니우스의 제휴 기원전 43년 5월 초순 로마의 공화파 원로원의원들과 특히 키케로가 예의 주시하고 있던 인물은 갈리아 나르보넨시스 속주총독 마르쿠스 아이밀리우스 레피두스Marcus Aemilius Lepidus였다. 4월의 포룸 갈로룸 전투와 무티나 전투에서 연패한 안토니우스가 알프스를 넘어 단 하나의 희망을 레피두스와 그의 군대에 걸고 그를 향해 가고 있었다. 또 레피두스군과 연합하여 안토니우스를 공격, 섬멸시키라는 원로원의 명령을 받은 갈리아 코마타Gallia Comata 속주총독 무나티우스 플란쿠스L. Munatius Plancus도 4월 26일 휘하의 5개 군단을 이끌고 로느강을 건너 레피두스를 향해 오고 있었다. 따라서 당시 최강의 정예군단을 보유하고 있는 레피두스가 플란쿠스와 연합하여 안토니우스를 궤멸시킬 것인가 아니면 안토니우스와 제휴하여 원로원에 반기를 들 것인가에 따라 장차 공화국의 운명은 달려 있었다.

그러나 레피두스는 원래 변덕이 심했기 때문에 특히 공화파 인사들은 더욱더 걱정에 싸인 채 그의 거동에 주목하지 않을 수 없었다. "우선 가장 중요한 것으로서 본관이 귀하에게 청하는 바는 저 변덕쟁이 동료 레피두스에게 메시지를 보내 그의 병력과 안토니우스의 병력을 한데 합치지 못하게 함으로써 우리들에 대한 전쟁 재발의 가능성을 배제시켜 주셨으면 하는 것입니다." 하는 키케로에게 보낸 4월 29일자 편지에서[263] 데키무스 브루투스가 레피두스에게 품고 있는 불신감이 잘 나타나 있다.

사실, 레피두스는 안토니우스가 패하기 전까지만 하더라도 안토니우스 진영에 친위대를 파견할 정도로 그에게 매우 동조적이었다. 5월 초 키케로가 플란쿠스에게 보내는 서신에서 "레피두스는 현사태가 경고하는 바를 듣고서 귀관인 플란쿠스와 공화국에 협력할 것입니다."는 희망을 여전히 나타낼 정도로,[264] 레피두스는 신중을 기해 공화국 편이라는 인상을 원로원과 키케로에게 주었다. 그러던 차에 안토니우스가 무티나 전투에서 패배하고 자기를 향해 온다는 소식을 듣게 되었다. 그러자 레피두스는 라테렌시스를 통해 플란쿠스와 협상을 벌여 안토니우스에 대항하는 데 두 사람이 공동보조를 취하자는 의견의 일치를 보았다. 기원전 43년 5월 11일 키케로에게 보낸 서한에서 플란쿠스는 그 사실을 이렇게 알려주고 있다.

> 본관의 대리인 라테렌시스를 통해 레피두스, 그는 본관에게 만약 안토니우스를 자신의 속주 외부에 붙들어매 두는 일에 실패한다면 자기는 검으로 안토니우스를 괴롭히겠다는 서약을 보내 왔습니다. 그는 본관에게 자신에게로 넘어와서 우리의 병력과 결합하자고 요청해 왔는데……[265]

그러니 레피두스는 이틀 후인 5월 13일에 대도를 바꾸었다. 그리히여 이미 이사라 강을 건넌 플란쿠스에게 통지하기를, 자기는 플란쿠스가 오는 것을 더 이상 바라지 않으며 중요사항은 오히려 안토니우스와 결정짓겠다고 하였다. 레피두스 진영에 머물고 있던 라테렌시스에게서도 레피두스와 그의 군대는 믿을 수가 없으니 최대의 신중을 기하여 오지 말라는 쪽지가 플란쿠스에게 왔다.[266]

그러면 레피두스는 왜 최종 단계에서 플란쿠스와의 연합을 기피하였을까. 그의 타고난 성품 때문이었을까. 물론 그의 변덕 때문만은 아니었다. 이에 대해서는 기원전 43년 5월 13일경 이사라 강의 캠프에서 플란쿠스가 키케로에게 보낸 서신 내용이 해명의 좋은 단서가 된다.

한 가지 더 말씀드릴 것이 있습니다. 레피두스가 원래 천성이 불충한데다가 카니디우스, 루프레누스와 같은 장교들 그리고 때가 되면 귀하께서도 아실 이름들을 지닌 자들에 의해 더 불평불만에 꽉 차버린 병사들에게 열변을 토하고 있었을 때, 이들 정직한 애국자들은 다음과 같이 일제히 소리 높여 외쳤습니다. 우리가 원하는 것은 평화입니다. 뛰어난 두 콘술이 살해되고, 그처럼 많은 시민들이 조국을 위해 싸우다가 목숨을 잃고, 더욱이 그들 모두(안토니우스의 병사들) 일괄하여 국적이라는 낙인이 찍히고 재산이 몰수된 이상, 우리는 아무하고도 싸우지 않을 것입니다. 이 소동을 레피두스는 벌하지도, 그 위해를 치유하지도 않았습니다.[267]

이 인용문은 무엇을 말하고 있는가. 5월 9일경 레피두스의 군대 내부에서 안토니우스를 지지하는 소요와 공공연한 동정시위로 확대된 사건이 발생했다는 사실을 보여 주고 있다. 즉, 5월 9일 밤 레피두스는 변덕을 부려 그의 휘하 전 병사들에게 원로원의 명령에 따라 플란쿠스군과 연합하여 안토니우스군을 치기 위한 작전계획을 설명했던 것 같다. 그러고 나서 레피두스가 진로를 동쪽으로 돌려라! 그것도 진정 플란쿠스와의 연합을 기대하며 안토니우스군을 공격하기 위하여라고 명령을 발하자, 그 자리에서 평화라는 명분을 내세워 반란이 일어났다. 그렇다면 결국 레피두스는 이때부터 안토니우스군과 연합할 때까지 3주간이나 그의 병사들의 압력 하에 있었다고 보여진다. 따라서 5월 29일 발생할 레피두스와 안토니우스의 제휴도 결국 5월 9일 군반란의 연장선상에서 파악되어야 마땅하다고 본다.

기원전 43년 5월 17일 레피두스는 포룸 보코니Forum Voconi 북동쪽의 아르겐테우스강에 그의 휘하 7개 군단을 정지시키고 진지를 구축했다. 5월 15일에는 이미 포룸 율리이Forum Iulii에 도착해 있었던 안토니우스 역시 단 하나의 희망을 오직 레피두스와 그의 군대에 걸고 아르겐테우스 강을 따라 북상, 강을 사이에 두고 레피두스군과 대치하게 되었다.

그 이후에 일어나는 극적인 사태 진전에 대해 플루타르쿠스는 생생히 묘사하고 있다. 좀 길지만 그대로 인용해 본다.

> 그러나 안토니우스가 도착하여 가까이에 진을 쳤을 때 환영하는 기색이 전연 없었으므로, 그는 모든 것을 걸고 한번 대담한 행동을 하기로 결심했다. 머리는 장발로 빗질도 하지 않은 채였고, 수염은 패전 이래 깎지 않아 허옇게 자란 채로 그는 이제 흑색 망토를 걸치고 레피두스의 캠프를 둘러싼 방책에 다가가서 병사들에게 말하기 시작했다. 그들 중 많은 병사가 그의 출현에 즉각 감동한데다가 그의 말에 자극을 받아 동요가 일자, 레피두스는 크게 놀라 안토니우스의 음성이 들리지 않도록 모든 트럼펫을 불도록 명령했다. 그러나 이것은 그에 대한 병사들의 연민의 정을 더욱 부추겼을 뿐이었다. 그리하여 그들은 렐리우스와 클로디우스에게 군대를 따라다니는 창녀들의 옷을 입히고 변장시켜서 비밀리에 안토니우스와 협상을 하게 했다. 이 두 사람은 그에게 용기를 북돋워 주며 즉시 자기들의 캠프를 공격해 줄 것을 요청하면서 그 곳에는 환영할 뿐만 아니라 안토니우스가 원한다면 레피두스를 살해하려고 하는 사람들까지 있다고 말했다. 안토니우스는 그들이 레피두스의 몸에 손대는 것을 허락하지 않았다. 그렇지만 그 이튿날 안토니우스는 그의 군대와 함께 강을 건너기 시작했다. 그 자신이 제일 먼저 물속에 발을 담그고 건너편 강가로 걸어가자, 그 곳에는 이미 많은 레피두스의 부대가 손을 들어 그를 환영하며 자기들 캠프의 방어진지를 허물어뜨리는 모습을 볼 수가 있었다. 그 캠프의 주인이 된 후에, 그는 최대의 친절을 베풀어 레피두스를 접대했다.[268]

레피두스와 안토니우스의 제휴, 아니 좀더 정확하게 말하여 레피두스 군대와 안토니우스 군대의 결합은 이렇듯 극적으로 이루어졌다. 바로 이날 5월 29일은 공화국의 운명이 결정된 또 하나의 날이었다는 의미에서 특기할 만하다. 물론 대진하고 있던 10여 일 동안 두 야전군사령관이 직접 협상을 벌이지는 않았다. 안토니우스는 레피두스에게 여러 차례 사람을 보내 그들의 우정을 상기시키면서 카이사르파는 공동 보조를 취해야만 하며, "그 자신이 파멸된 후에는 카이사르와 우정을 나누었던 모든 사람이 하나씩 차례차례 자기와 똑같은 운명에 처하게 될 것이다." 하고 지적했지만,[269] 레피두스는 그와의 직접 담판을 미루고 있다가 그 같은 결과를 초래한 것이다.

레피두스 군대와 안토니우스의 극적인 제휴가 이루어진 바로 그 이튿날 레피두스는 최후 순간까지 원로원에게 신뢰감을 보여 주려고 아르겐테우스 강교에서 로마의 정무관들, 원로원 그리고 시민에게 다음과 같은 편지를 보냈다.

> 본관 휘하의 전군은 로마인의 생명과 공동체의 평화를 보존하려는 뿌리 깊은 전통에 따라 항명하였습니다. 진실로 말한다면 본관 휘하 전 군대는 그처럼 많은 로마 시민의 생명과 재산을 지키기 위한 챔피언으로 본관을 삼았던 것입니다.[270]

여기에서도 볼 수 있듯이 레피두스 군대가 그에게 반기를 들 때 명분으로 내세운 것은 로마 시민의 생명과 재산 보호와 평화였다. 그러나 여기서 꼭 지적하고 넘어갈 것이 있으니, 그것은 곧 평화라는 말이다. 그들이 말하는 평화란 '카이사르파' 간의 평화, 다시 말해 공화파와 투쟁하기 위한 안토니우스 군대와 레피두스 군대 간의 적대행위의 중지를 뜻하는 것이었다.

그런데 5월 9일 레피두스 군대 내부의 반란에서도, 5월 29일 레피두스 군대의 안토니우스 환영에서도 줄곧 시선을 끄는 것이 있다. 그것은 곧 군반란 시에는 카니디우스, 루프레누스 같은 장교들이 주동을 하였다는 대목과 레피두스와 안토니우스의 제휴 시에는 렐리우스와 클로디우스 두 사람이 주로 활동하였다는 대목이다. 그러면 이들은 과연 어떤 사람들이며, 어떤 군단에 소속해 있었을까.

이 문제를 본격적으로 논하기 전에 우선 살펴보고자 하는 것은 안토니우스가 진정 의지하고자 했던 것은 레피두스였는가 아니면 그의 군대였는가 하는 문제다. 4월 말이나 5월 초에 알로브로게스Alobroges 강 지역에서 갈리아 코마타 속주총독 플란쿠스가 키케로에게 보낸 서신은 매우 흥미롭다.

> 안토니우스와 그를 동반했던 그의 잔존 병력은 이 지역들을 제외하고는 다른 곳을 후퇴지로 삼을 장소란 하나도 없다는 사실을 본관은 주목했습니다. 그는 그에게 주어진 오직 두 기회만 갖고 있는데, 하나가 레피두스에게 의지하는 것이고, 다른 하나가 그의 군대에 의존하는 것입니다.[271]

말할 것도 없이 이 인용문에 나오는 '이 지역들'이란 구체적으로 레피두스가 총독으로 있는 속주 갈리아 나르보넨시스 내의 지역들을 지적하는 것이다. 그런데 특별한 관심의 대상이 되는 것은 편지의 후반부, '그리고 그는 그에게 주어진 오직 두 기회만을 갖고 있는데, 하나가 레피두스에게 의지하는 것이고, 다른 하나가 그의 군대에 의존하는 것입니다.'에 나타나고 있는 플란쿠스의 의견이다. 그러나 안토니우스가 알프스를 넘어왔던 것은 레피두스 자신이라기보다는 오히려 그의 군대를 믿고 의지하기 위해서였다는 결론을 내려야 할 것이다.

플란쿠스만 하더라도 사실 레피두스의 병사들은 신뢰할 수가 없으니, 바로 여기에 최대의 위험이 도사리고 있다고 보았다. 이사라 강의 캠프에서 그가 기원전 43년 5월 11일경에 키케로에게 보낸 편지 중 "본관의 군대를 현장에 출동시켜 레피두스 군대 중 불평불만에 꽉 차 있어 이반되어 있는 저 부분을 재편하여 통제할 수 있을 것입니다."라는 내용이라든가,[272] 역시 약 1주일 후인 5월 18일 키케로에게 보낸 편지 중 "그(라테렌시스)의 한 가지 두려움은 바로 본관 자신의 것과 똑같으니—레피두스 군대의 변덕과 불충입니다."[273] "따라서 본관은 지나치게 신중하다고 하는 말을 듣기보다는 오히려 본관의 출현이 레피두스의 입장을 강화시키며, 그의 군대의 사기를 진작시킬 것이라는 희망을 품고 기회를 잡기로 했던 것입니다."라는 언급이 그렇다.[274]

그러면 왜 레피두스 군대 중 일부는 이렇듯 불평불만에 가득 차 있고 이반되어 있었던 것일까. 앞서 인용한 바 있는 서신에서 플란쿠스는 '이 군대의 특정 부분은 안토니우스와 함께 있는 사람들에 못지않게 그에게 열광하고 있기 때문입니다.'라고 그 이유를 설명하고 있다. 따라서 안토니우스에게 매료되어 열광하고 있기 때문에 자연히 레피두스에게는 불평불만에 꽉 차 있고 이반되어 있는 특정부대란 어느 군단을 가리키고 있는지 살펴보지 않을 수 없다.

5월 29일 레피두스와 안토니우스가 제휴했을 때 레피두스는 '7개 보병 군단과 많은 보조부대 그리고 상당량의 장비'를 장악하고 있었다.[275] 좀더 구체적으로 말하면, 7개 군단 중에는 추측하건대 기원전 49년 봄에 징집되었던 적어도 3개 내지는 4개의 카이사르의 고참 노병군단과 44년에 레피두스 자신이 직접 소집했던 1개 군단이 있었던 것 같다. 그 나머지 2개 군단이 재소집 고참 노병 제6 군단과 제10 군단으로 바로 이 2개 군단이야말로 레피두스 군대에서는 최고의 가치와 중요성을 띠고 있었다. 그들은 옛 갈리아전에 참가했던 역전의 고참 노병들로서 카이사르가 제대를 시킬 때 갈리아 나르보넨시스 속주 내에 식민시들을 건설하여 정착시켰던 것 같다. 이러한 발상은 이 속주 내 5개의 식민시가 카이사르 군단의 이름을 표시하는 숫자들을 별명으로 갖고 있다는 데서 나온다. 즉 나르보(Narbo, 오늘날의 Narbonne)는 10, 아레라테(Arelate, 오늘날의 Arles)는 6, 아라우시오(Arausio, 오늘날의 Orange)는 2, 포룸 율리이(Forum Iulii, 오늘날의 Frejus)는 8, 그리고 바이테라이(Baeterrae, 오늘날의 Beziers)는 7이다.[276]

그러면 어떻게 5개 식민시가 제각기 저 유명한 카이사르 군단의 숫자를 별명으로 지니게 되었을까. 이 이유를 설명하는 몇 학설이 있다.

우선, 로마 군대에 관한 최초의 연구논문이라 할 "기원전 49년에서 42년까지의 내란시 군대들" 속에서 도마스체프스키는 "카이사르는 나르보넨시스에 5개 군단의 고참 노병들을 제대 정착시켰는데, 그 5개 군단의 숫자는 식민시의 별명에서 알려지고 있다. 10 이외에 2, 6, 7, 8이다."라고 이미 인용한 바 있는 플리니우스의 저서에 나오는 내용을 액면 그대로 받아들였다. 다시 한번 더 설명하자면 군단들을 표시하는 도형을 별명으로 지니고 있는 5개의 식민시에 바로 그 5개의 해당 군단 병사들을 카이사르가 정착시켰던 것이라고 그는 단정했다.[277] 그러나 한편 이와는 다른 견해가 이보다 앞서 몸젠에 의해 제시되었다. 5개의 식민시가 카이사르에 의해 건설되었다는 것만은 틀림없는 사실로 받아들일 수 있지만, 그것들이 애초부터 군사적 성격을 띠고 건설되었다는 점은 결코 믿을 수 없다고 그는 가정했다. 요컨대 그것들은 소위 군사 식민시들이 아니라, 다름 아닌 '시민 식민시들'로서 로마가 시민들을 해외에 이주시키기 위해 새로 건설한 케이스란 것이다. 그리고 식민시들이 카이사르의 5개 군단을 표시하는 숫자를 별명으로 지니게 된 것은 바로 갈리아 북부에서 용감하게 싸워 크게 용맹을 떨쳤던 그의 5개 군단을 특별히 기념하기 위해 그 군단의 숫자를 각기 식민시에 붙인

것이라고 그는 부연 설명했다.[278]

그러나 앞서 몸젠과 도마스체프스키의 두 설을 다 함께 반대하고 나선 것은 바로 크로마이어J. Kromayer였다. 카이사르의 고참 노병 중 일부가 제대하면서 갈리아 나르보넨시스에 정착했다는 사실은 인정할 수 있지만, 그렇다고 5개 지역 모두 다 반드시 율리우스 카이사르와 관련된 것은 아니라고 그는 강조해 마지않았다. 즉, 나르보와 아레라테는 카이사르의 지시에 따라 식민시로 건설되었고, 실제로 제10 군단과 제6 군단의 고참 노병들이 제대하여 정착했기 때문에 10과 6이라는 별명을 지니게 되어 나르보는 10, 아레라테는 6이라고 실제 군단과 식민시의 별명이 문자 그대로 완전 일치했다. 다시 말하면 제10 군단은 나르보에, 제6 군단은 아레라테에 제대와 동시에 토지를 할당받아 각기 농장을 경영하게 되었다는 것이다. 그러나 그는 그 나머지 3개의 식민시가 기원전 40년대에, 그것도 카이사르에 의해 갈리아 나르보넨시스에 건설되었다고 하는 사실을 단연 거부한다. 제7 군단과 제8 군단 병사들은 그 일부만이 갈리아에서 토지를 획득했을 뿐, 대다수는 캄파니아에 정착했다는 것이다. 그리고 제2 군단은 기원전 44년 카이사르 암살 직후에도 마케도니아에 주둔해 있었던 점으로 보아 그에 의해 제대조차 하지 못했던 것이다. 따라서 나머지 3개의 식민시는 바로 옥타비아누스에 의해, 그것도 기원전 30년대에 3개 군단의 제대 시에 건설되었던 것인데, 그 차이는 나르보와 아레라테에 대해서 '부(父)의'라는 별명을 붙인 사실로도 알아볼 수 있다고 하였다. 요컨대, 순전히 이탈리아인으로 구성된 제10 군단과 제6 군단 병사들만이 기원전 45년 제2 차 히스파니아 전투에 참전했다가 그해 가을, 아마 10월 13일경에 제10 군단은 나르보에, 제6 군단은 아레라테에서 해산하였다는 것이 그의 주요 논지다.[279]

이들 학설 중에서 나에게는 크로마이어설이 타당하다고 여겨지는데, 이것은 수에토니우스의 다음과 같은 인용문에 의해 지지를 얻고 있다고 생각되기 때문이다.

> 티베리우스(황제)의 아버지 네로는 알렉산드리아 전쟁 기간 중에 율리우스 카이사르의 재무관이자 일개 함대 사령관으로서 실질적인 승리에 공헌했다. 이로 인해 그는 푸블리우스 스키피오 대신 신관이 되어 갈리아에 식민시들을 건설하기 위해 파견되었는데, 그 식민시들 가운데에는 나르보와 아레라테가 있었다.[280]

바로 이 제10 군단과 제6 군단 병사들이 카이사르 사후 레피두스에 의해 재소집되어 군복무를 하고 있었다. 그 중에서도 "제10 군단은 레피두스 군대가 안토니우스 편을 들었을 때 주도적인 역할을 했다."[281] 그리고 그 최종적 협상에는 제10 군단에 속하는 백인대장 렐리우스와 클로디우스가 결정적 역할을 했다.[282] 앞서 언급한 5월 9일의 반란 시에 주동 역할을 했던 카니디우스와 루프레누스 같은 장교들도 제10 군단 소속이었다.

그러면 왜 레피두스의 7개 군단 중에서도 특히 재소집된 제6 군단과 제10 군단이 사령관을 배반하고 안토니우스를 환영하게 되었을까.

우선 제6 군단의 경우부터 보기로 하자. 결론부터 말하여 그들은 제대 시에 자기들이 확보해 놓은 재산권 침해를 목표로 하고 있는 원로원의 정책에 대해 당혹과 분노를 느끼고 있었는데, 그것은 곧 마씰리아의 복권으로 인한 것이었다.

원래 마씰리아Massilia(오늘날의 마르세이유)는 내란이 발발했을 때 카이사르를 배반하고 폼페이우스 편에 가담했다는 이유로 기원전 49년에 전쟁법의 적용을 받아 카이사르에 의해 모든 권리의 박탈이라는 중벌을 받았다. 그런데 기원전 43년 연초에 소집된 원로원회의에서 마씰리아에 대해 그들의 옛 권리를 다시 회복시켜 주자는 토의안건이 상정되어 격렬한 논의를 거듭했던 것 같다.

> 본인으로 말하자면 퀸투스 푸피우스 귀하가 그렇게도 철저하게 마씰리아인들에 대해 반대하고 있는 이때에 본인은 더 이상 인내심을 가지고 귀하의 발언을 들을 수가 없습니다. 앞으로 얼마나 더 오랫동안 귀하는 마씰리아를 공격할 속셈이신가요.[283]

안토니우스를 공격하는 제8차 필리피카 연설에서 열변을 토하고 있는 이 키케로의 음성을 들어 보면, 마씰리아의 복권문제를 놓고 원로원에서 얼마나 치열한 논란이 벌어졌는가 가히 실감이 난다. 더욱이 그 후의 제11차 안토니우스 공격연설에서 "그러나 원로원의원 여러분, 우리는 얼마나 오랫동안 더 재소집 고참 노병들의 권고에 따라서만 의견을 표시해야 됩니까?" 하고 개탄하고 있는 키케로의 모습을 그려 볼 때에,[284] 그러한 확신이 더해진다. 말할 것도 없이 이것은 로마에 있는 안토니우스의 가장 열성적이고 충실한 추종자인 퀸투스 푸피우스 칼레누스가 재소집 고참 노병들의 권고를 받아들여 공공연히 전력을 다해 마씰리아의 권리 회복안에 계속 반대하고 있는데도, 우리 원로원의원들은 언제까지나 더 그들의 권고를 특별 배려하여 우리의 의사 표시를 해야 되겠느냐 하는 한탄이다.

바로 여기서 마씰리아의 복권문제가 당시 정치적으로 얼마나 중대한 의미를 내포하고 있었는지 알 수가 있다. 그런데 무엇보다도 먼저 우리의 비상한 관심을 끄는 대목이 있다. 그것은 칼레누스로 하여금 마씰리아의 복권안에 끊임없이 제동을 걸게 했던 바로 그 재소집 고참 노병들이란 도대체 어떤 사람들이었겠는가 하는 것이다. 그들은 다름 아닌 레피두스에 의해 재소집된 제6 군단 병사들이었으니, 제대시 제6 군단이 정착했던 식민시 아레라테야말로 그 대부분이 바로 마씰리아의 영역에 속해 있었기 때문이다.[285] 좀더 구체적으로 말하면 아레라테라는 식민시는 원래 주로 마씰리아에서 탈취한 토지에 건설되었는데, 이제 마씰리아에게 모든 권리를 회복시켜 준다고 하는 것은 마씰리아가 예전에 누렸던 모든 지위를 다시 찾는다는 의미로서, 아레라테는 다시 마씰리아 지배영역으로 들어가게 될 운명에 처해 있었다. 따라서 마씰리아의 복권문제는 제6 군단 병사들에게는 자기들이 이미 획득해 놓은 토지들을 다시 빼앗긴다고 하는 그들의 경제적 이해관계와 직결되는 것이었다. 요컨대, 마씰리아의 복권은 제6 군단 병사들에게는 눈엣가시였다. 그들의 입장에서 본다면 마씰리아의 복권은 식민시에 있는 자기들의 생활 근거지를 박탈한다는 측면에서 추진된 것이었으니, 이것은 바로 원로원이 안토니우스의 농지법들의 폐기라는 방향으로 나아가는 것과 똑같은 것이었다.[286]

그리하여 제6 군단 병사들은 원로원 내 키케로의 정적이면서 안토니우스의 추종자인 칼레누스에게 압력을 가해 마씰리아의 복권에 계속 반대입장을 취하게 하지만, 결국 3월 20일에 소집된 원로원회의에서 마씰리아의 복권은 결의되고 말았다. 따라서 제6 군단 병사들은 아레라테에 있는 자기들의 기득 토지들을 몰수당할 비참한 상태에 처하게 되었다.

한편, 나르보에 토지를 갖고 있는 제10 군단 병사들의 경우는 어떠했는가. 우리가 알고 있는 한, 레피두스와 안토니우스의 제휴가 있기 전에는 원로원은 제10 군단 병사들의 토지를 몰수하려는 어떤 조치도 취하지 않았다. 그러나 그들은 다음 차례는 어디일까, 원로원의 다음 표적은 혹시 나르보가 아닐까 하고 불안과 초조를 느꼈을 것임에 틀림없다. 카이사르파의 약화를 노리는 화살이 바로 곁의 제6 군단의 아레라테에 꽂힌 이상, 제10 군단의 나르보가 다음 원로원의 과녁이 되지 않겠는가 하는 심증을 제10 군단 병사들이라면 누구나 갖지 않을 수 없었을 것이다. 이렇듯 제10 군단 병사들이 자기들의 토지를 뺏기지 않을까 전전긍긍하면서 불안해할 때에, 카이사르파여 단결하라, 귀관들의 토지를 지켜 주겠노라는 프로파간다를 내세우면서 그들 앞에 구세주로서 등장한 것이 다름 아닌 안토니우스였다. 그의 정책 프로그램은 무엇인가.

이미 살펴보았듯이 안토니우스는 기원전 44년 가을까지만 하더라도 자기 병사들의 비위를 맞추는 일에는 아주 무능했을 뿐만 아니라, 자신의 정책을 이데올로기화하는 데에도 소홀했다. 그 결과 그는 2개 마케도니아 군단의 반란과 이탈이라는 쓰디쓴 경험을 치르게 되었다. 그러나 이 사건이 곧 그의 실책을 만회하는 전기가 되었다. 그는 그의 병사들의 돈 요구에 대해 1인당 5백 데나리우스씩 지급했으며, 승리하는 날에는 더 많은 프리미엄을 지급할 것까지도 약속했다. 뿐만 아니라 그는 다른 속주총독의 군대도 돈으로 빼내 오려고 끊임없이 공작을 했다. 그러나 이것으로도 충분치 않았다. 그는 드디어 광범한 프로파간다를 통해 적수인 옥타비아누스의 지위를 약화시키는 것이라면 무엇이든지 이용하려고 했다.

더욱이 기원전 43년 1월 1일을 기해 원로원이 키케로의 제안에 따라 그의 농지법을 폐기시키자, 안토니우스는 이에 대한 자신의 요구들을 제시함으로써 그의 병사들의 이탈을 방지함은 물론, 카이사르파의 결속을 다짐하는 좋은 기회로 삼았다. 이 내용에 대해서는 1월에 안토니우스 진영에 직접 가서 협상한 결과를 사절 피소L. Piso와 필리푸스M.

Philippus가 2월 2일에 원로원에서 보고하는 것을 듣고, 그 이튿날 행한 키케로의 연설에서 알 수가 있다. 제8차 필리피카 연설문을 보건대, 안토니우스가 자기 병사들의 보호자로서 제시한 요구조건들은 이러하였다.

> "본관은 두 속주(갈리아 키살피나와 마케도니아)를 포기하겠습니다." 그는 말하기를, "본관도 본관의 군대를 양도하겠습니다. 본관은 사적 지위로 돌아가는 것을 거절하지 않겠습니다." 이것이 그의 말입니다. 그는 제정신이 든 것처럼 보입니다. "본관은 모든 것을 잊겠습니다. 본관은 화해를 갈망합니다." 그러나 그가 무슨 말을 덧붙이던가요? "만약 당신들이 본관의 6개 군단과 기병, 그리고 친위대에게 프리미엄과 토지를 주기만 한다면"이라는 조건부로요. 그는 심지어 용서를 바라는 것조차 지나치게 뻔뻔스럽다 할 사람들에게도 급여금을 주자고 요구하고 있으니 말이오! 그는 부언하기를, "그 자신과 돌라벨라가 주었던 토지들은 계속 소유케 해야 합니다." 즉 조상들이 우리의 곡창이라고 여겼던 캄파니아와 레온티니의 토지들을.²⁸⁷

이 얼마나 당당한 요구들인가. 안토니우스 자신은 정치에서 완전히 손을 뗄 것이며, 군대도 제대시킬 것이지만 자기 병사들이 프리미엄과 토지를 분배받지 못한 채 귀향하는 것만은 참을 수 없겠노라고 단호하게 언명하고 있으니 말이다.

그러나 안토니우스의 정책의 진면모가 유감 없이 나타난 것은 기원전 43년 3월 중순경 안토니우스가 히르티우스와 옥타비아누스에게 보낸 서신에서였다. 3월 20일에 소집된 원로원회의에서 히르티우스에게서 전해 받은 그 편지를 키케로가 한줄 한줄 읽어 가면서 논평한 것이 소위 그의 제13차 필리피카 연설이다.

우선 서론격으로 안토니우스는 두 수신자인 히르티우스와 옥타비아누스가 카이사르당을 약화시키면서 실제로 재기하는 폼페이우스당인 원로원에게 새로 권력을 잡도록 모든 일을 도와 주고 있다고 다음과 같이 비난했다. 즉 그들은 카이사르 암살자 중의 한 사람인 트레보니우스를 살해한 돌라벨라를 '국적'으로 선언하는 것을 허용했으며, 원로원의 결의를 합법화시키려고 애쓰고 있고, 본인의 포위로부터 데키무스 브루투스의 해방과 마르쿠스 브루투스와 가이우스 카씨우스의 권력 증대를 위해 노력하고 있다. 또 그들은 카스카를 호민관으로 삼았고, 아프리카를 바루스에게 넘겨 주며, 카이사르 암살자 갈바를 그들의 진영에 머물게 하였다. 이어서 안토니우스는 원로원이 제대병들을 식민시들에서 쫓아내기 위해 자기 자신이 합법적으로 행했던 토지할당을 무효화시켰으며, 카이사르에 의해 전쟁법에 따라 탈취했던 모든 것을 마씰리아인에게 되돌려 주기로 약속하였다고 비난했다. 이렇듯 그는 원로원의 정책을 한번 더 들먹거림으로써 자기가 고참 노병들의 이익을 대변해 줄 진정한 옹호자임을 천명하고, 병사들이 자신의 소유지를 강탈하는 것에 대해 더 이상 참지 않겠노라고 다짐했다. 물론 여기서 그친 것은 아니다.

> 당신들은 카이사르 암살자들을 파멸시키기 위해서라는 구실을 내세워 본인의 병사들이나 고참 노병들을 재소집했습니다. 그리고 나서 이들 병사들로 하여금 예상외로 과거 그들의 재무관이거나 장군이었던 그(안토니우스 자신)나 그들의 동료 병사인 자들을 위험 속으로 몰아넣었습니다.[288]

콘술 히르티우스와 카이사르의 양자 옥타비아누스는 카이사르의 죽음에 복수하기 위해 카이사르파 병사들을 소집했건만, 이제 그들의 옛 야전군사령관인 자기가 이전의 동료 병사들과 전쟁을 하도록 유도하고 있다고 안토니우스는 비난한다. 그리고 고압적인 자세를 취하면서 그는 히르티우스와 옥타비아누스에게 이러한 질문을 던졌다. "마지막으로 당신들은 본인이 브루투스를 포위에서 풀어 주거나 그에게 곡물을 공급해 주지 않는 한 평화는 불가능하다고 하고 있지만," "무엇이라고요! 이것이 당신네들 휘하에 있는 저 고참 노병들의 의견인가요, 모든 길이 여전히 열려 있어 어느 편에서 싸워야 할 것인가를 택할 수 있는 선택권이 그들에게 주어져 있는데도요."²⁸⁹ "당신들은 포위되어 있는 데키무스 브루투스의 병사들을 도우러 왔노라고 하고 있지만, 병사들은 도대체가 폼페이우스파, 즉 원로원을 강화시키면서 카이사르 암살자의 한 사람인 바로 그 데키무스 브루투스를 포위에서 풀어 주기 위해 싸워야 한다는 현실에 대해 진정 무엇을 생각하고 있겠는가." 하고 그는 질문을 던졌다.²⁹⁰

이어서 안토니우스는 히르티우스와 옥타비아누스 그리고 특히 키케로가 가장 아파하는 약점을 찔렀는데,

> 왜냐하면 우리들 중 누군가가 쓰러지면 저 적들(폼페이우스파)은 이익을 얻을 것이기 때문입니다. 운명의 여신은 여태까지 이러한 장관을, 즉 트레이너인 키케로와 싸우는 한몸의 두 전열을 보게 되지나 않을까 눈을 돌려 피해 왔던 것이니, 키케로는 훨씬 운이 좋아 그가 뽐냈듯이 카이사르를 속였던 것과 꼭 같은 웅변의 힘으로써 당신들을 속였던 것입니다.²⁹¹

내용은 대강 이러하다. 키케로와 싸워야 할 같은 카이사르파인 안토니우스군과 히르티우스와 옥타비아누스군이 서로 투쟁하도록 놀라운 웅변의 힘으로 훈련을 시킨 트레이너가 바로 키케로인데, 이제야말로 그 성과가 나타나서 키케로는 오랫동안 구경하기를 동경해 마지않던 일대장관을 보고 있는 것이다. '한몸의 두 전열', 즉 몸집은 하나인 군

대가 두 전열로 갈라져 서로 물고 뜯는 구경거리를. 키케로가 부르는 노래의 끝절은 승리자가 안토니우스가 되건 그의 적인 히르티우스와 옥타비아누스가 되건 간에, 폼페이우스파에 의해 절멸될 것이라는 것이다.

마지막으로 안토니우스는 다음과 같은 자신의 굳은 결의를 표명하는 것이다.

> 본관은 본관의 친구들(저들 옛 카이사르파인 히르티우스와 옥타비아누스)에 의해 입은 손실을 참을 수 있습니다. 만약 본인의 친구들이 자기들의 임무를 수행하려고 하지 않거나 본관과 함께 카이사르의 죽음을 복수할 마음의 자세가 갖추어져 있기만 한다면.[292]

이와 같이 안토니우스가 카이사르파의 대공동 목표로서 내세운 것은 카이사르 죽음의 복수였다. 이것은 예전에 카이사르 밑에서 복무했고, 또 제대 시에 그에게서 토지를 할당받았던 재소집 고참 노병들에게는 가장 설득력 있는 호소였을 것이다.

그런데 '카이사르파여 단결하라.'는 안토니우스의 외침은 레피두스의 군대라고 하여 흘려보낼 수 없었을 것이다. 3월 20일에 마씰리아의 복권으로 인하여 이미 아레라테의 토지를 잃은 바 있는 제6 군단 병사들과 특히 나르보의 토지를 장차 빼앗기지나 않을까 전전긍긍 불안감에 떨고 있었던 병사들에게는 카이사르파여 단결하라, 귀관들의 토지를 지켜 주겠노라고 외치는 안토니우스에게 열광하지 않을 수 없었다. 결론으로 제10 군단 병사들의 주도하에 7개 군단 전 병력이 변덕이 심한 야전군사령관 레피두스를 배반하고, 안토니우스 편에 가담하게 된 것은 오히려 당연한 귀결이었다 할 것이다.

기원전 43년 6월의 원로원의 트리부툼 징수의 실패 기원전 43년 6월 초순 한 총독에게 보내는 편지에서 "2인의 콘술이 모두 전사함으로써 원로원은 고아처럼 되었고, 국고는 놀랄 정도로 바닥이 나 있습니다"라고 키케로가 언급하고 있듯이,²⁹³ 이 시대에 가장 골치아픈 정치문제는 재정부족이었다. 즉, 원로원이 옥타비아누스 병사들에게 했던 약속을 이행하려 했을 때 이미 국고는 고갈상태에 있었다. 그리하여 6월에 원로원은 키케로의 제안에 따라 트리부툼을 징수하려 하였다. 그러나 이것이 실패하자 곧 옥타비아누스의 제2차 로마 진군이 뒤따르게 되는 것이다. 따라서 로마 공화국 몰락에 대한 궁극적인 원인을 밝히려면 마땅히 트리부툼 징수의 시도와 그 실패에 대한 고찰이 필수적이다.

기원전 43년 4월 중순까지만 하더라도 2인의 콘술 히르티우스와 판사는 원로원 내의 카이사르 암살자 그룹과 특히 키케로의 정책을 성실하게 수행하고 있었다. 그러나 데키무스 브루투스의 무티나성을 포위하고 있는 안토니우스군을 공격하던 중 콘술 두 사람이 차례차례 전사함으로써 공화국에는 콘술이며 원로원 최고 지도자의 부재현상이 나타나게 되었다. 그렇지 않아도 가뜩이나 허약한 공화국 정부는 이제 '키 없는 배'가 되었고, 따라서 공화국의 앞날은 더욱더 암담해져 갔다. 키케로는 5월 5일 마케도니아 총독 마르쿠스 브루투스에게 보낸 편지에서 이렇게 앞날을 내다보고 있었다.

> 확실히 본인이 생각하건대 판사가 아직 살아 있다면, 모든 일이 지금보다 더 빨리 진행되었을 것입니다. 그는 시간을 지체하지 않고 즉각 그의 새로운 동료 한 명을 콘술로서 선출하도록 했을 것이며, 그 후 신관을 선거한 뒤에 프라이토르 선거를 했을 것입니다. 그러나 이제 본인은 아우스피키아 때문에 오래 지체될 것으로 예상하고 있습니다. ……그리하여 정치적

으로 대혼란이 일어날 것입니다.²⁹⁴

이와 같은 키케로의 예언은 적중한다. 원로원은 끝내 옥타비아누스가 로마로 진군하여 콘술이 될 때까지 수개월간 아주 중요한 시기에 단 한 사람의 콘술도 선출하지 못하는 무능을 드러냈다.

그러나 실상 2인의 콘술이 전사하기 전에도 이미 원로원은 기능을 제대로 발휘하지 못하고 있었다. 콘술이 안토니우스를 공격하기 위해 로마를 떠난 이래 로마의 행정권을 장악했던 것은 시 프라이토르praetor urbanus인 코르누투스M. Caecilius Cornutus였다. 이 사람에 관해서는 별로 알려진 것이 없으나,²⁹⁵ 후일 옥타비아누스가 군대를 이끌고 로마에 입성하자 분을 참지 못해 자결했다는 기록이 있어서, 그는 공화국을 사랑하는 애국지사였다고 생각된다. 그렇지만 그는 확고한 지위를 차지하지 못하고 있었을 뿐만 아니라 무능했던 것처럼 보인다. 그 예를 하나 들어 보기로 하자.

기원전 43년 4월 7일 키케로는 원로원의원들 앞에서 플란쿠스 총독에게서 받은 공한을 낭독한 후에 그에게 찬사를 보내자고 제안했다. 공한의 내용과 찬사의 의미에 대해서는 물론 자세히 알 수 없지만, 그것이 공화국에 유익한 내용이었음에 틀림없다고 생각된다. 그러나 갑자기 닭점을 치기 위해 닭들을 감시하는 사제들이 개입하여 의장인 프라이토르 코르누투스가 신들의 의사를 확인하는 종교 절차인 아우스피키움을 만족할만큼 정신차려서 보지 못했기 때문에 회의를 다음날로 연기해야 한다고 주장하였다. 말할 것도 없이 그들이 간섭하여 원로원의 의결을 연기시킨 것은 그들의 자발적 의사에서가 아니라 이 의결에 이해관계가 있는 자들, 즉 카이사르파가 배후에서 조정했기 때문이었다. 원로원은 이 이의를 받아들여 다음날로 회의를 미루었다. 그러나 그 다음날도 그 문제는 의결되지 못했다. 이번에는 호민관인 티티에스P. Tities가 거부권을 행사했기 때문이다. 그리하여 또다시 그 다음날로 연기되었다. 4월 9일에야 비로소 키케로의 제안은 통과되었다. 그러나 그것도 이사우리쿠스P. Servilius Isauricus가 호민관 티티에스와 격론을 거듭한 뒤였다.[296] 이 사례는 원로원의 행정력 약화와 시 프라이토르인 코르누투스의 무능력을 잘 나타내 주고 있거니와, 실상 공화국은 이때부터 위기에서 헤어나지 못하고 더욱더 혼란 속으로 빠져 들어가게 되었다.

원로원의 기능 약화는 비단 로마와 이탈리아에서만 드러난 것이 아니었다. 속주들과 그 총독들에 대해서도 원로원은 지도력을 잃고 말았다. 그 단적인 예는 기원전 43년 3월 16일 코르두바에서 히스파니아 울테리오르Hispania Ulterior 총독 폴리오C. Asinius Pollio가 키케로에게 보낸 서한에서 여실히 잘 드러난다.

> 만약 다시 한번 1인의 손에 최고 권력을 거머쥐려는 시도가 행해진다면, 공언컨대 본관은 그가 누구이건 간에 그의 적이 될 것입니다! 자유를 지키기 위해 본관은 어떤 위험이라도 무릅쓰고 나아갈 것이며, 결코 피하거나 물러서지 않을 것입니다.
>
> 그러나 콘술들은 본관이 어떤 행동을 취해야 할지 원로원의 결의를 통해서건 서한을 통해서건 본관에게 아무런 훈령도 내리지 않았습니다. 본관은 실제로 판사로부터 3월 15일에 관한 단 한 통의 편지만 받았는데, 그 속에서 그는 본관에게 본관과 본관의 명령하에 있는 군대를 원로원의 자의에 맡기겠다는 뜻을 원로원에 써서 보내라고 촉구하는 것이었습니다.[297]

폴리오 총독이 고백하고 있듯이 그가 카이사르 암살 이래로 판사의 편지 한 통, 그것도 원로원의 지시사항이라고 할 수 없는 내용이 담긴 것이외에는 아무것도 받지 못했다는 데에 문제가 있다. 이것은 폴리오가 이야기하고 있듯이 원로원의 지시가 행선지에 도착하지 못하거나, 도중에 반송되거나 레피두스가 편지 전달자들을 억류해 버리는 경우가 있었을 것이다.²⁹⁸ 그러나 이 경우는 예외로서 원로원이 원래 지시사항을 내리지 않았던 것 같다. 이 같은 사실은 폴리오가 역시 코르두바에서 6월 초에 키케로에게 보낸 다음의 편지를 고려할 때에 더욱더 실감이 난다.

> 따라서, 4월에 본관은 가데스에서 출발하는 두 척의 배에 각각 편지 전달자들을 실어 귀하와 콘술들 그리고 옥타비아누스에게 편지를 보낸 적이 있습니다. 그 편지 속에서 본관은 어떻게 하면 공화국을 위해 최대의 봉사를 할 수 있을 것인가 알려 달라고 요구했던 것입니다. 그러나 본관의 계산에 따르면 그 배는 판사가 전투에 참가했던 바로 그날에 가데스를 출발했던 것입니다. 그 까닭은 그날 이전에는 지난 겨울 이래 항해한 배란 한 척도 없었으니까요.²⁹⁹

그러고 나서 그는 그의 소원이란 다만 이탈리아로 가서 안토니우스와 싸우는 것이라고 이야기하고 있다.

> 본관이 오직 바라는 단 한 가지 소원은 귀하의 동료들이 플란쿠스와 레피두스에게 소환령을 보냈던 것과 똑같은 결의로써 본관을 이탈리아로 귀환하도록 명령을 내려 달라는 것뿐입니다.³⁰⁰

이렇듯 폴리오는 여러 차례에 걸쳐 키케로와 원로원에게 그가 어떻게 하면 좋을지를 알려 달라고 솔직하고 간절하게 탄원하였다. 그런데도 원로원은 그와 그의 군대—그는 고참 노병 2개 군단과 신병 1개 군단을 보유하고 있었다!—를 정치적으로든 군사적으로든 전연 이용하지 못했다. 여기에 원로원의 속주 행정의 최대 취약점이 있었다.

속주들에 대한 원로원의 통치능력이 상실되었기 때문에 이해관계가 서로 엇갈려 있었던 속주총독들 상호 간의 경쟁도 치열하게 일어났다. 그것은 서로 다른 속주들의 군대를 매수하여 빼내 오려는 것으로 나타났던 것이니, 이것 역시 폴리오의 편지가 잘 말해 주고 있다.

> 본관은 믿을 만한 3개 군단을 보유하고 있습니다. 그 중 하나인 제 28 군단은 전쟁이 시작되었을 때 안토니우스로부터 자기와 연합할 것을 요청받았는데, 그때 그가 한 약속은 그들이 그의 캠프에 도착하는 그날로 그들 각자에게 5백 데나리우스씩 주겠으며, 더 나아가 승리할 경우 그 자신의 군단에게 주기로 한 것과 똑같은 액수의 돈을 주겠다—그런데 그 액수는 어느 누구나 상상할 수 있는 것처럼 얼마든지 불어날 수 있는 것입니다. 그래서 저 군단은 몹시 흥분했고, 엄숙한 선서에도 불구하고 본관은 아주 어렵게 그들을 붙잡아 두었다는 말씀을 드릴 수 있습니다. 만약 본관이 군단을 한데 집결시켜 두었더라면 결코 성공하지 못했을 것입니다—어떤 코호르트들은 개별적으로 항명을 했으니까요. 그는 계속해서 편지를 띄우고 무제한의 약속들을 함으로써 다른 군단들도 선동해 왔습니다. 그리고 레피두스 또한 그에 못지않게 끈덕지게 졸라대면서 (그 자신과 안토니우스의) 편지를 본관에게 띄워 자기에게 제30 군단을 보내라고 촉구했던 것입니다.[301]

그러나 무엇보다도 문제는 원로원이 가장 중요한 정치문제인 재정파탄을 타개하는 데 행정력을 발휘하지 못하였다는 데에 있었다.

기원전 44년 9월 2일 안토니우스를 공격하는 제1차 필리피카에서 키케로는 "아! 옵스 신전에 그 돈이 남아 있었더라면 얼마나 좋을까." 하고 탄식하고 있는데,[302] 이 문구는 카이사르 사후의 재정실태를 파악하는 좋은 단서가 된다.

> 옵스 신전에 있는 회계장부들 속에 들어가 있는 7억 세스테르케스는 어디에 있습니까. 돈이 피로 얼룩져 있는 것이긴 하지만, 그 소유주들에게 되돌아가지만 않았더라도 우리는 트리부툼을 내지 않아도 될 텐데.303

제2차 필리피카에 나오는 이 구절에 따르면 카이사르 사후 옵스 신전에는 분명히 7억 세스테르케스의 거액이 있었고, 그 돈은 원 주인들이 다 찾아갔다고 한다. 이에 대해서는 카이사르 사후 유일한 콘술로 최고권력을 장악하고 있던 안토니우스가 책임을 져야 한다고 키케로는 공격하였는데, 기원전 44년 4월 27일 푸테올리에서 아티쿠스에게 보낸 서신에서 그 당시의 일을 키케로는 이렇게 말하고 있다.

> 당신은 옵스 신전에서 약탈이 행해지고 있다고 말하고 있습니다. 나는 그때 이 두 눈으로 그것을 똑똑히 보았습니다.304

결국 여기서 보듯 약탈에 의해서건 안토니우스의 횡령에 의해서건 카이사르가 남겼던 7억 세스테르케스라는 거금은 그가 암살당한 지 몇 달 만에 다 없어지고 만다. 이렇듯 국고가 몇 달 만에 고갈되었기 때문에 공화국이 몰락하는 그날까지 국가재정의 부실은 가장 골치아픈 국가사로 부각되었다. 이에 대해서는 기원전 43년 7월 27일 키케로가 마르쿠스 브루투스에게 보낸 서신의 한 구절이 단적으로 잘 설명해 주고 있다.

> 그렇지만 본인의 판단이 틀리지 않는다면 국사에서 가장 골치아픈 정치문제는 재정부족일 것입니다.305

그러나 유감스럽게도 우리에게는 카이사르 사후의 재정상태에 대해 상세한 정보를 알려주는 것이란 전혀 없다. 다만 한 가지 분명한 것은 각 속주총독들이 중앙정부라 할 원로원에 대해 재정지원을 요청하곤 하지만, 원로원이 그들의 요구를 들어줄 수 없었다고 하는 사실이다. 총독들이 키케로에게 보낸 서신 가운데에서도 데키무스 브루투스가 데르토나에서 기원전 43년 5월 5일에 보낸 것이 그 대표적인 서신이 아닌가 한다.

> 본관은 이제 더 이상 부하들의 식량을 댈 수가 없습니다. 본관이 공화국을 자유롭게 하는 일에 손댔을 때만 하더라도 4천만 세스테르케스 이상의 자금이 있었습니다. 그런데 지금은 본관의 전 사유지가 저당 잡혀 있습니다. 뿐만 아니라 본관의 모든 친구에게 빚까지 졌습니다. 본관은 지금 7개 군단을 유지하고 있으니, 본관이 얼마나 곤란한 처지에 있겠는가 귀하는 능히 상상할 수 있을 것입니다.[306]

이와 같은 유형의 총독들의 요구에 대해 물론 기게로는 답신을 보냈는데, 아프리카 속주총독 코르니피키우스에게 보낸 다음의 편지는 그 한 예이다.

> 귀관이 말하는 바 군사적인 제 목적을 위해 필요하고 또 이미 소요된 경비에 관해 말하자면 본인이 귀관을 전연 도울 수 없는 것이 걱정입니다. 2인의 콘술이 모두 전사함으로써 원로원은 고아처럼 되었고, 국고는 놀랄 정도로 바닥이 나 있습니다. 국가에 공을 세운 병사들에게 주기로 한 약속을 이행하기 위해 모든 세원에서 돈을 징수하려는 노력이 경주되고 있습니다. 본인이 생각하기로는 트리부툼을 부과하지 않고는 불가능하다는 사실입니다.[307]

이 인용문에 나타나고 있듯이 국가는 심각한 재정위기에 처해 있었고, 이 극심한 재정부족을 타개하기 위한 유일한 해결책은 트리부툼 징수라고 키케로는 자신의 의견을 내놓았다. 가급적 트리부툼을 징수하지 않는 것이 정무관의 역할이라고 강조해 마지않았던 키케로 자신이 이러한 의견을 제시하였다는 것은 그 당시 상황이 얼마나 급박했던가를 충분히 짐작케 한다.

> 행정을 하는 데 있어서는 또한 트리부툼을 징수하지 않도록 모든 노력을 기울여야 하며, 이를 위해 사전에 오랜 기간에 걸쳐 세심한 주의를 기울여야 할 것이다. 이러한 세금은 우리의 선조대에 국고가 고갈된 상태에 있거나 끊임없는 전쟁 때문에 종종 부과되었다. 그러나 어떤 국가라도 (나는 '어떤'이라는 말을 쓰고 있는데, 나는 오히려 우리 자신의 국가에 대해서는 불길한 징조를 보여 주는 일반적인 용어로 말하고 싶기 때문이다. 그렇지만 나는 우리 자신의 국가에 대해서 토론하고 있는 것이 아니라 국가 일반을 놓고 논의하고 있는 것이다)—만일 어떤 국가라도 언젠가 이러한 세금을 부과해야 될 위기에 직면하게 되면, 전 국민의 구제를 위해 불가피하다는 것을 인식시키기 위해 온갖 노력을 다해야 할 것이다.[308]

원래 모든 세입과 세출을 관장하며 국고를 장악하고 있었던 것은 원로원이었다.[309] 그렇기 때문에 원로원 의원들은 재정에 대한 인식이 필수라고 키케로는 강조했다.[310] 사실 트리부툼은 기원전 167년부터 징수되지 않았다. 그 동안 로마는 속주와 동맹국들에서 들어오는 수입으로 국고를 채웠던 것이다. 그러다가 124년 만인 기원전 43년에 들어와서 키케로는 트리부툼 징수안을 원로원회의에 상정, 결의하였다.[311]

트리부툼 징수의 결의시기에 대해서는 연초라고 하는 견해도 있으나, 나는 6월이라고 추정한다. 이에 대한 결정적 증거는 이미 인용한 바 있는 키케로의 코르니피키우스에게 보낸 서한에서 얻을 수 있다. 즉 트리부툼 부과의 필요성을 역설하고 있는 이 편지를 그가 6월 8일 이후에 쓴 것으로 보아, 분명 6월 8일 이전에는 트리부툼 징수에 대한 결의가 원로원에서 행해지지 않았음을 알 수가 있다.[312]

트리부툼 징수 성적은 극히 저조하였다. 기원전 43년 7월 27일 키케로가 마르쿠스 브루투스에게 보낸 편지에 이렇게 나타나 있다.

> 지도층인 유산자들이 매일같이 세금을 내라는 소리에 점점 더 귀를 막고 있기 때문입니다. 부자들에게서 징수한 세금은 너무 소액이기 때문에 1퍼센트밖에 안 되는 수익금 전액은 2개 군단의 보너스 지급으로 없어지고 말 것입니다. 더욱이 지금 우리를 지키고 있는 군대와 귀관의 군대를 위한 경비가 무한히 들게 되어 있습니다.[313]

트리부툼 징수는 왜 실패했을까. 그 이유로서 우선 트리부툼 부과율이 전례 없이 높았다는 점을 들고자 한다.

> 그리고 전쟁을 위해 많은 돈이 필요했기 때문에, 그들 모두가 소유하고 있는 부의 25분의 1을 납부하기로 결정했는데……[314]

카씨우스 디오가 언급하고 있듯이, 로마 시민들은 전쟁을 위해 재산의 25분의 1, 즉 4%로 트리부툼을 내기로 했다고 하는데, 이 세율은 매우 높은 것이었다.

이미 지적했듯이, 트리부툼은 가변적인 총액에 따라 가변적인 세율이 적용되었던 할당세였던만큼, 기원전 43년 6월 키케로의 제안에 따라 원로원에서 의결한 트리부툼 세율이 1,000분의 40이라는, 그전의 세율에 비해 놀랍게도 10배 내지 40배가 넘게 높이 매겨진 것은 당시 국가가 필요로 하는 돈의 액수가 매우 컸음을 말해 주는 것이다. 그런데 이 고율의 트리부툼을 국고에 선납해야 하는 것은 '트리부니 아이라리이'였다. 그들의 반응은 어떠했는가? 우선, 1세기 이상이나 오랫동안 전연 트리부툼을 선납한 경험이 없었던 그들은 갑자기, 그것도 각자에게 할당된 고액의 트리부툼을 선납하라는 통고를 받자 크게 당혹했다. 더구나 전에는 병사들에게 봉급을 주기 위해 트리부툼을 선납했지만, 지금은 새삼스레 전례 없는 현역병들의 제대비 지급을 위해서라니 하면서 크게 반발했다. 부자들이 세금, 곧 트리부툐을 내라는 소리에 귀를 막고 납부치 않아 겨우 목표액의 1%밖에 거두지 못했다는 것은 재산이 많은 평민 출신의 트리부니 아이라리이가 각자에게 할당된 트리부툼을 선납하지 않았다는 아주 좋은 예이다.

그러나 전례 없이 고율의 트리부툼이 부과됐다고 하는 것이 트리부툼 징수 실적이 저조했다는 충분한 설명이 될 수는 없다. 왜냐하면 아무리 많은 고율의 트리부툼이 트리부니 아이라리이에게 선납하도록 부과되었다 하더라도, 그들이 선납 후에 시민들에게서 징수할 수만 있다면 그들이 구태여 선납하지 않았을 이유가 없기 때문이다. 이 문제는 결국 납세자인 로마 시민들의 반응이 어떠했는가로 귀착된다. 당시의 사정을 알려주는 사료는 없다. 좀 후의 일이긴 하지만, 제2차 삼두정치가 확립된 기원전 43년 11월과 기원전 40년에 3두가 트리부툼 세금을 부과하자 부녀자를 포함한 로마 시민들이 목숨을 내걸고 격렬한 몸싸움을 벌이면서까지 세금에 극심한 반발을 했다는 기록이 나온다.[345] 이로 미루어 보아 기원전 43년 6월에 트리부툼이 부과되었을 때 로마 시민들 역시 124년 만에 다시 부활된, 그것도 봉급이 아닌, 현역병들의 제대비 지급을 위해 고율의 많은 액수를 납부해야 한다는 데에 심한 반발을 보였을 것임에 틀림 없다. 더욱이 오랜 내란의 와중에서 기아와 물가고에 신음하고 있던 시민들은 종전이 되기만을 갈구했는데, 그 와중에서 트리부툼을 납부해 보았댔자 원로원의원들의 수중으로 들어가지 않으면 병사들의 주머니로 들어갈 것이 뻔하고, 오히려 동족상잔을 조장할 것이기 때문에 납부를 거부하려 했을 것이다. 그리하여 원로원은 트리부툼 징수의 기도마저 실패하자 기원전 43년 연초에 옥타비아누스 군대 병사들에게 했던 약속을 이행할 수 없게 되었다.

요컨대 "만일 어떤 국가라도 언젠가 이러한 세금(트리부툼)을 부과해야 될 위기에 처하게 되어 전 국민이 구제받기를 원한다면, 그것은 불가피하다는 사실을 인식시키도록 온갖 노력을 다해야 할 것이다."는 키케로의 말과 같이,[316] 카이사르 암살자 그룹과 특히 키케로는 트리부툼 납부의 필요성에 대해 전 국민을 납득시키지 못하였다는 데서 그들의 정치적 역량의 한계를 그대로 드러내고 있다 하겠다.

기원전 43년 7월의 원로원의 결의사항 안토니우스와 레피두스의 13개 군단이 로마를 향해 오고 있고, 최고 정무관 2인이 전사함으로써 로마 원로원은 고아처럼 된데다가 마지막으로 기대했던 트리부툼 징수마저 실패로 돌아갔을 때, 포강 유역에 진을 치고 있던 옥타비아누스와 그의 군단 병사들의 동태는 어떠했는가. 8월에 그들은 드디어 제2차 로마 진군을 하게 되는데, 그것은 옥타비아누스의 주도하에 이루어진 것인가, 아니면 그의 군대의 독자적 결정에 따른 결과로 나타난 것인가. 만약 그것이 군대의 정책 입안자이며 대변자인 백인대장들의 독자적 결정에 따라 이루어졌다면, 그들로 하여금 로마로 진군하는 데 결정적 요인으로 작용했던 것은 무엇이었을까. 이러한 의문점을 염두에 두면서 여기서 제2차 로마 진군을 결정하고 주도한 것은 옥타비아누스 휘하의 옛 마케도니아 군단인 마르스· 제4 양 군단 병사들이었고, 옥타비아누스는 이들을 교묘하게 이용하였던 것뿐이라는 사실과 군단 병사들이 로마로 진군하는 데 결정적 요인으로 작용한 것은 원로원이 약속했으나 이행하지 않은 돈과 토지를 받아내기 위해서였다는 사실을 분명히 밝혀 보고자 한다.

옥타비아누스 군대의 불만 이탈리아 북부에 진을 치고 있는 옥타비아누스와 그의 진영에 있는 군대의 내부 동정은 데키무스 브루투스가 키케로에게 보낸 5월 5일자 서신에 잘 나타나 있다.

> 그러나 카이사르(옥타비아누스)는 명령을 듣지 않고, 카이사르도 그 자신의 군대를 통제할 수 없으니, 이는 그야말로 통탄할 노릇입니다.[317]

그러면 여기서 먼저 옥타비아누스가 명령을 듣지 않았다는 말은 무슨 뜻인가. 이것은 옥타비아누스가 원로원의 명령에 따라 데키무스 브루투스의 지휘 하에 들어오려 하지 않았다는 의미이다. 원로원은 4월 26일과 27일 회의에서 안토니우스에 대한 승전을 놓고 논공행상을 하는 가운데 옥타비아누스 개인에 대한 영예수여 같은 것은 전혀 하지도 않고, 그 대신 옥타비아누스에게 안토니우스를 섬멸하기 위해 총사령관으로 임명된 데키무스 브루투스의 지휘하에 들어가야 하며, 더욱이 마르스 군단과 제4 군단 병사들은 데키무스 브루투스에게 넘겨 주라는 명령을 내렸던 것이었다. 이미 무티나 전쟁의 승리가 있기 직전이거나 직후에 콘술의 사망으로 공석이 된 콘술직에 승진시켜 줄 것을 요구한 바 있었던 옥타비아누스는 그것이 관철되지 않자, 가뜩이나 불만에 차 있던 때인 5월 3일에 4월 26~27일의 원로원 회의 결과를 보고 받는 즉

시 원로원에 대해 대규모의 개선식을 요구하면서, 그 자신이 직접 했는지 아니면 로마에 있는 그 일파로 하여금 그렇게 하도록 했는지는 모르지만 재차 자신의 콘술직 취임에 대한 문제를 제기한 듯하다. 그리고 그는 총사령관으로 임명된 데키무스 브루투스의 지휘 하에 들어가야 하며, 마르스·제4 양 군단을 총사령관 데키무스 브루투스에게 넘겨 주어야 한다는 원로원의 명령을 정식으로 거부하는 답장을 로마에 보냈다. 그 이유로 그는 이 군단들이 자신의 명령을 거역하였기 때문이라고 했다. 아울러 그는 더 이상 안토니우스를 추격할 의사가 없음을 밝히고, 원로원은 우선 1월에 결의했던 대로 병사들에게 약속한 보상금을 지급하고 토지를 할당해 주라고 요구했다. 또 그는 이러한 약속들이 걸려 있는 전쟁은 종식되어야 할 것이라는 그의 입장도 천명했다.[318] 요컨대 옥타비아누스는 안토니우스에 대한 최후의 섬멸작전에는 절대로 참여하지 않겠다고 결심했음에 틀림없다. 만약 카이사르주의자들이 원로원에 의해 서로 대항하도록 교묘하게 이용된다면, 카이사르파는 결국 아무 이득도 얻지 못하리라는 점을 그는 올바르게 이해하고 있었던 것이다.

다음으로 옥타비아누스도 그 자신의 군대를 통제할 수 없다는 데키무스 브루투스의 지적은 극히 중요하다. 왜냐하면 데키무스 브루투스는 옥타비아누스가 설혹 원로원의 뜻을 따르려 해도 그의 병사들이 옥타비아누스에게 복종하기를 거부하고 있기 때문에, 그는 더 이상 원로원의 명령에 복종할 수가 없는 것이라고 증언하고 있기 때문이다. 사실 병사들은 약속만 남발하고 이행하지 않은 원로원과 특히 키케로에 대해 강한 혐오감을 품고 있었다. 게다가 그들은 카이사르파끼리의 적대 행위가 종식되기를 바랐다. 특히 4월 26~27일의 원로원 회의에서 안토니우스를 국적으로 선포하고 마케도니아에 있는 마르쿠스 브루투스에게 군지휘권을 부여하는 결의가 채택되자, 이것은 옥타비아누스 병사들의 불만을 일깨워 주는 결과가 되었다. 포룸 갈로룸, 무티나 양 전투에서 안토니우스 군대와 옥타비아누스 군단들, 특히 옛 마케도니아 군단들끼리의 처절한 대살육, 이것은 카이사르파 군대라면 어느 누구라도 기분이 좋을 리 없었다. 안토니우스가 국적으로 선언되었으니 그 다음은 누구 차례일까. 원로원이 카이사르주의자 한 편을 치기 위해 다른 편을 이용할 것이라는 생각을 하고 있었기에 안토니우스의 패주라고 하는 그 예언의 전반부가 성취된 이상, 옥타비아누스와 그의 일파의 몰락이라는 후반부의 달성 역시 시간문제라고 옥타비아누스 병사들은 생각했을 것이다. 그리하여 그들 가운데 전투를 하겠다는 열광적인 호응이 일기는커녕, 그들은 오히려 한때 카이사르 밑에서 복무했던 병사들에 대항하여 더 이상 싸우지 않겠다는 맹세를 함으로써 카이사르파 상호 간의 결속을 다지기에 이르렀다. 이런 판국에 데키무스 브루투스 지휘 하의 출전을 그들이 거부함은 오히려 당연한 귀결이었다. 따라서 옥타비아누스가 그들을 자기 의사대로 움직일 수 있었다고 하기보다는 오히려 그가 그의 군단 병사들의 전체 의사대로 행동했다고 보아야 할 것이다. 그렇다면 옥타비아누스가 원로원의 명령에 불복하면서 오히려 종전과 병사들에 대한 원로원의 약속 이행을 촉구하는 편지를 보낸 것도 군단 병사들의 전체 의사에 따른 것이라고 지적하지 않을 수 없다.

그리하여 이미 살펴보았듯이 5월 13일에 원로원은 회합을 가져, 첫째 마르스군단과 제4 군단 병사들에게 종전이 되면 1인당 5천 데나리우스씩 주기로 했던 것을 반액으로 삭감하여 2천5백 데나리우스씩 지급하기로 하고, 둘째 병사들에게 토지를 분배해 줄 10인위원회를 결성하고 여기에 키케로를 포함한 원로원의원 10인을 뽑았다. 그런데 문제는 바로 이 10인위원회에 데키무스 브루투스와 옥타비아누스 같은 야전 군사령관이 빠졌다는 데에 있었다. 이 사실을 알게 된 옥타비아누스 진영 고참노병들의 반응은 곧 로마에 대한 분노와 특히 키케로에 대한 거리낌 없는 독설로 나타났다. 원로원의원들이 만사를 제멋대로 좌지우지하고 있고 무엇보다도 야전군사령관들이 10인위원회의 명단에서 빠져 있는데도 불구하고, 키케로는 도대체 무엇을 하고 있었단 말인가. 이것 역시 데키무스 브루투스가 키케로에게 보낸 편지에 생생하게 나타나 있다.

> 고참노병들에 관해서 라베오는 본관으로 하여금 다음과 같이 믿게 하려고 하였습니다. 즉, 그들은 가장 충격적인 말을 쓰고 있다는 것, 위험이 귀하를 위협하고 있다는 것, 특히 그들이 격분한 주된 이유는 그들이 말하는 바로는 카이사르도 본관도 10인위원 가운데서 찾아볼 수 없다는 것과 귀하의 친구들이 토지문제의 모든 것을 좌지우지했다는 사실입니다.[319]

이 편지 내용을 분석해 보면 옥타비아누스 진영에 있던 리베오의 전언을 토대로 하여, 첫째 10인위원회에 관해 로마의 원로원과 특히 키케로에 대해 불평불만에 꽉 차 있는 사람들은 옥타비아누스 진영의 고참 노병들이고, 둘째 이들이 크게 격분하게 된 데에는 옥타비아누스가 직접 관련되어 있는 것 같지는 않으며, 셋째 자연발생적인 그들의 분노는 매우 위험할 수도 있다고 데키무스 브루투스가 밝히고 있음을 알 수 있다. 그런데 여기서 한 가지 유념해야 할 사실이 있다. 옥타비아누스 진영의 고참 노병들은 과연 카이사르 암살자의 한 사람인 데키무스 브루투스가 10인위원 가운데서 빠졌다는 사실로 인해 자기들이 토지를 분배받는 일에 장애가 된다고 하여 분노를 터뜨렸을까. 물론 아닐 것이다. 데키무스 브루투스는 옥타비아누스 진영의 노병들이 크게 격분하고 있다는 라베오의 전언을 통해 자신의 지휘 하에 있는 7개 군단 중에서도, 특히 토지를 할당받기로 되어 있는 2개 군단 병사들의 요구도 들어 달라는 자기 자신의 입장도 곁들여 밝힐 심산에서였을 것이다. 진상이야 어떻든 옥타비아누스 진영의 병사들은 데키무스 브루투스야 10인위원의 명단에 들어가든 말든 관계없이 자기들의 지휘관인 옥타비아누스만은 10인에 끼기를 원했던 것만은 틀림없다. 이것 역시 데키무스 브루투스가 키케로에게 보낸 편지에 그대로 잘 나타나 있다.

> 귀하 자신의 위험에 관해서는 본관의 말을 믿기 바랍니다. 그들은 귀하의 간담을 줄곧 서늘하게 하고 청년(옥타비아누스)을 여러 차례 큰소리로 위협함으로써 그가 (원로원과 특히 키케로에게) 화가 치밀 때에 자기들이 아마 상당한 물질적 보상물을 받을 가망이 있다고 생각하는 것입니다. 귀하의 저 옛 멜로디[320]를 퍼뜨리고 있는 모든 목적은 가능한 한 그들 자신의 포켓을 최대한도로 많이 불리기를 원한다는 데 있다는 점입니다.[321]

물론 병사들의 키케로에 대한 태도는 오해에서 기인한 것이다. 키케로 자신은 10인위원회의 구성 명단에 끼기는 했으나, 병사들에게 토지를 분배해 주는 데에 야전군사령관들이 가장 관련이 깊은데도 어떻게 이들 옥타비아누스와 데키무스 브루투스를 원로원이 냉대할 수가 있느냐고 생각하여 두 사람을 10인위원 명단에 넣으려고 필사적인 노력을 했다. 그러나 일은 허사로 끝나고 말았다. 키케로는 그때 그 자신의 심경을 이렇게 토로하고 있다.

> 고참노병들이 귀관과 카이사르가 10인 가운데 없다고 하여 투덜거리고 있다는 세굴리우스라는 사람의 이야기에 관해 말한다면, 본인은 오직 그 10인위원회에 빠졌더라면 하는 생각뿐입니다! 세상에 제일 난처한 일이 그것입니다. 그렇지만 본인은 야전군사령관을 투표로써 뽑아야 한다는

동의안을 냈습니다. 그러나 사방에서 반대하는 고함 소리가 터져나와 어쩔 수 없었습니다. 본인의 강한 반대에도 불구하고 귀 양인은 빠지고 말았습니다.[322]

그러면 왜 키케로는 10인위원에서 자기는 빠져도 좋으나 야전군사령관들만은 들어가야 한다고 생각했을까. 그것은 이때가 공화국을 구할 수 있는 마지막 유일한 기회인데 군대가 정치의 향방을 결정할 열쇠를 쥐고 있는 이상, 마땅히 야전군사령관들과 그들 군대의 비위를 거슬려서는 안 된다고 확신했기 때문이다. 키케로는 "젊은이(옥타비아누스)는 찬양되고 영예를 얻고 고귀하게 되어야 한다."고 본심을 털어놓은 적이 있는데,[323] 끝에 나오는 '고귀하게 되어야 한다.'는 말은 제거되어야 한다는 의미로도 통하는 것이니, 옥타비아누스와 그의 군대를 철저하게 이용하고 버리려고 했던 것이다.

하여튼 키케로의 의도야 어떻든 간에 옥타비아누스 진영에 있는 고참 노병들의 키케로에 대한 감정은 매우 나빴다.

야전군사령관인 옥타비아누스가 10인위원에서 빠졌다는 사실만이 그들을 분노케 했던 것은 아니었다고 나는 생각한다. 즉, 마르스· 제4 양 군단 병사들에게 종전이 되면 지급하기로 했던 1인당 5천 데나리우스의 보상금이 그 반액인 2천5백 데나리우스로 삭감된 데에도 끓어오르는 분노를 참을 수 없었을 것이다. 연초의 보상약속이 있은 이래 원로원 회의가 있을 때마다 그 이행이 반복되다가 돌연 반액으로 삭감되었으니 말이다. 그들을 더욱더 분노케 한 것은 5월 13일의 결의를 직접 통고해 주기 위해 원로원이 사절단을 옥타비아누스 진영에 파견하였는데, 이때 사절단에게 내린 훈령이었다. 그것은 그들의 장군을 동석시키지 말고 병사들과만 협상을 벌이도록 하라는 것이었다.[324] 좀더 구체적으로 말하면, 원로원 사절단은 옥타비아누스가 없는 자리에서 마르스. 제4 양 군단 병사들에게 희망을 옥타비아누스 단 한 사람에게만 걸지 말라, 우리 원로원이 있지 않으냐, 원로원만이 영구적인 힘을 보유하고 있다, 그러니 우리 말대로 데키무스 브루투스의 캠프로 가라, 거기서 귀관들은 약속된 돈을 받게 될 것이라고 조언하였다.[325] 이것은 병사들이 절대로 용납할 수 없는 것이었다.

> 그러나 원로원의 배은망덕은 군대가 용납지 않았다. 왜냐하면 카이사르 자신은 무시당하는 것을 보지 못한 척했음에도 불구하고, 병사들은 그들 사령관의 동석 없이는 어떤 명령도 경청하기를 거부했기 때문이다.[326]

그리하여 그들은 병사들의 냉담한 반응을 보았을 뿐 그대로 발길을 돌리지 않을 수 없었다.

이 불운에 가득 찬 사절단이 옥타비아누스 진영을 방문한 결과는 단지 원로원이 통렬한 굴복을 당했을 뿐만 아니라, 옥타비아누스와 그의 군대는 이제 실제로 똘똘 뭉친 하나의 결합체였다는 사실을 입증해 준 것이었다. 원로원은 옥타비아누스를 정치에서 완전히 제거하기를 원하고 있다는 사실과 군대의 요구는 원로원에게 별로 중요한 것이 아니었다는 사실을 실제로 병사들로 하여금 체험케 한 것이었다. 따라서 병사들은 원로원의 결의를 공동의 계약위반으로 간주하였다. 병사들과 장군 상호 간의 지지 그리고 원로원에 대항함으로써만 병사들은 돈과 토지를, 옥타비아누스는 콘술직을 획득할 수 있다고 느꼈던 것이다.

옥타비아누스의 제2차 로마 진군 옥타비아누스는 콘술직을 요구하는 데 군대를 이용하기 전에 다시 한번 로마에 있는 그의 중재자들을 통해 자기의 목적을 달성하려고 했다. 6월 초순 원로원에서 그 안이 발의된 것은 틀림없지만, 옥타비아누스에게는 환멸을 주는 결정이 내려졌다. 그러자 옥타비아누스는 또 끈질기게 콘술직을 요구하였다. 이에 진절머리가 난 키케로는 마르쿠스 브루투스에게 진군을 재촉하여 그의 군대로 국가를 구출해 줄 것을 간청하니, 키케로의 절망은 이러한 절규에 잘 나타나 있다.

> 브루투스여, 거만한 태도를 취하는 군부대와 뻔뻔스런 요구를 하는 장군이 우리들에게 온갖 수단을 다 쓰고 있습니다.[327]

이 말 속에 옥타비아누스에 대한 그의 환멸과 병사들의 요구에 직면한 그의 우려하는 바 모든 근심걱정이 포함되어 있다.

원로원과 온갖 협상을 모색했으나 협상을 통해서는 자기의 목적을 이룰 수 없다고 옥타비아누스가 믿게 된 6월 10일경, 안토니우스와 레피두스의 제휴가 이루어졌다는 충격적인 소식이 로마에 전해지자, 분위기는 완전히 바뀌었다. 원로원은 다시 한번 옥타비아누스에게 협력을 구하게 되었다. 이때 옥타비아누스는 특히 키케로에게 보낸 서신에서 "우리 두 사람이 다 같이 콘술직을 보유하되, 본인은 전적으로 키케로 귀하가 하라는 대로 맡기겠습니다."라고 제안했으나, 이것 역시 키케로에 의해 거부되었다.[328] 마지막 요구마저 무산되자 옥타비아누스는 그의 지휘 하에 있는 병사들에게 제2차 로마 진군을 위한 준비작업을 하도록 하면서 다음과 같이 말하였다.

> 암살자들의 친척이 이와 같이 원로원을 지배하고 있는 한, 여러분들이 그(카이사르)에게서 받은 토지와 돈을 어떻게 보전할 수가 있겠으며, 본관이 어떻게 안전을 도모할 수 있겠습니까.[329]

그리하여 옥타비아누스는 그 자신의 안전과 병사들에 대한 보상, 이 두 문제에 대한 유일한 해결책은 자기가 직접 콘술이 되는 길이라고 보았다.

> 본관은 우리들 양측이 모두 안전하게 되는 유일한 길은 귀관들의 도움을 받아 본관이 콘술직을 얻는 것입니다. 그렇게 되면 본관의 아버지가 귀관들에게 준 모든 선물은 확고하게 될 것이며, 귀관들에게 주어진 식민시들도 차지하게 될 것이고, 귀관들의 모든 보상은 충분히 지급될 것입니다. 그리고 본관은 암살자들을 처벌할 것이며, 귀관들을 전쟁에서 해방시킬 것입니다.[330]

이렇듯 옥타비아누스는 자기 자신의 관심사는 병사들의 것과 꼭 같다는 호언장담을 다시 한번 함으로써 병사들이 자기를 무조건 따르지 않는다면 그들은 지금까지 얻은 모든 것을 상실하게 될 것이라는 확신을 갖게끔 했다. 옥타비아누스 병사들의 관심사도 우선 약속받은 돈을 지급받는 문제였는데, 그것도 가급적 충분한 액수와 8개 군단 전 병사가 받았으면 하는 것이었다. 그들이 이를 원로원에 대해 요구할 때 자기들의 보호자로서 옥타비아누스가 필요했다. 병사들 역시 논리적으로 옥타비아누스가 그들의 도움을 받아 한때 술라와 카이사르가 그들의 군단들과 더불어 보유했던 것과 같은 국가권력을 장악해야 한다는 점에서 유일한 출구를 찾았다. 바로 여기에 야전군사령관과 그의 병사들이 원로원에 대항하여 공동 보조를 취하게 된 이유가 있는 것이다.

그리하여 그들은 우선 콘술직과 보상금을 따내기 위해 원로원에 대해 힘을 사용하겠다는 단순한 위협을 가한다. 7월 하순에 이러한 군부대의 요구를 원로원에 제시하기 위해 주로 백인대장들로 구성된 4백 명의 사절단을 로마에 파견하게 되는 것이다. 7월 말이나 8월 초에 로마에 나타난 그들은 사령관에게는 콘술직을 그리고 병사들에게는 약속된 돈의 지불을 요구했다. 원로원이 이에 대해 대답을 주저하자, 코르넬리우스라는 백인대장은 원로원 의사당 안에 들어와서 자기의 망토를 뒤로 젖히고 검을 빼들면서 말하기를, "만약 당신네들이 돕지 않는다면, 이 칼이 우리를 도와줄 것이오."[331] 이 한마디를 남기고 돌아갔다.

기원전 43년 8월 19일 제2차 로마 진군, 콘술이 되다 드디어 분노에 찬 옥타비아누스와 그의 휘하 8개 군단은 루비콘 강을 건너 로마를 향해 나아가게 되는 것이다.

그러나 로마 진군은 옥타비아누스라기보다는 어디까지나 그의 군단 병사들의 독자적인 결정에 따라 이루어졌다는 점이 새삼 강조되어야 할 것이다.

> 그 자신(옥타비아누스)은…… 병사들에 의하여 강요되어 전 병사와 함께 로마로 향해 출발했다.[332]

카씨우스 디오의 이 짧은 말은 옥타비아누스 병사들이 독자적으로 행동하고, 스스로 맹세하고, 사절을 파견하고, 로마로 행군했음을 단적으로 보여주고 있다.

한편 원로원은 옥타비아누스가 로마를 향해 온다는 소식을 듣자 완전히 당황했다. 키케로는 어딘가 숨어서 보이지도 않았다. 그리하여 원로원의원들은 회의를 열어 그가 요구하는 모든 것을 액면 그대로 의결했는데, 옥타비아누스 병사들에게는 각각 2천5백 데나리우스 대신 그 2

배인 5천 데나리우스를 주도록 한다, 단 안토니우스의 옛 2개 군단뿐만 아니라 4개 신병 군단까지 합친 전 8개 군단에게이다, 분배는 10인의 원로원의원 대신에 옥타비아누스 자신이 직접 하도록 한다, 옥타비아누스에게는 부재중이라도 콘술직에 입후보할 수 있는 특권을 부여하도록 한다는 내용이다.³³³ 이 결의사항을 옥타비아누스군에게 통고하기 위해 원로원은 사절단을 급파했다.

그러나 원로원은 아무런 반항도 해보지 못하고 옥타비아누스에게 다시 로마를 그대로 내주는 것에 곧 후회하게 된다. 그리하여 원로원은 심기일전 로마를 방어하기 위해 서두르면서, 한편으로 데키무스 브루투스와 무나티우스 플란쿠스의 구원병이 도착하기를 기다렸다. 더욱이 아프리카로부터 소환된 2개 군단이 오스티아 항에 도착했을 때 분위기는 달라졌다. 자신감이 생긴 원로원은 옥타비아누스에게 보낸 결의사항을 다시 파기하였다. 그리고 국고를 야니쿨룸 언덕으로 옮기고 티베리스 강교를 감시하는 등 전투태세를 취하는데, 이때 키케로 역시 사람들의 눈에 띈다.

그러나 옥타비아누스 군대가 로마에 입성하자 분위기가 확 달라졌다. 시민들은 그를 우호적으로 맞이했고 로마 주둔 3개 군단은 곧 그에게로 넘어갔다. 시프라이토르인 코르누투스는 비분강개하여 자결했고, 키케로는 친구를 통해 옥타비아누스를 간신히 만난 자리에서 지금까지 그에 대한 자기 자신의 태도에 대해 변명하고, 특히 자기가 옥타비아누스를 원로원에서 콘술 입후보자로 추천했다고 했다. 그러나 옥타비아누스의 입에서 흘러나온 단 한마디 말은 키케로가 자기의 마지막 친구라는 빈정거림뿐이었다.³³⁴

그러나 그날이 채 가기 전에 로마에는 흥분과 전율의 막간극이 벌어진다. 그날 밤 로마에는 옥타비아누스의 저 유명한 2개 군단, 즉 마르스 군단과 제4 군단이 국가에 적대적인 행동을 취했음을 후회하면서 옥타비아누스에게 반기를 들고 공화국측으로 넘어갔다는 소문이 퍼졌다.335 로마에 있는 군지도자와 원로원은 한번 더 용기를 냈다. 그들은 외부에서 지원병이 올 때까지 옥타비아누스에게 저항할 수 있으리라고 믿었다. 그리하여 원로원은 크랏수스를 피케눔으로 보내 신병들을 모집하도록

후일 아우구스투스 황제가 되는 옥타비아누스. 뮌헨 그 뤼토테크Glyptothek박물관 소장

했다. 공화국은 참으로 희망과 기대에 차 있었다. 원로원의원들은 밤중이지만 환희에 차 의사당에 모여들었는데, 이때에 키케로는 현관에 서서 입장하는 원로원의원들과 일일이 악수를 나누며 축하인사를 보냈다. 그러나 군대의 배반에 관한 소문이 허위임이 드러나자, 키케로는 맨 먼저 가마를 타고 어디론가 사라졌다.

드디어 8월 19일 옥타비아누스는 콘술직에 올랐다. 그전에 그는 2개 군단을 포함한 휘하의 전 8개 군단 병사들에게 각각 원로원이 야니쿨룸에 보냈던 공금으로 2천5백 데나리우스씩 분배해 주고, 그 나머지 반도 빠른 시일 내에 지불하도록 했음은 물론이다.336 카이사르 사후 1년 5개월 4일 만의 일이었다.

로마 공화국은 그것을 떠받치는 여러 개의 기둥이 있었는데, 그 중에서

도 특히 군대와 국고라는 두 지주가 허물어짐으로써 기사회생하지 못하고 몰락하고 만다. 키케로를 중심으로 한 로마원로원은 카이사르 사후 변화하는 시대와 상황에 그때그때 즉각 대처하지 못했다. 그들은 종전의 옵티마테스적 정치전통을 고수하여 세금을 한푼도 내지 않으려는 무세주의無稅主義로 일관하였다. 그들은 고작 카이사르파의 약화를 노려 안토니우스 군대와 옥타비아누스의 군대, 옥타비아누스와 그의 군대 사이를 이간시키기 위한 술책을 부렸던 것 외에 새로운 어떤 정책도 제시하지 못하였다. 즉 원로원은 정치 불임증을 앓고 있었던 것이다.

따라서 공화국의 운명은 소수의 카이사르파 군대의 결정에 좌우될 수밖에 없었다. 기원전 43년 10월 말에 옥타비아누스가 이미 5월 29일에 제휴했던 안토니우스와 레피두스와 만나 제2차 3두정치가 결성되고, 11월 27일에 티티우스법에 의해서 재가되었는데, 3인은 12월 7일에 맹약의 상징으로서 키케로를 희생의 제물로 바쳐 극적인 장면을 연출한 것은 그 부수적 사건에 불과하다. 아울러 무능한 레피두스는 일찌감치 물러나고 동방의 클레오파트라와 손잡은 안토니우스를 기원전 31년 악티움 해전에서 격파한 후, 옥타비아누스가 기원전 27년에 '제일 시민의 정치'라는 뜻의 프린키파투스Principatus, 즉 로마 제정을 수립하게 되는 것은 자연스런 수순을 밟은 결말에 지나지 않았다고 할 것이다.

주

1 『연설가』 Orator, § 120.
2 『연설가론』 De Oratore, 2, 9, 36.
3 『연설가론』 De Oratore, 2, 15, 62.
4 Tacitus, Annals, 3, 5.
5 1184/3 B.C. 이것은 Eratosthenes에 의거한 것이다.
6 Dionysius of Halicarnassus, 1.45.4~48.1; 1.72.2.
7 Ab Urbe Condita, 서문. 그러나 베르길리우스가 Aeneas를 쓰기 시작한 것은 기원전 29년때부터이고, 리비우스가 Ab Urbe Condita를 집필하기 시작한 때는 기원전 27년부터라고 추정되고 있는 만큼, 후자가 사전에 전자의 서사시를 직접 읽었을 가능성은 거의 없다 할 것이다.
8 Raaflaub, K. A. (ed), Social Struggles in Ancient Roman Society, California, 1986.
10 'die Sage', die für alles einen Ursprung weiss' (p. 47).
11 Jörn Rüsen, "Die vier Typen des historischen Erzählens," Theorie und Geschichte (「역사 이야기의 네 유형」, 『이론과 역사』), Band 4 (1982), dtv, pp.514-605. 이 장문의 난해한 글의 영문 요약문인 "Historical Narration: Foundation, Types, Reason," History and Theory, Vol. 26, No. 4 (Dec., 1987), pp.87-97은 Jörn Rüsen, History: Narration, Interpretation, Orientation, pp.9-19에 수록되어 있다.
12 F. E. Adcock, Roman Political Ideas and Practice, p. 65.
13 '세르비우스회'에 관한 주요 원전은 Livius I. XLII, 4~XLIII, 13; Dionysius of Halicarnassus, an The Roman Antiquities, IV. XVI?XI, VII. LIX. 2?; Cicero, De Re Publica, II. 22, 39~40이다.
14 Cicero, De Re Publica, II. 22, 39~40.
15 James H. Oliver and Robert E.A. Palmer, "Text of the Tabula Hebana," American Journal of Philology, LXXV (1954), p. 229.
16 신분투쟁(The Struggles of the Orders)이라는 용어 대신에, 근자에 들어와서 일각에서는 사회투쟁(Social Struggles)이란 용어를 쓰기도 한다(Raaflaub, K. A. (ed), Social Struggles in Ancient Roman Society, California, 1986.
17 H.H. Scullard, A History of the Roman World, 753-146B.C., London and New York(1980), pp.66-69 참조.
18 W. Eder, "The Political Significance of the Codification of Law in Archaic Societies: An Unconventional Hypothesis", Kurt A. Raaflaub (ed.), Social Struggles in Ancient Roman Society, University of California Press(1986), pp.262-300.
19 Livius, IV. 1-6 passim.
20 Livius, IV. 7, 2.
21 E.S. Staveley, "The Significance of the Consular Tribunate," Journal of Roman Studies, XLIII (1953), 30 ff.
22 F. Cornelius, Untersuchungen zur frühen römischen Geschichte (München, 1940), 59 ff; Ann Boddington, "The Original Nature of the Consular Tribunate," Historia VIII (1959), 356 ff.

23 Kurt von Fritz, "The Reorganization of the Roman Government in 366 B.C. and the so-called Licinio-Sextian Laws," *Historia*, I (1950), 37 ff.

24 Livius, IV. 2, 7.

25 Livius, IV. 6, 5.

26 *Cf.* Dionysius of Halicarnassus, XI. 56, 2~3.

27 Livius, IV. 6, 8; *Cf.* Dionysius of Halicarnassus, XI. 60, 5.

28 Livius, IV. 6, 11.

29 Livius, V. 12, 9.

30 Livius, IV. 7, 2.

31 F. Cornelius, *Untersuchungen zur frühen römischen Geschichte*, 59 ff.

32 Kurt von Fritz, "The Reorganization of the Roman Government in 366 B.C. and the so-called Licinio-Sextian Laws," *Historia*, I, p.40.

33 *Ibid.*

34 *Ibid.*, 39~40.

35 *Cf. Ibid.*, 40~41.

36 Livius, IV. 8, 5.

37 A. Schwegler, *Römische Geschichte*, III (Tübingen, 1858), 117 ff.

38 Livius, IV. 8, 3.

39 F.E. Adcock, "Consular Tribunes and their Successors," *Journal of Roman Studies*, XLVII (1957), 10.

40 Karl Julius Neumann, *Die hellenistischen Staaten und die römische Republik* (Berlin, 1910), 386 ff.

41 Karl Julius Beloch, *Römische Geschichte bis zum Beginn der punischen Kriege* (Leipzig, 1926), 247 ff.

42 Livius, VI. 34, 5~7.

43 Livius, VI. 34, 11~35, 5.

44 Livius, VI. 35, 6~10.

45 Livius, VI. 42, 10.

46 Livius, VI. 42, 11.

47 Livius, VI. 42, 12~13.

48 Kurt von Fritz, "The Reorganization of the Roman Government in 366 B.C. and the so-called Licinio-Sextian Laws," *Historia*, I (1950), 41~42.

49 Ernst Meyer, *Römischer Staat und Staatsgedanke* (Zürich, 1948), 71 ff.

50 Ann Boddington, "The Original Nature of the Consular Tribunate," *Historia* VIII (1959), 356 ff.

51 12표법의 라틴어와 한글 대역, 그리고 상세한 해제에 대해서는 이 책과 함께 『로마 12표법: 라틴어/한글 대역과 해제』라는 별도의 책으로 출간된다. 이하 해제 참고라 함은 근간될 저서의 해제를 참조하라는 것이다.

52 상세한 해제 참고.

53 해제 참고.

54 논란이 많은 법조항이다. 『로엡 고전총서Loeb Classical Library』의 워밍턴Warmington 판본은 "로마에 시종 충성을 바쳤던 사람과 로마를 일시 배반하여 반란을 일으켰다가 다시 로마에 충성을 하게 되었던 이탈리아 동맹국 시민, 즉 포르크스와 사나테스 두 라틴 인근 족속에 대해서는 로마 시민과의 넥숨과 만키피움에서 로

마 시민과 똑 같은 법이 적용된다"고 되어 있다. 상세한 해제 참고.
55 너무 논란이 많은 법조항이다. 상세한 해제 참고.
56 증인이 누구인지 알 경우, 그의 집 문 앞에서 증언을 해 달라고 간청하는 것이라는 의미이기도 하다.
57 분할의 대상이 채무자의 재산이냐 아니면 시신이냐를 놓고 논란이 많은 법조항이다. 상세한 해제 참고.
58 이것은 부부에 관한 것으로서, 그는 그의 처에게 그녀의 물건을 가지고 가라고 명하면서 열쇠를 빼앗고, 집 밖으로 내쫓는다는 의미이다.
59 신생아는 10개월 만에 출생하며 11개월 만에 출생하는 것이 아니라는 의미이다.
60 (노예 신분에서 해방된) 자유인이 ... 무유언으로 가내상속인 없이 사망한 경우에는 그 재산은 원래의 보호자, 즉 옛 주인의 가문으로 넘어간다는 의미이다.
61 상세한 해제 참고.
62 만일 부인이 남편의 수권에서 벗어나기를 원한다면, 일년 중 3일 밤을 집에 부재하면 된다는 의미이다.
63 이 경우, 극형에 처했다.
64 12표법 제정 이전에는 대금업자의 자의로 이자율이 정해진 것만은 틀림없다. 12표법 제정을 통해서 이자율이 정해진 것 같은 데, 타키투스는 법정 이자율을 1/12*unciarium fenus*로 제시하고 있다. 크로퍼드의 지적대로 이것이 만일 월리라면, 연리는 100%인 셈이다. 카토는 법정 이자율을 어기면 4배의 벌금을 부과했다고 전하고 있다.
65 임치란 당사자 가운데 한쪽이 돈이나 물건을 맡기고 상대편이 이를 보관하기로 하는 약속이거나 또는 그 계약을 뜻하는 법률 용어이다. 이 경우 12표법에 의하여 2배액 청구의 소권이 부여되었다.
66 상세한 해제 참고.
67 상세한 해제 참고.
68 상세한 해제 참고.
69 상세한 해제 참고.
70 압류식 법률소송은 원래 12표법에 희생용 통불을 매입하고 대금을 지급하지 않거나 희생제수(犧牲祭需)에 충당하기 위하여 임대한 짐승에 대하여 임대료를 지급하지 않는 자를 상대로 하여 도입되었던 것임을 알 수 있다는 내용이다.
71 소송이 걸려 있는 물건은 신물(神物)로 봉헌하는 것을 금지하며, 위반시에는 2배액의 벌금을 부과한다는 의미이다.
72 H.H. Scullard, *A History of the Roman World, 753-146B.C.*, London and New York(1980), pp.66-69 참조.
73 W. Eder, "The Political Significance of the Codification of Law in Archaic Societies: An Unconventional Hypothesis", Kurt A. Raaflaub (ed.), *Social Struggles in Ancient Roman Society*, University of California Press(1986), pp.262-300.
74 나는 1982년에 자유 베를린 대학의 그의 연구실을 찾아 알찬 대화를 나눈 적이 있다. 나이는 나보다 한 살 아래였지만, 뮌헨 대학에서 일찍이 박사학위를 받았던 그는 당시 정교수로서 나에게 귀중한 반환법에 관한 학위논문과 서양고대사 강의 교재에 관한 귀중한 조언을 해 주었다. 귀국 후 언제인가 나는 그로부터 뜻밖의 우편물을 받았는데, 그것이 바로 문제의 그 논문 별쇄본이었다. 그의 명문장의 그 논문을 읽고 하도 감동을 받아 나의 제자에게 그것을 토대로 석사논문을 쓰게도 하였다. 이 논문을 대할 때마다 이미 오래 전에 고인이 된 그를 회상하는 기쁨을 누리게 되는 각별한 사연이다.
75 이자율의 제한이라는 당대의 안드로티온Androtion의 설이 남아 있기는 하지만, 오늘날 거의 언급되지 않고 있는 처지이다.
76 Warmington, p.440. 여기서는 옛 로마 저술가들이 '채무자의 몸을 토막내는 것'의 의미로 받아들였다고 소개

되고 있다.

77 Michael Henson Crawford, *Roman Statutes*. II, London, 1996, p.629.

78 Dieter Flach, *Das Zwölftafelgesetz. Leges XII tabularum*, Darmstadt, 2006, pp.194-5.

79 Livius, 3.32.7.

80 Brunt, P.A. *Social Conflicts in the Roman Republic*. Chatto & Windus Ltd. London: 1971. pp 56-57. 『로마사회사』, 96-98.

81 Psuedo-Aristoteles, *Oeconomica*, 2, 1, 5.

82 Livius, 4, 59, 11~60, 8.

83 Cicero, *De Officiis*, 2, 21, 74.

84 Varro, *De Lingua Latina*, 5, 181.

85 '그'는 6대 세르비우스 툴리우스 왕(578~534 B.C.)을 지칭한다. 그러나 여기서 분명히 밝힐 것이 하나 있다. 뒤에서도 여러 번 나오지만 리비우스와 디오니시우스 오브 할리카르나수스는 세르비우스 왕이 트리부툼 제도를 창설한 것으로 기술하고 있다. 그러나 이것은 이미 인용한 바 있는 트리부툼 제도가 기원전 406년 베이이 공격을 계기로 하여 창설되었다고 하는 리비우스의 또 다른 기술과 분명히 모순된다. 이것은 아마 두 사가가 분명히 기원전 5세기 말에 신설된 트리부툼 제도를 켄투리아회와 트리부스 제도를 창설한 세르비우스 왕 대에 창설했던 것으로 착각하여 이를 소급시킨 데서 기인한 것이라고 생각한다. 따라서 앞으로 인용되는 두 사가의 트리부툼 제도를 세르비우스 왕과 연관시킨 언급은 모두 시대착오이다.

86 Livius, 1, 42, 5.

87 Livius, 1, 43, 13.

88 Dionysius of Halicarnassus, 4, 9, 7.

89 Dionysius of Halicarnassus, 4, 20, 1.

90 Dionysius of Halicarnassus, 4, 9, 7.

91 Livius, 39, 7, 4~5.

92 Claude Nicolet, *The World of the Citizen*, p. 156 참조.

93 Livius, 33, 42, 3.

94 Livius, 26, 36, 2~5.

95 Livius, 29, 16, 3; 31, 13, 3~9; C. Nicolet, *The World of the Citizen*, p. 169 참조

96 Livius, 33, 42, 3.

97 Tenny Frank, *Economic Survey of Ancient Rome, I, Rome and Italy of the Republic* (Baltimore, 1933), p. 136.

98 원래 트리부툼은 세금이었다. 그러나 로마가 전쟁을 할 때마다 거의 승리를 거두었기 때문에 많은 전리품이 생겨 이를 분배해 주었다. 그래서 로마 시민은 트리부툼을 내면 상환받게 된다는 고정관념이 생겼던 것 같다. 따라서 트리부툼을 세금이 아닌, 강제 공채로 보는 사가도 생겼다.

99 Arnorld J. Toynbee, *Hannibal's Legacy* (Oxford, 1965), II, p. 346.

100 Livius, 29, 15, 9~10.

101 Claude Nicolet, *Tributum. Recherches sur la fiscalite directe sous la Republique Romaine*, pp. 19~26.

102 Tenny Frank, *op. cit.*, p. 79.

103 Dionysius of Halicarnassus, 4, 19, 1~4.

104 Livius, 5, 10, 5.

105 트리부툼 산정단위는 켄투리아였으나 그 징수단위는 트리부스였다고 생각한다. 이러한 행정의 이원 구조로 인한 트리부툼 징수의 복잡하고 불편한 점을 없애기 위해 켄투리아회가 개편되지 않았는가 한다.

106 C. Nicolet, *Tributum*, p. 39.

107 Festus, 2.

108 Varro, *De Lingua Latina*, 5, 181.

109 Gaius, 4, 26~27.

110 Plautus, *Aulularia*, 508~531.

111 '프로에이스페론테스'(προεισφεροντησ)는 '트리부툼 선납자들'이란 뜻이다.

112 Dionysius of Halicarnassus, 19, 16, 3.

113 Cicero, *Pro Rabirio*, 27.

114 Cicero, *Pro Plancio*, 21.

115 Suetonius, *Divus Iulius*, 41, 3.

116 Cassius Dio, 43, 25, 1~2.

117 공화국 후기(101~70 B.C.)에 오면 트리부니 아이라리이는 하나의 '신분'(ordo)을 이루면서, 그들의 개인별 명단이 실린 리스트가 널리 공표되었다. 이는 말할 것도 없이 전쟁과 같은 유사시에는 로마에서 즉각 소집하여 그들로 하여금 트리부툼을 선납하게 하려는 의도에서였다. 그러나 원래 그들이 그들의 트리부스 성원에 의해 선출되었는지 켄소르에 의해 지명되었는지, 또 그들이 트리부니 아이라리이로 지명되는 것을 원했는지는 확실히 알 수가 없다. 일반적으로 그들은 원치 않았음에도 불구하고 켄소르에 의해 트리부니 아이라리이로 지명되었던 것 같다.

118 Cicero, *Actiones Secundae In C. Verrem*, I, 34.

119 Pseudo Asconius, p. 167 or.

120 C. Nicolet, *Tributum*, pp. 54~55 참조.

121 나의 키케로의 『의무론』(2006 개정판, 서광사)과 『플루타르코스의 모랄리아: 교육·윤리 편』, (2012, 서울대출판문화원)을 참조 바람.

122 『인물로 보는 서양고대사』, p.534.

123 김종호역, p.195 참조.

124 이 학파는 쾌락(voluptas)을 단순히 고통에서 벗어나는 '정적' 쾌락과 관능적인 여자, 달콤한 술, 사치스런 음식을 즐기는 '동적' 쾌락으로 분류하고 있다.

125 건강과 부, 명성 따위는 좋지도 나쁘지도 않으며, 그 반대인 질병, 빈곤, 무명 역시 마찬가지라는 그들의 주장은 다음과 같다. 부와 건강은 해를 가하지 않는 것과 마찬가지로 이익을 가져다 주지도 않는다. 행복과 관련하여 볼 때 머리카락 수가 홀수인 자보다 짝수인 자가 더 행복하지 않은 것과 마찬가지로 건강은 행복에 아무런 기여도 할 수 없다. 그러므로 부와 건강은 좋은 것이 아니다. 오히려 부와 건강은 좋게도 나쁘게도 이용될 수가 있다. 따라서 건강, 부, 명성 등은 행·불행과는 무관하다. 심지어 이것들이 없어도 행복하게 되는 것은 가능하다.' 다시 말해 부, 건강, 명성 등은 무조건적이 아니라 조건에 따라 좋을 수도 나쁠 수도 있다. 만약 어떤 사람이 건강했으므로 참주에게 봉사해야 했다면, 이 이유 때문에 그는 파멸될 것인 반면, 병자들은 그런 복무에서 벗어나고 또 그런 이유로 파멸에서 빠져나올 수 있다. 그렇다면 현자는 오히려 이 상황에서는 건강보다 병을 선택할 것이다. 이와 같이 건강은 무조건적으로 선호되지도 않고 병이라고 하여 선호되지 않는 것은 아니다. 요컨대, 건강과 부는 좋지도 나쁘지도 않지만 잘 이용될 수도 있고 나쁘게 이용될 수도 있다.

126 Henry C. Boren, "The Urban Side of the Gracchan Economic Crisis," *American Historical Review* 63(Jul., 1958), pp.890-902.

127 Verbrugghe, G.P, "The Elogium from Polla and the First Slave War," *CPh* 68, 1973.

128 소 스키피오의 절친이며 스키피오 써클의 중심인물이기도 했던 Laelius조차도 극단파 보수주의자들의 격렬한 반대에 봉착하여 농지개혁을 포기하자 '현자sapiens'라고 칭송될 정도였다.

129 G. Tibiletti, *Athenaeum* 1950, 183 ff.; esp. 234 ff. latifundia 에 관한 그의 견해들에 대해서는 *X congresso internaz. disc. stor., Relazioni* II (1955), 235 이하를 보라; H. H. Scullard, "Scipio Aemilianus and Roman Politics," *Journal of Roman Studies* 50 (1960), p. 63.

130 Uggeri, G. 2001. 'Le divisioni agrarie di età graccana: un bilancio', in S. Alessandri and F. Grelle (eds), *Dai Gracchi alla fine della Repubblica*, Galatina, p.54.

131 Elena Isayev, "Italian perspectives from Hirpinia in the period of Gracchan land reforms and the Social War", *Greating Ethnicties and Identities in the Roman World* (ed. by A. Gardner et al.), University of London, 2013, p.11.

132 Kim Young-Chae, *Roman Agrarian Policies and the Italian Countryside 133–91 BC*, Merton College, University of Oxford D.Phil, 2016.

133 B. Campbell, *The Writings of the Roman Land Surveyors. Introduction, Text, Translation and Commentary* (London 2000) 참조.

134 Roselaar, S. T., "References to Gracchan activity in the Liber Coloniarum", *Historia*, Band 58/2 (2009), pp.201-8 참조.

135 *Ibid.*, 208-212 참조.

136 Appianus, *Bellum Civile*, 1, 9: 1, 13 참조.

137 1 iugerum (pl.: iugera)= 2,518.22m²= 약 ¼ ha. 원래 로마인의 걸음으로 240×120보로 우리나라의 약 750평이다. 그러니까 500유게라는 약 375,000평(약 125정보)이나 되는 광대한 넓이이다.

138 Theodor Mommsen, *Römische Geschichte*, 2, p. 86. [Mommsen (1868, iii.88).]

139 수혜설: Göler (1939, 70–131), Shochat (1970 and 1980), Brunt (1971, 76 n. 1), 특히 이탈리아 동맹국 시민들도 포함되었다고 강변한 사가는 Yanir Shochat("The Lex agraria of 133 B.C. and the Italian Allies," *Athenaeum* 48 (1970), pp. 25-45)이다; 배제설: Nagle (1970), Badian (1972, 681), Molthagen (1973), Bleicken (1990), Kukofka (1990); 타협설: Bernstein (1978, 137–59) and Richardson (1980); 신중론: Stockton (1979, 42–6).

140 Claiborne, Michael, "The Gracchan Agrarian Reform and the Italians" (2011). pp.1-144. *Electronic Theses and Dissertations. Paper 479*.

141 Badian, E., 1962. "From the Gracchi to Sulla," *Historia* 11, 197-245; Badian, E., 1972. "Tiberius Gracchus and the beginning of the Roman revolution," *ANRW* 1.1, 668-731.

142 Cicero, *Agr.* 2.10; 2.81; *pro Sest.* 103.

143 Roselaar, S., *Public land in the Roman Republic: a social and economic history of Ager Publicus, 396-89BC*, Oxford, 2010, p.248.

144 *Ibid.*, 252.

145 *Ibid.*, 256.

146 *Ibid.*, 254 참조.

147 Seungil Heo, 'The Signicance of the *Lex Sempronia Portorii Asiae*' (『서양사연구』 제51집 2014, p.159 참조).

148 Roselaar, S., *Public land in the Roman Republic*, p.248.

149 Kay, Philip. (2014). *Rome's Economic Revolution*, p.185.

150 한 자는 약 30.3cm이고, 한 평은 여섯 자의 제곱으로 3.3058m²이며, 한 정보가 3,000평이다.

151 Roselaar, S., *Public land*, p.252.

152 Cicero, *Tusculanarium Disputationum*, 3, 20, 48.

153 Livius, *Epitome*, 60; *Schol. Bob.* 135.

154 Tenny Frank, *An Economic Survey of Ancient Rome*, 1, p.227; H.C. Boren, *The Gracchi*, p.91 참조.

155 Coen van Galen, "Grain Distribution and Gender in the City of Rome," *Women and the Roman City in the Latin West* (edited by Emily Hemelrijk, Greg Woolf), 2013, 331-347.

156 *ILS* 9275.

157 Saskia Hin, *The Demography of Roman Italy: Population Dynamics in an Ancient Conquest Society, 201b.c.e.–14 c.e.*, Cambridge. 2013; 나의 서평 참조.

158 현재 발굴된 속주 아시아 관세법은 네로가 제정한 것이다. 그러나 나는 이 법은 가이우스 그라쿠스가 처음에 제정한 것이고, 후에 수차에 걸쳐 보완된 것이라고 밝힌 바 있다. 이 법의 의의에 대해서는 나의 논문 'The Significance of the *Lex Sempronia Portorii Asiae*'(『서양사연구』 제51집 2014, pp.135-169) 참조 바람.

159 https://etc.usf.edu/lit2go/76/the-tragedy-of-julius-caesar/1251/act-3-scene-2/

160 https://drive.google.com/file/d/0B7V3ledcTYw3OUEyTVBBRkFZSjQ/view.

161 https://www.youtube.com/watch?v=aS39kAcGTDc

162 Cicero, *Pro Sestio*, 45, 96~97.

163 F. E. Adcock, *Roman Political Ideas and Practice*, 1959, p. 61.

164 Cicero, *Pro Sestio*, 45, 97.

165 Ch. Wirszubski, "Cicero's Cum Dignitate Otium: A Reconsideration," *Journal of Roman Studies*, 44 (1954), 4~6.

166 F. E. Adcock, *Roman Political Ideas and Practice*, p. 65.

167 J. P. V. D. Balsdon, "Auctoritas, Dignitas, Otium," *Classical Quarterly*, 1960, p. 50.

168 Cicero, *Pro Sestio*, 46, 98.

169 Cicero, *Pro Sestio*, 46, 99.

170 F. E. Adcock, *Roman Political Ideas and Practice*, p. 61.

171 P. A. Brunt, *Social Conflicts in the Roman Republic*, 1971, p. 94.

172 Cicero, *Pro Sestio*, 46, 99.

173 Cicero, *Pro Sestio*, 65, 137.

174 Cicero, *Pro Sestio*, 46, 99.

175 Cicero, *Philippicae* 13, 8, 16~17. 이에 대해서는 P. Walcot, "Cicero on Private Property: Theory and Practice," *Greece and Rome*, 22 (1975), pp. 120~128 참조.

176 Cicero, *De Officiis*, 1, 7, 20.

177 Cicero, *De Officiis*, 1, 16, 52.

178 Cicero, *De Officiis*, 2, 21, 73.

179 Cicero, *De Re Publica*, 1, 32, 43.

180 Cicero, *De Officiis*, 2, 21, 73

181 Cicero, *De Officiis*, 2, 22, 78.

182 Cicero, *De Officiis*, 2, 22, 79.

183 Cicero, *De Officiis*, 2, 23, 83-84.

184 Lily Ross Taylor, *Party Politics in the Age of Caesar*, 1949, p. 167.

185 Suetonius, *Divus Iulius*, 1, 77.

186 Claude Nicolet, *The World of the Citizen in Republican Rome* (tr. P. S. Falla), Batsford Academic (1980), p. 386.

187 Walter Schmitthenner, *The Armies of the Triumviral Period*, D. Phil. Thesis Oxford (typewriting), 1958, p. 153..

188 Ronald Syme, *The Roman Revolution*, Oxford (1939), p. 188.

189 *Ibid.*, 194.

190 P. A. Brunt, *Italian Manpower 225 B.C. ~ A.D. 14*, Oxford (1971), pp. 479~480.

191 Cicero, *Philippicae*, 3, 3, 6.

192 Cicero, *Epistulae ad Familiares*, 11, 7, 2.

193 P. A. Brunt, *Italian Manpower 225 B.C. ~ A.D. 14*, pp. 480 ~ 481.

194 Appianus, 3, 43.

195 Cassius Dio, 45, 13, 1 ~ 2.

196 Gerold Walser, "Der Kaiser als Vindex Libertatis," *Historia*, 4 (1955), 359 f.

197 W. Drumann, *Geschichte Roms in seinem Übergange von der republikanischen zur monarchischen Verfassung* (2. Aufl. hrsg. von P. Gröbe, Berlin/Leipzig 1899~1929), I. 149.

198 Appianus, 3, 31.

199 Nicolaus of Damascus, *Βίος Καίσαρος*, 31.

200 *Ibid*.

201 당시 병사 1인의 1년 봉급은 2백25 데나리우스였다. 이에 대해서는 G. R. Watson, "The Pay of the Roman Army. The Republic," *Historia*, 7 (1958), p. 119. 참조.

202 Cicero, *Epistulae ad Familiares* 12, 23, 2.

203 Appianus, 3, 41.

204 R. Syme, *The Roman Revolution*, p. 125.

205 Nicolaus of Damascus, *Βίος Καίσαρος*, 17.

206 Cicero, *Epistulae ad Familiares*, 16, 8, 2.

207 Cicero, *Philippicae*, 3, 4, 10.

208 Cicero, *Philippicae*, 13, 8, 18.

209 Cicero, *Philippicae*, 3, 3, 7; 3, 15, 39.

210 Helga Botermann, *Die Soldaten und die römische Politik in der Zeit von Caesars Tod bis zur Begruendung des Zweiten Triumvirats*, Muenchen, 1968, p. 52.

211 Appianus, 3, 44.

212 Appianus, 3, 44.

213 Appianus, 3, 44.

214 Appianus, 3, 45.

215 Cicero, *Philippicae*, 3, 3, 7; 3, 15, 39; 4, 2, 6; 5, 8, 23.

216 Appianus, 3, 45.

217 Nicolaus of Damascus, *Βίος Καίσαρος*, 31.

218 Nicolaus of Damascus, Βίος Καίσαρος, 31.

219 Cicero, Epistulae ad Atticum, 16, 8, 1.

220 Cicero, Epistulae ad Atticum, 16, 8, 2.

221 Appianus, 3, 42.

222 Appianus, 3, 42.

223 Appianus, 3, 42.3

224 Nicolaus of Damascus, Βίος Καίσαρος, 31.

225 Appianus, 3, 48.

226 Cicero, Epistulae ad Familiares, 10, 32, 4.

227 Cicero, Epistulae ad Familiares, 11, 20, 2.

228 Walter Schmitthenner, "Politik und Armee in der späten römischen Republik," Historische Zeitschrift, 190 (1960), p. 12.

229 W. Schmitthenner, The Armies of the Triumviral Period, pp. 154~155; "Politik und Armee in der späten römischen Republik," p. 4.

230 Cicero, Philippicae, 5, 19, 53.

231 Cicero, Epistulae ad Familiares, 11, 20, 3.

232 Appianus, 3, 82

233 Cassius Dio, 45, 9, 1; W. Sternkopf, "Lex Antonia Agraria,," Hermes, 47 (1912), p. 149; R. Syme, "Who was Decidius Saxa?" Journal of Roman Studies, 27 (1937), pp. 135~136.

234 Cicero, Philippicae, 5, 3, 10.

235 Cicero, Philippicae, 8, 8, 26,

236 Cicero, Philippicae, 2, 40,102.

237 Cicero, Philippicae, 8, 9, 29; 11, 5, 12.

238 Cicero, Philippicae, 5, 19, 53.

239 Appianus, 3, 48.

240 Appianus, 3, 51.

241 Cicero, Philippicae, 5, 12, 34; 5, 19, 53.

242 이에 대해서는 F. T. Hinrichs, Die Ansiedlungsgesetze und Landanweisungen im letzten Jahrhundert der römischen Republik, Dissertation Heidelberg, 1957, p. 251; H. Botermann, Die Soldaten und die römische Politik, p. 174 참조.

243 Appianus, 3, 64.

244 Appianus, 3, 64.

245 Cicero, Philippicae, 14, 5, 13.

246 Cicero, Philippicae, 14, 13, 35.

247 Cassius Dio, 46, 40, 2.

248 Cicero, Epistulae ad Familiares, 11, 20, 3.

249 Cicero, Epistulae ad Familiares, 11, 21, 5.

250 Cassius Dio, 46, 40, 6.

251 Appianus, 3, 83~86.

252 Appianus, 3, 83~86.

253 Cicero, Epistulae ad Familiares, 11, 19, 1.

254 Cicero, Epistulae ad Familiares, 11, 14, 1.

255 Cicero, Epistulae ad Familiares, 11, 20, 1.

256 Velleius, 2, 62, 4 f; Cassius Dio, 46, 40, 4 f.

257 T. R. Holmes, The Architect of the Roman Empire, I (Oxford, 1928), p. 55.

258 Cicero, *Epistulae ad Familiares*, 11, 20, 1.

259 Cicero, *Epistulae ad Familiares*, 11, 21, 5.

260 이 날짜는 Cicero, *Epistulae and Brutum*, 1, 10, 1에서 계산될 수 있다. 이에 대해서는 H. Botermann, *Die Soldaten und die römische Politik*, pp. 144~145 참조.

261 Velleius, 2, 62, 4.

262 Appianus, 3, 86.

263 Cicero, *Epistulae ad Familiares*, 11, 9, 1.

264 Cicero, *Epistulae ad Familiares*, 10, 14, 2.

265 Cicero, *Epistulae ad Familiares*, 10, 15, 2.

266 Cicero, *Epistulae ad Familiares*, 10, 21, 2-3.

267 Cicero, *Epistulae ad Familiares*, 10, 21, 4.

268 Plutarchus, *Antonius*, 18.

269 Appiunus, 3, 83.

270 Cicero, *Epistulae ad Familiares*, 10, 35, 1.

271 Cicero, *Epistulae ad Familiares*, 10, 11, 2.

272 Cicero, *Epistulae ad Familiares*, 10, 15, 3.

273 Cicero, *Epistulae ad Familiares*, 10, 18, 2.

274 Cicero, *Epistulae ad Familiares*, 10. 18, 3.

275 Appianus, 3, 84.

276 Plinius, *Naturalis Historiae*, 3, 5, 32.

277 A. von Domaszewski, "Die Heere der Bürgerkriege," p. 182.

278 Theodor Mommsen, *Römische Geschichte*, III, p. 553.

279 J. Kromayer, "Die Militärcolonien Octavians und Caesars in Gallia Narbonnensis," *Hermes*, 31 (1896), 10.

280 Suetonius, Tiberius, 4, 1.

281 Appianus, 3, 83.

282 W. Schmitthenner, *The Armies of the Triumviral Period*, p. 36.

283 Cicero, *Philippicae*, 8, 6, 18~19.

284 Cicero, *Philippicae*, 9, 15, 39~40.

285 E. Kornemann, "Coloniae," *RE* 4 (1901), p. 528.

286 H. Botermann, *Die Soldaten und die römische Politik*, p. 66.

287 Cicero, *Philippicae*, 8, 8, 25~26.

288 Cicero, *Philippicae*, 13, 16, 33.

289 Cicero, *Philippicae*, 13, 17, 34.

290 Cicero, *Philippicae*, 13, 18, 35.

291 Cicero, *Philippicae*, 13, 18, 35.

292 Cicero, *Philippicae*, 13, 19, 40.

293 Cicero, *Philippicae*, 13, 20, 46.

294 Cicero, *Epistulae ad Familiares*, 12, 30, 4.

295 Cicero, *Epistulae ad Brutum*, 1, 5, 4.

296 Cicero, *Epistulae ad Familiares*, 10, 12, 3.

297 T. R. S. Broughton, *The Magistrates of the Roman Republic*, vol. II (1952), p. 341.

298 Cicero, *Epistulae ad Familiares*, 10, 12, 3.

299 Cicero, *Epistulae ad Familiares*, 10, 31, 4.

300 Cicero, *Epistulae ad Familiares*, 10, 33, 1.

301 Cicero, *Epistulae ad Familiares*, 10, 32, 4.

302 Cicero, *Philippicae*, 1, 7, 17.

303 Cicero, *Philippicae*, 2, 37, 93.

304 Cicero, *Epistulae ad Atticum*, 14, 14, 5.

305 Cicero, *Epistulae ad Brutum*, 1, 18, 5.

306 Claude Nicolet, *The World of the Citizen in Republican Rome*, p. 149.

307 Cicero, *Epistulae ad Familiares*, 12, 30, 4.

308 Cicero, *De Officiis*, 2, 21, 74.

309 Polybius, 6, 13, 1.

310 Cicero, *De Legibus*, 3, 41.

311 Claude Nicolet, *The World of the Citizen in Republican Rome*, p. 149.

312 Cicero, *Epistulae ad Familiares*, 12, 30, 4; Paul Stein, *Die Senatssitzungen der Ciceronischen Zeit (68~43)*, Dissertation Münster, 1930, p. 94 참조.

313 Cicero, *Epistulae ad Brutum*, 1, 18, 5.

314 Cassius Dio, 46, 31, 3.

315 Appianus, 4, 32~33; Appianus, 4, 34 참조.

316 Cicero, *De Officiis*, 2, 21, 74.

317 Cicero, *Epistulae ad Familiares*, 11, 10, 4.

318 Cicero, *Epistulae ad Familiares*, 11, 20, 1.

319 Cicero, *Epistulae ad Familiares*, 11, 21, 2.

320 물질적 보상을 하겠다는 약속을 뜻함.

321 Cicero, *Epistulae ad Familiares*, 11, 20, 1.

322 Cicero, *Epistulae ad Familiares*, 11, 21, 2.

323 Cicero, *Epistulae ad Familiares*, 11, 20, 1.

324 Velleius, 2, 62, 4.

325 Appianus, 3, 86.

326 Velleius, 2, 62, 5.

327 Cicero, *Epistulae ad Brutum*, 1, 10, 3.

328 Appianus, 3, 82.

329 Appianus, 3, 87.

330 Appianus, 3, 87.

331 Suetonius, *Divus Augustus*, 26, 1.

332 Cassius Dio, 46, 43, 6.

333 Appianus, 3, 90.

334 Appianus, 3, 92.

335 Appianus, 3, 93.

336 Appianus, 3, 94.

참고문헌

1

Titus Livius(59B.C.—AD.17), 『로마사』(Ab Urbe Condita).
Theodor Mommsen, Romische Geschichte, vols 1-3, 1854-56, vol. 5, 1885. (1, 47.)
Luigi Pareti, Storia di Roma(Torino,1952), Vol.1, pp.3-57.
Plinio Fraccaro, "The History of Rome in the Regal Period," JRS, 47 (1957), pp.59-65.
Einar Gjerstad, "Discussions concerning Early Rome, 3," Historia, 16 (Jul., 1967), pp.257-278.
Gary Forsythe, A Critical History of Early Rome From Prehistory to the First Punic War, 2005.

2

Theodor Mommsen의 1887-8년도 출간인 『로마 국법』Römisches Staatsrecht 2권 (pp.74-140)
Nicolet, Claude, "Comitia: the citizen and politics," The World of the Citizen in Republican Rome (trans. by Falla, P. S., 1980), pp.207-315.
Lintott, A., The Constitution of the Roman Republic, Clarendon, 1999.
Staveley, E. Stuart, "Roman Forms of Government," Civilization of the Ancient Mediterranean. Greece and Rome (edit. by Grant, Michael & Kitzinger, Rachel, 3 vols., 1988), Vol.1, pp.495-528.
Taylor, Lily Ross, Roman Voting Assemblies, 1966.
Consuls and Res Publica: Holding high office in the roman republic. Edited by H. Beck, A. Dupla, M. Jehne, and F. Pina Polo. Cambridge: Cambridge University Press. 2011. <서평> 역사학보 236 (2017. 12).
Polo, The Consul at Rome: The Civil Functions of the Consuls in the Roman Republic (Cambridge 2011).
허승일 역, "로마정부와 정치." 『사회과학교육』 (서울대사회교육연구소), 제5집 (2001), pp.75-138.
허승일 역, "로마의 정부형태." 『사회과학교육』, 제6집 (2003), pp.131-185.

3

Livius, Ab Urbe Condita.
Raaflaub, K. A. (ed), Social Struggles in Ancient Roman Society, California, 1986.

허승일, "칸슐러 트리뷴직 치폐고," 『증보 로마공화정 연구』, 서울대학교출판부, 1995.
허승일 역, 『로마사회사』 탐구신서 131, 탐구당, 1980.

4

C.G.Bruns, *Fontes Iuris Romani Antiqui*, I, Tübingen, 1909, pp.15-40.

E.H. Warmington, *Remains of Old Latin*, III, Cambridge, 1938, pp.424-515.

S. Riccobono, *Fontes Iuris Romani Antejustiniani*, I, Firenze, 1941, pp. 21-75.

Rudolf Düll, *Das Zwolftafelgesetz. Texte, Ubersetzungen und Erlauterungen*. Heimeran, München, 1944, 7. Auage(Zürich, 1995).

P.F.Girard& F.Senn, *Les lois des Romains*, Napoli, 1977, pp.22-73.

Michael Henson Crawford, *Roman Statutes*. II, London, 1996, pp.555-721, n.40.

Dieter Flach, *Das Zwolftafelgesetz. Leges XII tabularum*, Darmstadt, 2006. 『지중해지역연구』제19권 제3호 (2017. 08) : 149~157 서평 참조.

Ulrich Manthe, "Lance et licio", in: Wolfgang Ernst · Eva Jakab (Hrsg.), *Usus Antiquus Juris Romani. Antikes Recht in lebenspraktischer Anwendung* (2005), 163-172.

Cornell, T. J., e Beginnings of Rome *Italy and Rome from the Bronze Age to the Punic Wars* (c. 1000-264 Be), 1995.

Forsythe, G., *A Critical History of Early Rome*, 2005.

허승일, 『로마 12표법: 라틴어/한글 대역과 해제』, 나녹, 근간.

5

C. Nicolet, *Tributum. Recherches sur la fiscalite directe sous la Republique Romaine*, Bonn, 1976.

C. Nicolet, Trans. Falla, P.S (1980), "Tributum in the Middle Republic", *The World of the Citizen in Republican Rome*, London.

6

하이켈하임, 프리츠, 김덕수 옮김, 『하이켈하임 로마사』, 현대지성, 2017.

김창성, 『사료로 읽는 서양사-1 고대 그리스에서 로마제국까지-』, 책과함께, 2014.

Donald Kagan, "The Organization of the Roman Italy," *Problems in Ancient History*, 1966, Vol. 2, *The Roman World*, pp.60-92.

Donald Kagan, "The Causes of the second Punic War," *Problems in Ancient History*, 1966, Vol. 2, *The*

Roman World, pp.93-125.

Donald Kagan, "Rome's Conquest of the Mediterranean in the Second Century B.C.," *Problems in Ancient History*, 1966, Vol. 2, *The Roman World*, pp.160-196.

7

키케로 지음, 허승일 옮김, 키케로의『의무론』(개정판), 서광사, 2006.

허승일, "서양의 고전적 윤리실천 사상,"『증보 로마 공화정 연구』, 서울대출판부, 1995.

허승일(공저),『인물로 보는 서양고대사』, 길, 2006.

플루타르코스 지음, 허승일 옮김,『플루타르코스의 모랄리아: 교육·윤리 편』, 서울대출판문화원, 2012.

8

Henry C. Boren, "The Urban Side of the Gracchan Economic Crisis," *American Historical Review* 63(Jul., 1958), pp.890-902.

Witcher, R. E., "The extended metropolis: *urbs, suburbium* and population," *Journal of Roman archaeology*, 18, 2005, pp.120-138.

de Ligt, *Peasants and Citizens and soldiers. Studies in the demographic History of Roman Italy, 225 BC–AD 100*. CUP, 2012. <서평> 지중해지역연구｜제17권 제4호 [2015. 11] . 89~94.

Saskia Hin, *The Demography of Roman Italy: Population Dynamics in an Ancient Conquest Society, 201 b.c.e.–14 c.e.* CUP, 2013. Kay, Philip. Rome's Economic Revolution, Oxford University Press, 2014. <서평> 서양사론 제 125 호 [2015. 06] 127-131.

Saskia T. Roselaar, *Public Land in the Roman Republic. A Social and Economic History of Ager Publicus in Italy, 396-89 BC* (= Oxford Studies in Roman Society and Law). Oxford University Press, Oxford 2010. IX, 360 S. <서평> 歷史學報 第 2 2 8 輯 (2 0 1 5 . 1 2) 495－501.

Elena Isayev, "Italian perspectives from Hirpinia in the period of Gracchan land reforms and the Social War", *Creating Ethnicities and Identities in the Roman World* (ed. by A. Gardner et al.), Institute of Classical Studies, University of London, 2013.

Roselaar, S. T., "References to Gracchan activity in the *Liber Coloniarum*", *Historia*, Band 58/2 (2009).

Uggeri, G. 2001. 'Le divisioni agrarie di età graccana: un bilancio', in S. Alessandrì and F. Grelle (eds), *Dai Gracchi alla fine della Repubblica*: 31-60. Galatina.

Kay, Philip. (2014) *Rome's Economic Revolution*, Oxford University Press. <서평> 지중해지역연구｜제19권 제2호 [2017. 05] : 179~184.

Verbrugghe, G.P, "The Elogium from Polla and the First Slave War," *CPh* 68, 1973.

Coen van Galen, "Grain Distribution and Gender in the City of Rome," *Women and the Roman City in the Latin West*(edited by Emily Hemelrijk, Greg Woolf), 2013, 331-347.

Seungil Heo, "The Significance of the *Lex Sempronia Portorii Asiae*," 『서양사연구』 51, 2014.

Kim Young-Chae, *Roman Agrarian Policies and the Italian Countryside 133–91 BC*, Merton College, University of Oxford D.Phil, 2016.

Santangelo Federico, "A survey of recent scholarship on the age of the Gracchi (1985-2005)," *Topoi*, 15(2007), pp. 465-510.

9

Suetonius (c. 69 –after 122 AD), *De Vita Caesarum*.

Shakespeare, *Julius Caesar*, 1623.

정노식 역,「브루타스의 웅변」, [학지광] 3호, 1914.

쉑스피어 원작, 이광수 번역,「줄리어쓰 씨서」, [동아일보], 1926. 1. 1.

L.R. Taylor, *Party Politics in the Age of Caesar*, 1949.

Bellés-Fortuño, B. (2015). The Power of Words: Marcus Antonius' Funeral Oration in Shakespeare's *Julius Caesar*. Potestas. Grupo Europe ode Investigación Histórica., 6 (6).

Garry Victor Hill, Caesar's Rule and Caesar's Death: Who Lost? Who Gained? 2015, http://garryvictorhill.com.au/pdf/Julius%20Caesar's%20Assassination%20Who%20Gained%20Who%20Lost.pdf

허승일의 로마사 강의 특강 Julius Caesar 암살: 얻은 것과 잃은 것https://www.youtube.com/watch?v=nzsJKQ1LaFk

허승일, "춘원 이광수의 Shakespeare 원작 *Julius Caesar* (3막 2장) 번역문에 대하여,"『서울대학교 명예교수회보』 2015, 제11호, 130-141.

허승일,『다시, 역사란 무엇인가?』서울대출판문화원, 2009.

10

Cicero, *Philippicae*.

Brunt, P. A., "The Army and the Land in the Roman Revolution," *Journal of Roman Studies*, 52(1962), 69~86.

Brunt, P. A., "The Roman Mob," *Past and Present*, 35(1966), 3~27.

Schmitthenner, Walter, *The Armies of the Triumviral Period*, D. Phil. Thesis Oxford (typewriting), 1958.

Walter Schmitthenner, "Politik und Armee in der späten römischen Republik," *Historische Zeitschrift*,

190 (1960), 1~17.

Botermann, Helga, *Die Soldaten und die römische Politik in der Zeit von Caesars Tod bis zur Begründung des Zweiten Triumvirats*, Muenchen, 1968.

Bengtson, Hermann, "Die letzten Monate der römischen Senatsherrschaft," *Aufstieg und Niedergang der römischen Welt*, I (1972), 967~981.

Nicolet, Claude, *Tributum. Recherches sur la fiscalite directe sous la Republique Romaine*, Bonn, 1976.

Valentina Arena, *Libertas and the Practice of Politics in the Late Roman Republic*, Cambridge University Press, 2012.

Ronald Syme, *The Roman Revolution*, Oxford, 1939; 허승일-김덕수 역, 『로마 혁명』, 한길사, 2006.

허승일, 로마 군대와 원로원의 정치-카이사르의 암살로부터 옥타비아누스의 콘술 취임까지-『증보로마공화정연구』, 서울대출판부, 1995.

허승일, 카토주의와 카이사르주의: 공화정이냐, 전제정이냐?『로마공화정』, 서울대출판부, 1997.

허승일의 로마사 강의 제8 강 로마 공화정은 왜, 어떻게 쇠락하는가?-카이사르의 암살 이후 제2차 삼두정치까지 https://www.youtube.com/watch?v=TleF9mDOcf4&t=141s

찾아보기

『대연대기Annales Maximi』 31
『맹자』 190
『의무론』 7, 151, 153, 154, 155, 156, 157, 161, 164, 166, 178, 186, 189, 191, 343, 353
『플루타르코스의 모랄리아』 153

4추덕 157, 161, 162, 164, 172, 189
12표법 7, 14, 18, 69, 71, 97, 98, 99, 100, 107, 108, 109, 110, 112, 113, 114, 115, 116, 340, 341, 352

Ceres 9, 105
conubium 106

ㄱ

가다머H.G. Gadamer 227
가르가누스 산 209
가변세율의 원리 129
가이우스 그라쿠스 46, 66, 195, 202, 212, 217, 219, 220-223, 345
가이우스 그라쿠스의 곡물 배급 217
가이우스 그라쿠스의 반환법 66, 222
가이우스 그라쿠스의 속주 아시아 관세법lex Sempronia portorii Asiae 221
갈렌 219, 220
갈리아 33, 34, 87, 93, 95, 99, 138, 144, 206, 208, 277, 281, 287, 298, 303-307, 311
갈리아 나르보넨시스 298, 303, 304, 306
갈리아 코마타 298, 303
갈리아 키살피나Gallia Cisalpina 353
고정세율의 원리 129
공리 156, 157, 164, 172, 186, 189, 215, 233
공유지 45, 112, 113, 126, 195-199, 203-205, 212, 215, 216, 223, 239
공자의 『논어』 155, 156, 189

그루멘툼 209, 210
그린블랏Stephen Jay Greenblatt 227
기사신분equites 13, 243
기원전 111년의 농지법 196, 212, 213, 223, 239
기하학적 평등 59, 124, 233, 245

ㄴ

나르보 298, 303-307, 309, 310, 314
나르보의 토지 314
넥수스 110
넥숨 109, 110, 115, 340
노이만 86, 87
농업의 여신 105
누스코 207, 208
니부르 29, 32, 36
니체 16, 36, 37
니콜라우스 257, 261, 273

ㄷ

단위투표제 50
대토지 13, 203
더 낫게 더 공정하게 191
데모그라피 195, 220
데키무스 브루투스 252-254, 258-260, 263, 272, 274, 277, 278, 282, 284, 288-298, 312, 313, 315, 321, 326-330, 332, 336, 356
데키무스 브루투스Decimus Brutus 253
도마스체프스키 305, 306
도시 로마의 인근 토지 203, 205
독재관 46, 48, 52, 234
동방전제형 119
드라콘 99, 109
드루만 256
디아노 계곡the Val di Diano 206
디오 9, 23, 30, 43, 123, 129, 133, 134, 160, 179, 180, 181, 255, 289, 294, 323, 335, 342, 356

디터 플라하 100

ㄹ

라스트 197
라이나스 200, 202
라프라으프 35
레굴루스 166-169, 171
레스 포플리 234
레스 푸블리카 234
레토리케 16
레피두스 230, 251, 253, 274, 291, 294, 298-304, 307, 309, 314, 318, 319, 325, 333, 338, 357, 358
렐리우스 134, 301, 303, 307
로마 수도권 195, 203, 218
로제라르 203, 209, 210, 213, 215, 217
루스쿠스 200, 202
루이지 파레티 29
루카니아 198, 202, 206, 208-210, 217
루크레티아 28, 29
루푸스 200, 202
루프레누스 300, 303, 307
리베르타스 234
리비우스 13, 17, 18, 24, 25, 28, 30-32, 35, 36, 40-43, 73, 76, 78-80, 82-92, 95, 99, 113, 120, 123, 125, 126, 143, 144, 339, 342
리오이 208
리코보노 99
리쾨르P. Ricoeur 227
리키니우스 28, 72, 75, 78, 85, 87-90, 93, 95, 201, 202, 211
리키니우스-섹스티우스법 72, 85
릭토르 43, 46, 53, 56, 87

ㅁ

마르스 군단 251, 252, 254, 255, 260, 262, 266, 277, 281-283, 285-288, 290, 291, 294, 295, 326, 337, 357
마르쿠스 브루투스 229, 253, 264, 275, 312, 315, 320, 323, 327, 333, 357
마르쿠스 아이밀리우스 레피두스Marcus

Aemilius Lepidus 298
마씰리아 307-309, 312, 314
마씰리아의 복권 307-309, 314
마이어 95, 306, 307
마케도니아 군단들 253, 254, 256-258, 328
마케르 31
만용 162, 164
만키피움 105, 340
매매권 139, 140
명예 134, 143, 156, 157, 163, 164, 168, 169, 172, 174, 176, 182, 184-187, 189, 354
모디우스modius 218
몬텔라 207, 208
몸젠 22, 30, 36, 37, 61-63, 147, 200, 210, 212, 227, 305, 306
무나티우스 플란쿠스 298, 336
무니키페스 139
무세주의無稅主義 338
무티나 전투 290, 298, 299
문화의 시학Poetics of Culture 227
뭄미우스 172

ㅂ

비디안 149, 197, 213
바빌론 160
바이테라이 305
반환법 66, 221-223, 239, 341
발저 256
법leges 55
베르길리우스 23, 24, 339
베르브루게 200
베이이 53, 79, 120, 121, 342
베투리우스 171
벨로흐 33, 86, 87
보렌 197
볼테르 155
분리운동 69
불평등의 공정한 법 246, 248
불평등이 곧 평등 244, 245, 249
브라코 200

브루투스 연설 231
브룬디시움 254, 255, 257-259, 261, 262, 264, 265, 267, 274, 277
비스마르크 155

ㅅ

사군툼 142-146
사마천 17
살라피아 209
상고권 139
선의후리 191
선점지 198, 202, 205, 211, 216, 217
선한 사람들의 관계처럼 선하게 처신하라 191
선한 신의에 입각하여 191
선행beneficentia 162
세스테르케스 230, 320, 321
세이삭테이아 109
섹스티우스 28, 72, 75, 85, 88-90, 93, 95, 211
셱스피어 228, 230, 231, 233
센서스에 기초한 단순한 정률세 130
소 스키피오 171, 223, 344
소키이 140
솔론 109, 124
수에토니우스 229, 230, 251, 307, 358
숨마코이 140
슈미트헨너 275
슈베클러 83
스컬라드 145
스컬러드 107, 113, 203
스투티움 후마니타티스studium humanitatis 191
스티펜디움 125
시키온의 아라투스 187
시폰툼 209
식민시 서책 206, 209
신분투쟁 69, 71-73, 75, 76, 78-80, 82, 85, 87, 92-95, 339
신성도금 101
신성한 사유재산권 246
신역사주 227
신의fides 163, 242

ㅇ

아라우시오 305
아레라테 305-307, 309, 310, 314
아레라테의 토지 314
아르겐테우스강 300
아르피 153, 209
아리스토텔레스 8, 119, 245
아시니우스 폴리오C. Asinius Pollio 274
아우소니우스 99
아우스쿨룸 209
아이네아스 23, 24, 45
아이딜레스 114
아퀼리우스 200
아탈루스 3세 9, 196, 214
아탈루스의 돈에 관한 법 196
아티쿠스 261, 268, 320
아풀리아 202, 206, 208-210
아피아누스 143, 144, 197, 210, 255, 259, 265, 269, 270, 272, 279, 291, 292, 294, 358
아피우스 클라우디우스 196, 201, 202
악 중 최소악을 택하라 168, 169
안토니우스 15, 52, 154, 228, 230-234, 238, 251-256, 258-288, 291, 292, 294, 295, 297-304, 307-316, 318-320, 325-328, 333, 336, 338, 358
안토니우스와 레피두스의 제휴 291, 294, 333
안토니우스의 농촌식민시건설법 279
안토니우스의 식민법 279
안티오쿠스 3세 147, 148
안티파테르 160, 179, 180, 181
알바 푸켄스Alba Fucens 266
양 신분의 화합 244, 250
에그나툴레이우스Lucius Egnatuleius 262
에데르 71, 108, 113, 116
에브로 조약 143-145
에우트로피우스 230
엔니우스 31-33, 172, 186
예지prudentia 162
오티움 241
오티움 쿰 디그니타테 241
오판토 강 208

옥타비아누스 15, 53, 154, 234, 235, 239, 251,
　　　252, 254-274, 277-279, 281-297, 306,
　　　310-316, 318, 325-338, 355, 358
옥타비아누스의 제2차 로마 진군 315
올로 148, 149, 310
옵스 신전 319, 320
옵티마테스 15, 46, 202, 213, 233, 234, 240, 241,
　　　243, 244, 248, 249
와이스만 200
용기fortitudo 162
워밍턴 99, 111, 340
원로원 4, 13-15, 19, 40-42, 44-49, 52, 55, 61,
　　　62, 64, 65, 73, 83, 91, 92, 120-122, 125,
　　　128, 134, 136, 141, 144, 145, 148, 149,
　　　166, 171, 196, 214, 223, 230, 233, 234,
　　　239-244, 246, 248-250, 276-300, 302,
　　　307-313, 315-319, 321-323, 325-334,
　　　335-337, 355
웨른 뤼젠 37
위처 203
유게룸 216
이사예프 208
이사우리쿠스P. Servilius Isauricus 317
인간학 154, 191
인내temperantia 162
임페리움 43, 44, 48, 52, 74, 81, 277

ㅈ

재산평가에 비례하는 트리부툼 123
저울을 드는 자 105
정의iustitia 162
제1차 필리피카 319
제2차 3두정치 338, 359
제2차 포에니 전쟁 31, 141, 146
제4 군단 277, 281-283, 285-288, 290, 291, 294,
　　　295, 326, 328, 337
제4군단 252
제5차 필리피카 연설문 277
제6 군단 304, 306, 307, 309, 310, 314
제7·8 군단 251, 267-269, 277, 278, 281, 290
제8차 필리피카 연설 280, 308

제10 군단 304, 306, 307, 309, 310, 314
제14차 필리피카 연설 287
제35 군단 254, 255, 265, 281, 283
제논 159, 160
제르스탓 34
조나라스 43
지식scientia 162
지혜sapientia 162

ㅊ

차우테 147
채무 노예 101, 107, 110, 113, 115
친구들 간의 모든 것은 공동 소유다 172

ㅋ

카누티우스 259, 270
카눌레이우스 71, 72, 75-77
카니디우스 300, 303, 307
카실리눔Casilinum 268
카씨우스 134, 250, 253, 275, 289, 294, 312, 323,
　　　335
카우디움 전투 171
카이사르에 대한 연민의 정pietas Caesaris 255
카이사르의 문서acta Caesaris 253
카이사르의 암살 7, 19, 153, 225, 227, 229, 231,
　　　233, 234, 355
카푸아 139, 198, 206, 211, 269
카피테 켄시 엣 프로레타리이 57
칸슐러 트리뷴직 28, 69, 72-86, 88, 89, 92, 93, 95,
　　　96, 352
칼라티아Calatia 267
칼레스 209, 269
칼코피노 146
캄파니아 206, 208, 278-281, 289, 290, 306, 311
케이 215, 216, 305
케파로니아 147
켄소르직 72, 73, 82-84, 85
켄투리아회 42, 44, 45, 49-51, 53, 55, 56, 58-61,
　　　63-66, 116, 146, 342, 343
코르누투스 287, 316, 317, 336
코르니피키우스 321, 323

코미티아 49, 52
코미티움 101, 103, 111
콘술 9, 13, 14, 33, 41–49, 52, 53, 55, 56, 59–61, 70, 72–82, 84–87, 89, 91–96, 103, 107, 111, 112, 114, 116, 120, 134, 135, 146, 171, 200, 202, 212, 230, 235, 250, 277–279, 281, 283, 285, 286, 288, 295, 300, 312, 315–318, 320, 321, 326, 327, 332–337, 355
콘찰로프스키 197
콘티오 51, 52
콜라티아 28, 209
쿠룰리스 아이딜리스 9, 47, 73, 86, 91–93, 95
쿠리아회 44, 49, 52, 53
크로마이어 J. Kromayer 306
크로포드 100
크뤼시포스 159, 160
클라우디우스 풀케르 200
클레본 212
클레안테스 159, 160
클로디우스 53, 153, 154, 220, 301, 303, 307
키케로 4, 5, 7, 13, 15–17, 40, 42, 46, 47, 52, 60, 99, 107, 114, 122, 134, 136, 151–157, 159, 161, 162, 164–166, 169–173, 175, 176, 178, 182–184, 186, 189, 191, 195, 213, 227, 235, 237–241, 244–247, 249, 250, 252, 258–262, 268–270, 274–278, 280, 284, 286, 287, 289, 290, 292, 293, 295, 296, 298, 299, 303, 304, 308–311, 313–323, 325–330, 331, 333, 335–338, 343, 353, 359
키푸스 200, 201, 206–208
킨나 230, 234
킨키우스 31

ㅌ

타나게르 계곡 206
타르수스의 안티파테르 160, 179
타르페이우스 절벽 102, 105
타볼리에레 델라 퓨리아 the Tavoliere della Puglia 206

타키투스 18, 341
테니 프랑크 126
테아눔 209, 269, 360
토르볼레타이 142, 144
토인비 126, 127, 129
통혼권 139, 140
튀케 Tyche 235, 275, 360
트리부니 아이라리이 131–135, 248, 324, 343, 360
트리부스 35 Tribus XXXV 53
트리부스 인민회 49, 50, 53, 55
트리부스 평민회 49, 50, 54, 55, 59
트리부툼 7, 59, 117, 120–131, 133, 135, 205, 315, 320–323, 325, 342, 343
티베리우스 그라쿠스 74, 195, 200, 205, 212
티베리우스 그라쿠스의 농지법 74, 195, 200, 205, 212
티부르 Tibur 266
티티에스 52, 317
티티우스법 338

ㅍ

파비우스 장군 31, 42, 87, 88, 144, 186
파비우스 픽토르 144
파스케스 43, 44, 56, 87
판사 Caius Vibius Pansa 276, 360
판타가토 60, 61
페르가뭄 왕국 214
평민회의 결의 55, 212
포룸 12, 52, 99, 101, 102, 106, 114, 153, 154, 177, 199, 287, 288, 298, 300, 305, 328
포룸 갈로룸 Forum Gallorum 287
포룸 갈로룸 전투 288, 298
포룸 보코니 300
포룸 율리이 300, 305
포스투미우스 171
포이텔리우스－파피리우스 법 115
포풀라레스 15, 46, 202, 233, 240, 241, 243, 244, 246, 248–250
폴리비우스 13, 24, 41–43, 144
폴리스형 119
폴리오 274, 317–319, 360

폴리오C. Asinius Pollio 317
프라이로가티바 50, 65
프라이토르직 47, 73, 86, 92, 95
프랑크 126, 127, 129, 147
프랭크 142, 143
프로에이스페론테스 133, 343
프로콘술 46, 47
프로프라이토르 46, 47, 277, 281, 282
프리드리히 대왕 155
프리츠 80, 81, 92, 93, 95, 352
프린키파투스Principatus 15, 338, 360
프린키피움 50
플라미니누스 146, 147
플라우투스 132
플란쿠스 298–300, 303, 304, 316, 318, 336
플루타르쿠스 197, 229, 301
플리니오 프라카로 30
피루스 왕 187
피소L. Piso 310
피케눔 206, 208, 337

필리포스 5세 147, 148
필리푸스M. Philippus 310

ㅎ

하밀카르 142, 144
하스드루발 144
할당세 130
헤로도투스 16, 18, 23
헤르도니아 209
헤바의 서판 61
헬라니쿠스 23
호르텐시우스법 55, 73
혼합정체 41, 43, 196
홀워드 143, 145
히르티우스Aulus Hirtius 276, 361
히르피니아 202, 206, 208, 210, 217
히스파니아 울테리오르Hispania Ulterior 317